MÉMOIRES

SUR LE DIX-HUITIÈME SIÈCLE
ET LA RÉVOLUTION FRANÇOISE.

MÉMOIRES

INÉDITS

DE MADAME LA COMTESSE

DE GENLIS.

PARIS. — IMPRIMERIE DE FAIN, RUE RACINE, No. 4,
PLACE DE L'ODÉON.

MÉMOIRES

INÉDITS

DE MADAME LA COMTESSE

DE GENLIS,

SUR LE DIX-HUITIÈME SIÈCLE

ET

LA RÉVOLUTION FRANÇOISE,

DEPUIS 1756 JUSQU'A NOS JOURS.

TOME DIXIÈME.

A PARIS,

CHEZ LADVOCAT, LIBRAIRE
DE S. A. R. MONSEIGNEUR LE DUC DE CHARTRES,
AU PALAIS-ROYAL.

M. DCCC. XXV.

TABLE

PAR ORDRE ALPHABÉTIQUE

DES NOMS

CITÉS DANS LE DIXIÈME VOLUME.

A bon entendeur salut, proverbe, de la page 193 à la page 216.

Académie françoise, 247 *et suiv.*

Acier (*Voyez* Modes).

Air; avoir bon air, 253, 254.

Allaitement, 254.

Altesse sérénissime (titre d'), 254, 255.

Amateur de peinture et de musique, 255 *et suiv.*

Anecdote du quinzième siècle, 8 *et suiv.*

Anglomane (l') ennemi des Anglais, 233 *et suiv.*

Anglomanie, 257, 258.

Appartemens (grands), ce qu'on entendoit par cette expression, 258, 259.

ARCHIVES de la littérature et des arts, 117.
ASSEMBLÉES, RÉUNIONS, 260.

BALLOT, BALLOTS, 262, 263.
BALS parés et bals masqués, 260, 261, 262.
BANQUET royal, 263, 264.
BANQUIERS (les), 60.
BAPTÊME, 264.
BÉNÉDICTIONS paternelles et maternelles, 264, 265.
BERRI (mort du duc de), 1.
BIBLIOTHÉQUES, 265, 266.
BIENSÉANCES, 267, 268.
BILLETS, 268, 269.
BLANC (fard), 269.
BOUGEOIR, faveur, 269.
BOURRELETS D'ENFANS, 270.

COLLIERS, 271, 272.
COMPAGNIE DU JEU DE L'ARC, rétablie à Carlepont, 2, 3.
COMTESSE DE VALANGIN (la), nouvelle, 46 *et suiv*.
CONSIDÉRATION, 270, 271.
CONTER (le talent de), 271.
CORPS baleinés, 272.
COSTUME THÉATRAL, 272.
COUCHES (princesses et femmes en), 272, 273.
COUR (la), 273, 274, 275.
COUREURS, 275.
COURSES de chevaux, 275, 276.
CURIEUX, 276.

TABLE ALPHABÉTIQUE.

Dame ; diverses acceptions de ce titre, 276, 277.
Délicatesse ; définition de ce mot, 277, 278.
Demoiselles de compagnie, 278, 279.
Déshonneur, 279, 280.
Deuils, 280.
Dialogues sur les sympathies. (*Voyez* Sympathies.)
Dictionnaire des Étiquettes, 243.
Dîme, dans le comté de Valangin, 41, 42.
Domestiques, 280, 281.
Douceur (fausse et vraie), 282, 283.
Duel (le), 283, 284.

Enterremens, 284.
Entrées d'ambassadeurs, 284.
Espions, 284.
Étiquettes, 285, 286, 287, 288, 289 jusqu'à 294.
Étrennes, 294
Exposition au salon de peinture, 294, 295.

Famille (liens de), 295.
Fatuité, 295, 296.
Fausseté, 296, 297.
Favoris, 297.
Femmes (vieilles), 42, 43.
Fenêtres, 297, 298.
Fêtes publiques, 119.
Feux de joie, 298.
Flambeaux de carrosse, 298.

Galanterie, 298, 299.

GÉNÉROSITÉ, 299.

GESTES, 299.

GOUVERNEURS D'ENFANS DE PRINCES, 290, 300.

GUITARE, 300.

HABILLEMENT, 300, 331.

HABIT (grand), 301.

HABITUDE, 301, 302.

HISTOIRE, 302, 303, 304, 305.

HISTOIRE PHILOSOPHIQUE de Raynal, 161 et suiv.

HOCHETS D'ENFANS, 305, 306.

HONNEUR ET ANTIPATHIE, nouvelle, 76 et suiv.

HOSPITALITÉ, 306, 307.

IMPORTANT DE COUR, 307.

INCONSÉQUENCE, 307, 308.

INCONSTANCE, 308.

INDÉPENDANCE, 308, 309, 310.

INSCRIPTION trouvée dans le château d'Offemont, 4, 5 et 6.

INSPRUCK (ville de), 113, 114.

INTOLÉRANCE, 310, 311, 312, 313, 314, 315.

INTRIGUE, 315, 316, 317.

IRONIE, 317.

JARDINS, 317, 318.

JEUNESSE, 318, 319, 320, 321, 322.

JEUX, 322, 323.

TABLE ALPHABÉTIQUE.

Joseph II (l'empereur), 11, 225, 226, 229 *et suiv.*

Lampes, 323.
Lectures, 323, 324.
Lettres ; style épistolaire, 324, 325, 326.
Lettres d'Auguste a Eugène, 41, 59, 101, 132.
Lettres d'Eugène a Auguste, 1, 8, 38, 65, 76, 117, 160, 172.
Lettres de cachet, 326.
Lettres anonymes, 326.
Liaisons, 326, 327.
Lits de repos, 327, 328.
Logemens, 329, 330.
Louanges, 330, 331.
Luxe, 331 jusqu'à 337.

Magnanimité, 337, 338.
Magnétisme, 339, 340.
Magnificence, 340, 341, 342.
Maintien, 342.
Maîtres de maison, 342, 343.
Maîtresses de maison, 343, 344.
Marâtre, 344, 345.
Maux de nerfs, 345, 346.
Maximilien Ier. (l'empereur), 114, 115.
Médecin (le), anecdote, 225 *et suiv.*
Mensonges historiques, 346, jusqu'à 354.
Mentor, 346.
Modes, 252, 353, 354, 355.
Mœurs du quinzième siècle, 38.

TABLE ALPHABÉTIQUE.

Montres, 355, 356.
Mouches, 357.

Naissance (jour de), 357, 358.
Naturel, 358, 359.
Navettes, 359.
Néologisme, 359 jusqu'à 363.
Nobles; retour des nobles dans leurs terres, 125 et suiv.
Noms d'amitié (petits), 363, 364.

Opéra, 364, 365.
Oraison funèbre, 365, 366, 367.
Orthographe, 367.
Ouvrages des mains, 367 jusqu'à 375.

Pafilage, 375, 376.
Parfums, 376, 377.
Parure, 377, 378.
Philosophes, Philosophie, 62, 120, 121, 122, 123, 124, 170.
Plaisanterie, 378, 379.
Ploetz, mécanicien, 63, 158.
Poches, 380.
Poésie classique et posésie romantique, 58.
Politesse (définition de la), 243, 244, 245.
Poudre, 380, 381.
Précieuses ridicules, 481
Présentation à la cour, 382, 383, 384, 385.

PRÉTENTIONS, 385, 386.
PRINCESSES DU SANG, 386, 387, 388.
PRODIGALITÉ, 388.
PROMENADES, 388, 389.
PROPRIÉTAIRES (anciens) des biens nationaux, 124.

QUESTIONNEUR, 389.
QUÊTES, 389, 390.

RELIGIEUX DE LA TRAPPE (les), 129.
RÉVÉRENCES, 390, 391.
ROQUEFEUILLE (le comte de), 189.
ROUSSEAU (J.-J.), 174, 175.

SALENCY (le village de), 4.
SCANDALES, 391, 392.
SERINS (commerce de), 115.
SIÈCLE (dix-septième), 392 jusqu'à 396.
SINGULARISER (la manie de se), 396.
SOCIÉTÉ FRANÇOISE, 67 *et suiv.* 130.
SOMPTUAIRES (lois), 396, 397.
SOULIERS; changemens opérés dans cette partie de l'habillement, 397, 398.
SYMPATHIES (dialogues sur les), 176 *et suiv.*

TALONS ROUGES, 398.
TESTAMENS, 398, 399.
TOILETTE, 399.
TOLÉRANCE (réflexion sur la), 217 *et suiv.*

Tombe merveilleuse (la), nouvelle, 235 *et suiv.*
Trappe (*Voyez* Religieux.)
Tyroliens (les), 101 et 124.

Verriers (gentilshommes), 399, 400
Viotti, 158.
Voltaire, 173, 174, 175.
Voyage en Normandie, 123, 125.

FIN DE LA TABLE ALPHABÉTIQUE.

CORRESPONDANCE
DE
DEUX JEUNES AMIS.

LETTRE PREMIÈRE.

EUGÈNE A AUGUSTE.

Paris, ce 25 mars 1820.

JE sens comme toi, mon cher Auguste, combien ce tragique et déplorable événement[1] doit jeter d'amertume et de tristesse sur un voyage que tu avois entrepris si gaiement, non par ambition, mais dans l'unique dessein de t'amuser et de t'instruire. Hélas! dans ces temps malheureux on a beau s'arracher, par le goût

[1] La mort de son Altesse royale Monseigneur le duc de Berry.
(Note de l'auteur.)

des arts et de la littérature, à l'ennuyeuse politique, d'affreuses catastrophes y ramènent sans cesse; et, quand l'esprit veut s'en distraire, on s'y rattache malgré soi par la profonde affliction que doivent causer les malheurs publics!

Dans l'espoir d'adoucir ma sombre mélancolie, j'ai fait une course de trois semaines en province; j'ai quitté Paris le 23 février, j'ai été en Picardie; j'ai visité les châteaux (intéressans de toute manière) de Villiers, de Carlepont et d'Offémont; j'ai vu avec plaisir, à Carlepont, le renouvellement d'une de ces antiques institutions villageoises, qui étoient beaucoup plus utiles à la civilisation des paysans que l'*enseignement mutuel*; c'est le rétablissement de *la Compagnie du noble jeu de l'arc*, ou *Confrérie de Saint-Sébastien*[1]. Chaque confrérie n'a que quatre chefs, choisis parmi les paysans les plus notables par leur bonne conduite; ils sont au nombre de quatre; et voici les titres pompeux qu'on leur donne:

---

[1] Saint Sébastien, qui souffrit le martyre, fut tué à *coups de flèches*. Ce genre de mort l'a fait choisir pour patron de ces confréries.

(Note de l'auteur.)

le roi, le capitaine connétable, le lieutenant
et l'enseigne. Ils portent à leur boutonnière,
ainsi que tous les chevaliers, une médaille
représentant l'effigie de Saint-Sébastien. Cette
restauration a causé une grande joie dans la
terre de Carlepont; et le roi de l'arc, rétabli
dans son jardin sur son trône de verdure, est
certainement, dans ce moment, le plus heureux roi de la terre. J'ai eu la curiosité de lire
le petit livret imprimé qui contient les anciens
statuts de l'Ordre, et j'en ai admiré la mora-
lité. On n'est admis dans la confrérie que
lorsqu'on peut présenter des certificats de
bonnes mœurs donnés par le curé, et les règlemens de politesse et de décence qui doivent
être observés dans les assemblées sont aussi
sages que sévères. La moindre infraction est
punie par des amendes, au profit des pauvres,
et les récidives par l'exclusion. La religion
consacre cette institution, par quelques solennités religieuses dans le cours de l'année,
aux réceptions, à la fête de Saint-Sébastien et
aux funérailles des chevaliers; enfin la confrérie est obligée d'assister processionnellement
aux grandes fêtes de l'année, avec leur tam-
bour, leur étendard et leur drapeau.

Cette confrérie, rétablie dans cette terre depuis trois ou quatre ans, a déjà produit les meilleurs effets sur les habitudes, les mœurs, et la conduite de ces paysans. Ce château est à trois lieues d'un petit coin de terre (Salency) où sembloient s'être refugiées, à l'époque de la révolution, toutes les vertus de l'âge d'or; les habitans de Salency doivent ce bonheur à l'antique institution, faite par leur évêque saint Médard, de *la couronne de roses*, donnée à la fille la plus vertueuse du village, ce qui prouve l'influence des femmes sur les mœurs publiques; on n'avoit point fondé, dans ce lieu, de prix pour les garçons; le saint fondateur avoit pensé, sans doute, qu'il leur suffiroit, pour se bien conduire, de désirer la main de la Rosière, ou de celles qui pouvoient espérer de le devenir, et en effet les Salencyens sont aussi vertueux que les jeunes filles sont sages. Il faut convenir que nos aïeux, tant déprisés aujourd'hui, avoient quelquefois d'assez bonnes idées.

J'ai trouvé dans le château d'Offémont (à deux lieues de Carlepont) une antiquité intéressante et curieuse; une vieille tradition du pays dit qu'un jeune page d'une dame d'Offémont fut enfermé, pendant quinze jours, dans une tour du château; son crime n'étoit pas grave, je suis sûr que tu l'excuseras facilement, et l'indulgence de la dame d'Offémont le dédommagea d'une manière touchante de sa courte captivité. J'ai visité cette tour pour y voir une inscription fameuse dans le voisinage, et que le jeune page, durant sa détention, traça avec la pointe d'un couteau sur une des larges pierres formant la muraille de l'intérieur de la tour. J'ai copié littéralement cette inscription, et même l'orthographe et la forme des lettres; le page eut l'intention de faire des vers, tu ne seras pas émerveillé de sa poésie; mais quand tu sauras son histoire, tu seras touché de ses sentimens. Voici l'inscription que je cite ici pour l'authenticité, et que tu retrouveras dans la nouvelle que je t'envoie :

HEVREVX AVFEVMONT,
HEVREVX ET SANS DOVTANCE
DAVOIR DAME
DE SI GRANDE PREVDANCE
POVR FERE FIN,
ET DIRE POVR LE MIEVX
PAR TES VERTEVS
TV MERITES LES CIEVX.

ADIEV MA TRES HONOREE DAME
LA PERLE DE LA PIQVARDIE
LE SEIGNEVR TE BENIE ¹.

J'ai recueilli tous les traits de la tradition relative à ce jeune page, et j'en ai fait à ma manière une nouvelle qui n'est pas tout-à-fait finie, mais qui le sera dans quelques jours, et que je t'enverrai dans ma première lettre. Comme je désire exciter ta curiosité, je ne t'en dirai pas davantage aujourd'hui.

Tu m'as témoigné dans nos adieux la crainte de recevoir de moi des *sermons* au lieu de *lettres*; un jeune homme de vingt-quatre ans ne devroit pas redouter un *prédicateur* de vingt-cinq, et tu vois que ton inquiétude étoit fort mal fondée; je ne te *sermonnerai* jamais, cher Auguste, que lorsque tu me demanderas des conseils, c'est-à-dire quand tu me confieras des folies; tu sais bien que je ne te parle raison sur ta conduite que dans ce cas. Tu me demandes comment il est possible qu'étant de même âge et cousins germains, ayant été élevés ensemble, il y ait si

¹ Tout ce qu'on vient de dire sur la tradition de ce fait est vrai, et l'inscription ci-dessus se trouve en effet tracée de la main du page prisonnier dans l'intérieur de la tour de ce château. (Note de l'auteur.)

peu de ressemblance dans nos caractères, si peu de rapports dans nos goûts, nos opinions et notre conduite, et cependant que notre amitié soit si vive, si tendre, et qu'elle n'ait jamais éprouvé un instant d'altération ; c'est, mon cher Auguste, parce que nos cœurs sont également sensibles. La différence de nos lectures et de nos liaisons a surtout causé celle qui se trouve dans nos principes ; d'ailleurs la vivacité peu commune de ton esprit, de ton imagination et de ton inépuisable gaieté en établissoit une dès notre enfance ; rappelle-toi que dès lors tu étois l'écolier le plus spirituel, mais le plus impétueux et le moins docile de notre classe. Je n'oublierai jamais qu'à l'approche de la distribution des prix, un de nos professeurs te disant que tu n'en aurois point, et que tu aurois pu mériter le premier par l'application, tu répondis : *je le savois, mais j'aime mieux le conquérir.* Et en effet, par des efforts surnaturels, tu l'obtins.

Adieu, mon ami, écris-moi souvent, parle-moi de tes voyages, de tes occupations, et surtout de tes sentimens, qui, j'en suis sûr, seront toujours nobles et généreux.

LETTRE DEUXIÈME.

EUGÈNE A AUGUSTE.

Paris, ce 28 mars 1820.

Voici, mon ami, la nouvelle gothique et picarde que je t'ai annoncée. Je répondrai à ta dernière lettre par le prochain courrier, et j'attends avec impatience les détails intéressans que tu m'annonces; ta manière de voir et ta gaieté les rendront sûrement très-piquans. Adieu, cher Auguste, songe qu'un de mes plus grands plaisirs, depuis ton départ, est celui de recevoir de tes nouvelles.

ANECDOTE DU QUINZIÈME SIÈCLE.

Le comte de ***, fils unique d'un grand seigneur ruiné par les croisades, et tué dans la Terre Sainte, redevint possesseur d'une grande fortune par le testament d'un parent éloigné, qui, en mourant, lui légua tous ses biens, parmi lesquels se trouvoit la terre d'Offémont, en Picardie, et dont le comte prit le nom.

Le comte, époux de la belle et vertueuse Ernelinde, étoit déjà père de quatre enfans, dont l'aîné avoit sept ans, et néanmoins Ernelinde brilloit encore de tout l'éclat de la jeunesse; les deux époux allèrent prendre possession de leur héritage, avec l'intention de s'établir dans le château et de s'y fixer.

Les vassaux du nouveau seigneur se rassemblèrent de toutes parts au jour fixé pour son arrivée dans la terre, les notables l'attendoient dans l'église; c'étoit là que, suivant la coutume de ces vieux temps, le comte et sa famille devoient d'abord s'arrêter. Toutes les solennités commençoient alors par un hommage de reconnoissance rendu à la Divinité, et ces usages religieux charmoient les peuples de ces siècles reculés, car ils croyoient y trouver des garans sacrés de l'équité et de la bonté bienfaisante de leurs chefs et de leurs maîtres. La confiance, fondée sur l'estime, fait naître l'espérance, la joie, et produit l'amour. Une députation, composée des garçons et des jeunes filles du village, alla gaiement au devant du comte; les jeunes paysannes offrirent à Ernelinde une belle croix de fleurs, et les garçons présentèrent au comte trois brins de marjolaine [1]. C'étoit un ancien tribut, que jadis une dame d'Offémont, célèbre par ses bonnes œuvres, avoit obtenu de la gratitude de ses vassaux. Et telle est l'origine de toutes ces petites redevances dont on retrouve encore en France des vestiges dans plusieurs terres, et qui nous paroissent bizarres, parce que nous en ignorons l'à-propos; on savoit seulement, dans le village d'Offémont, que, primitivement, la seule reconnoissance avoit offert volontairement ces dons champêtres, et qu'ensuite la coutume et le temps en avoient consacré l'hommage.

Le comte et sa famille traversèrent le village au bruit de toutes les cloches de la pa-

---

[1] C'est à Courtanvaux que cette coutume, qui existoit depuis des siècles, vient d'être renouvelée, et que les villageois apportent tous les ans à la dame du château cette *croix de fleurs* et les *trois brins de marjolaine*. Jadis les villageois de Genlis apportoient, le 1ᵉʳ. de mai, à leur seigneur, *quatre œufs frais*. Il est probable que la reconnoissance s'étoit imposé ce tribut pour perpétuer le souvenir du don de quelques poules.

(Note de l'auteur.)

roisse, et au son des musettes et des pipeaux de tous les ménétriers d'alentour. Le comte, suivi de sa femme et de ses enfans, entra dans l'église, et, après la prière générale, on écouta avec respect la voix d'un vénérable pasteur qui exhorta les vassaux à la fidélité, et qui, au nom de l'Éternel, demanda pour eux à leur seigneur bienveillance et protection dans tous les temps, et prompts secours dans leurs besoins et dans leurs calamités. Ensuite le comte et ses vassaux (représentés par le plus notable) allèrent à l'autel, *la main élevée devant le crucifix* faire les sermens qui doivent mutuellement les unir ; car cette cérémonie religieuse n'étoit nullement pour les paysans un pacte d'esclavage, puisque les engagemens étoient réciproques. Les vassaux promettoient à leur seigneur de le soutenir et de le suivre dans ses expéditions guerrières, quand ils en seroient requis ; et le seigneur, de son côté, prononçoit à haute voix le serment solennel de protéger en tout ses vassaux, de leur servir d'arbitre dans leurs différends particuliers, et, lorsqu'*il y auroit procès*, de suivre les plaidoiries et d'*en payer tous les frais*. Ainsi le seigneur avoit un intérêt pécuniaire à maintenir parmi ses vassaux le plus grand de tous les biens terrestres : la paix et la concorde; ce qui doit naturellement donner à son arbitrage une utile activité [1].

En sortant de l'église, le comte se rendit à pied au château, il fut suivi d'une multitude immense qui faisoit retentir les airs des plus bruyantes acclamations ; ce beau jour fut terminé par un grand festin, donné au château à tous les paysans, et par un bal champêtre où dansèrent jusqu'à la nuit, avec la joyeuse troupe villageoise, Ernelinde, le comte et toutes les personnes qui composoient leur maison [2]. Dans ce nombre on distinguoit surtout le premier page d'Ernelinde, le jeune et beau Zerbin, à peine âgé de dix-sept ans; il étoit orphelin, sans aucune fortune, et fils du frère d'armes du comte d'Offémont, qui avoit pour lui une tendresse de père. Zer-

---

[1] Historique ; ainsi que tout ce qui, dans cette nouvelle, est relatif aux lois, aux mœurs et aux usages de ce temps.

[2] Avant la révolution, toutes ces réjouissances avoient encore lieu dans les châteaux, quand les seigneurs, après quelques mois d'absence, revenoient dans leurs terres.

(Notes de l'auteur.)

bin, loin d'être un page espiègle et turbulent, étoit doux, réservé, timide; on s'étonnoit de le voir annoncer une raison prématurée, car alors la jeunesse n'avoit de précoce que le courage dans tous les exercices du corps les plus périlleux et dans les combats. Zerbin n'avoit point, même avec ses camarades, la gaieté de son âge; il ne prenoit part à leurs jeux qu'avec indolence, et souvent avec distraction. Un seul amusement, et le plus innocent de tous, paroissoit lui-plaire; c'étoit lui qui, depuis un an, dirigeoit toutes les récréations des quatre enfans d'Ernelinde; il aimoit tendrement Amédée, l'aîné de tous, et, de son côté, l'aimable et reconnoissant Amédée chérissoit Zerbin et ne pouvoit plus se passer de lui. Ce sentiment mutuel, qui touchoit vivement Ernelinde, étoit fort contrarié par le gouverneur des pages; cet homme vain, froid et morose, tiroit parti d'un caractère plein de dureté pour se donner l'imposante réputation d'une austérité inflexible et scrupuleuse. Tout le monde hait ce caractère; mais beaucoup de gens l'estiment dans ceux qui gouvernent, parce qu'on croit vulgairement qu'il est fait pour maintenir l'ordre; comme si l'autorité pouvoit être solide en inspirant la haine, et comme si la vertu dispensoit de l'indulgence! Mulfort (c'étoit le nom du gouverneur des pages) haïssoit l'écuyer du comte; et Zerbin, au lieu de partager cette inimitié, vantoit sans cesse la douceur, la bonté de ce vieil écuyer, dont il recevoit des leçons d'équitation, et Mulfort ne voyoit dans ces éloges qu'un dessein secret de le braver; d'ailleurs Mulfort trouvoit, avec quelque raison, que Zerbin passoit trop de temps avec les enfans. L'âcreté et la pédanterie de ses réprimandes à cet égard ne changèrent rien à la conduite de Zerbin; et Mulfort fut d'autant plus en colère de cette désobéissance, qu'il sentit parfaitement qu'il ne gagneroit rien à s'en plaindre au comte et à la comtesse, qui ne trouveroient dans cette espèce de tort qu'un motif de plus d'aimer Zerbin. Vive image de sa mère, Amédée étoit beau comme un ange; ses parens l'idolâtroient, et ils savoient un gré infini à Zerbin des soins assidus qu'il rendoit à cet enfant chéri. Ainsi Mulfort dissimula son mécontentement; mais en se promettant bien en secret de profiter de toutes les occasions qui pourroient lui donner les moyens de nuire à Zerbin dans l'esprit de ses protecteurs. Cependant Zerbin, sans défiance comme sans artifice, consacroit toujours au jeune Amédée tous les momens dont il pouvoit disposer. Tous les jours, après le dîner, lorsque le comte et son épouse, sortis de table, étoient rentrés dans la grande salle du château, Zerbin voloit à l'appartement des enfans pour les avertir qu'il étoit temps de venir prendre les restes du repas qu'ils devoient distribuer aux pauvres [1]. Les enfans, prenant des corbeilles vides, accouroient, conduits par leur gouvernante, et précédés par Amédée et Zerbin, qui ne manquoient jamais d'arriver les premiers dans la salle à manger; là, Zerbin se hâtoit de remplir la corbeille d'Amédée des restes les plus délicats. Cette corbeille absorboit les plus beaux fruits, tous les gâteaux, toutes les pâtisseries; les autres enfans se plaignoient en vain de ne pouvoir offrir communément que des pommes et du pain. Amédée et Zerbin s'enfuyoient en riant avec leur riche butin, toujours augmenté d'un bon supplément que Zerbin glissoit à la dérobée dans les

[1] Coutume touchante qui subsistoit encore dans tous les châteaux vers le milieu du dernier siècle.
(Note de l'auteur.)

poches d'Amédée, et que celui-ci remettoit furtivement dans sa corbeille à mesure qu'elle se désemplissoit durant la distribution. Ces douces offrandes se faisoient à la grille du château, où l'on trouvoit toujours une douzaine de petits enfans, cinq ou six vieilles femmes et quelques vieillards, auxquels on donnoit surtout un peu de bon vin dont Zerbin étoit porteur; ensuite, après avoir reçu les bruyans remercimens de la troupe enfantine et les bénédictions des vieillards, on retournoit joyeusement au château.

Deux autres époques de la journée, mais plus solennelles, intéressoient aussi vivement les enfans; c'étoient les prières du matin et du soir, qui se faisoient en commun comme dans tous les châteaux. Ernelinde les récitoit tout haut; elle se plaçoit au milieu de sa famille et de toute sa maison, dans la grande salle; et là, lorsqu'elle s'étoit agenouillée sur un carreau de velours, Zerbin lui apportoit son beau livre d'*Heures*, relié en écaille, orné d'un fermoir d'or et de pierreries, le plus beau présent de noce qu'elle eût reçu. Pendant la prière, Zerbin édifioit tout le monde par son recueillement et sa piété : nulle affectation ne se mêloit à ce maintien d'un profond sentiment religieux; au contraire, il s'efforçoit de cacher quelques larmes que lui arrachoient de temps en temps l'onction et la douce voix d'Ernelinde. Cependant sa ferveur ne l'empêchoit pas de surveiller Amédée; toujours à genoux à côté de lui, il ne lui montroit de la sévérité que dans cette seule occasion, il ne lui permettoit pas un instant de distraction, il le reprenoit tout bas, et l'obligeoit à tenir toujours constamment ses deux petites mains jointes. Plus d'une fois Zerbin fut récompensé de cette surveillance par un signe approbateur ou par un sourire d'Ernelinde.

Peu de jours après son arrivée, la comtesse ayant pris des informations sur les familles pauvres qui se trouvoient dans le village, il fut décidé qu'elle iroit elle-même avec le curé leur porter des secours; et, comme elle se fit accompagner par ses enfans, Zerbin obtint la permission de la suivre, et, durant toutes ces courses, la main d'Amédée fut toujours dans la sienne. Dans la dernière chaumière où s'arrêta la comtesse, on vit le spectacle le plus touchant; c'étoit une famille composée de quatre générations, dans laquelle se trouvoit une veuve chargée de six enfans, dont l'aînée étoit une jeune et jolie fille âgée de dix-huit ans; la comtesse, après avoir distribué de l'argent, déclara qu'elle doteroit et marieroit la jeune fille. Les bons paysans, transportés de reconnoissance, se jetèrent à ses pieds, et le curé dit à la comtesse : « Voilà, madame, une partie de votre récompense ! — Et la voici toute entière, » s'écria Zerbin en portant dans les bras d'Ernelinde le petit Amédée que cette scène avoit tellement ému qu'il fondoit en larmes. La comtesse, pénétrée d'attendrissement, pressé avec une vive émotion Amédée contre son sein; elle tendit sa main à Zerbin ; il la reçut en mettant un genou en terre, la serra dans les siennes et l'inonda de pleurs !....... Ernelinde ordonna doucement à Zerbin de se relever; et, posant Amédée à terre : « Zerbin, dit-elle, veillez toujours sur lui, c'est vous qui le rendez si sensible, c'est préparer le bonheur de ma vie et m'imposer le devoir de m'occuper du vôtre. » A ces mots, Zerbin tressaille, et, ne pouvant proférer une seule parole, il ne répond que par un profond soupir. La comtesse sortit de la chaumière; et, comblée des bénédictions de tout le village, elle retourna au château en emportant des souvenirs délicieux et toute la satisfaction intérieure que peut procurer l'emploi d'une telle journée. Quinze jours après, on maria la jeune fille; le comte fit présent aux nouveaux époux de quatre arpens de terre, avec la clause qui accompagnoit toujours ces espèces de dons, que la magnificence des seigneurs rendoit alors si communs; il fut stipulé, dans le contrat, que ces arpens de terre étoient cédés en *pur don*, mais que s'ils sortoient de la famille, si on les vendoit à un étranger, on paieroit une *redevance* au seigneur ou à ses héritiers [1]. Le comte et la comtesse furent invités au repas de noce, et ne manquèrent pas d'aller à cette fête si gaiement mémorable dans les villages, quand les seigneurs étoient affables et bienfaisans; Amédée demanda instamment d'y être admis avec Zerbin, ce qui fut accordé sans difficulté. Après le festin, Ernelinde dansa dans la grange avec les paysans; mais pour

---

[1] C'est ce qu'on appeloit *les lods et ventes*, il y avoit quelque chose de moral dans cette clause, elle étoit un frein pour vendre, et une raison de plus pour conserver intact son héritage.
(Note de l'auteur.)

cette fois Zerbin, qui ordinairement dansoit avec une grâce particulière, ne se fit remarquer dans ce bal villageois qu'en brouillant toutes les contre-danses; on en rit d'abord, mais ensuite la comtesse, pour la première fois, le gronda, et Zerbin n'en dansa pas mieux. Ernelinde se repentit bientôt d'avoir grondé le pauvre Zerbin; elle s'aperçut que, depuis ce moment, il rougissoit et pâlissoit toutes les fois qu'elle le regardoit, qu'il ne l'approchoit qu'en tremblant, et qu'il devenoit aussi étourdi et aussi maladroit qu'on l'avoit vu jusque-là posé, intelligent et réfléchi. Lorsqu'il étoit obligé de porter des porcelaines, des cristaux, tout s'échappoit de ses mains; il cassoit, brisoit tout; il renversoit et culbutoit tout ce qui se trouvoit sur son passage; il ne répondoit à Ernelinde qu'avec une préoccupation visible, et ne pouvoit lui rendre compte de la plus simple commission qu'en balbutiant. Ernelinde crut long-temps qu'il n'étoit qu'intimidé; elle mit en usage tout le charme de sa douceur naturelle pour le rassurer, mais en vain. Zerbin l'écoutoit avec attendrissement; ses yeux se remplissoient de larmes, il bégayoit quelques mots d'excuses; on lui voyoit ensuite un redoublement de tristesse et de maladresse. Un soir, il mit en pièces le beau dévidoir d'Ernelinde, qui, au lieu de se fâcher, ne lui dit que des paroles consolantes remplies de bonté, mais en l'exhortant à devenir plus attentif. «Ah! madame, s'écria le jeune page éperdu, vos indulgens conseils sont inutiles, je ne changerai jamais!...» A ces mots, il tourna brusquement le dos et s'enfuit. Ernelinde, surprise, rêva quelques instans.... Depuis ce moment, elle évita d'adresser la parole à Zerbin, et feignit de ne plus remarquer son trouble et ses étourderies.

Un matin qu'Ernelinde dans le parc se promenoit avec quelques personnes, et le petit Amédée, Zerbin, derrière elle à cinquante pas, marchoit lentement, plongé dans une profonde rêverie. Ernelinde côtoyoit les bords d'un canal : tout à coup Zerbin entend pousser un cri perçant, il lève les yeux, et voit qu'Amédee vient de tomber dans le canal. Aussitôt Zerbin s'élance comme un trait dans cette pièce d'eau qui avoit plus de trente pieds de profondeur ; il nage avec rapidité, atteint l'enfant près de périr, le prend dans ses bras, gagne la rive de gazon et de fleurs, où la comtesse, à genoux, soutenue par ses femmes et baignée de larmes, lui tendoit les bras. Zerbin s'y jette en posant sur ses genoux Amédée sans connoissance. La pâleur et l'immobilité de cet enfant suspendent la joie et la reconnoissance; mais bientôt Amédée rouvre les yeux. Ernelinde l'embrasse avec transport, en disant: « O Zerbin, comment m'acquitterai-je jamais?... — J'ai reçu ma récompense, s'écrie Zerbin, je pourrois mourir à présent sans regretter la vie; je connois la gloire et le bonheur!...» A ces mots, la comtesse tourna les yeux vers lui avec une expression touchante qui acheva d'enivrer Zerbin; il lui sembloit que pour la première fois il obtenoit un regard d'Ernelinde.

Cependant Amédée et son libérateur avoient grand besoin de changer d'habits; on se hâta de rentrer au château, et, durant ce trajet, Amédée, se jetant au cou de Zerbin, lui demanda de lui promettre qu'il seroit un jour son frère d'armes; et Zerbin, autorisé par la comtesse, prit avec ravissement un engagement si doux.

Zerbin reçut les plus tendres remercîmens du comte et les félicitations de tout le château;

le gouverneur des pages, le taciturne Mulfort, fut le seul qui ne vint point embrasser Zerbin; il dit seulement que cette aventure n'étoit nullement heureuse pour ce jeune page, parce qu'il alloit être cent fois plus gâté que de coutume. Néanmoins la comtesse, peu de jours après, partit avec ses enfans pour un voyage de trois semaines; au grand étonnement de toute sa maison, et malgré les pleurs d'Amédée, elle n'emmena point Zerbin, qui, pénétré de douleur, resta au château, sous la garde sévère de Mulfort.

Ernelinde alla passer le mois de juin chez la baronne de ***, une de ses amies, dont le château étoit à quinze lieues du sien; distance considérable alors, car nos bons aïeux n'avoient ni la commodité de nos postes, ni l'agrément de nos beaux chemins. Ernelinde arriva chez son amie la veille de la Fête-Dieu, solennité dont les préparatifs occupoient le château, le village, et surtout les enfans qui devoient y représenter des anges. Ernelinde se joignit à la baronne pour orner les reposoirs; on respiroit dans le château un air embaumé, toutes les salles étoient remplies de fleurs dont on formoit des couronnes et des guirlandes, et jamais les apprêts des fêtes profanes n'occuperont aussi agréablement; les plaisirs ne sont délicieux que lorsqu'ils sont purs; la puérile vanité peut en inventer d'ingénieux, mais elle en gâte toujours la jouissance.

Amédée ne goûta qu'imparfaitement la joie générale; Zerbin (qu'il n'appeloit plus que son *frère d'armes*) ne la partageoit pas.

La baronne étoit au moment d'accoucher; et, peu de temps après l'arrivée d'Ernelinde, elle mit au jour une petite fille dont Ernelinde fut la marraine; aussitôt que l'enfant eut été mise dans son berceau, son père se fit apporter *le registre de famille*, pour y inscrire, selon l'usage du temps, quelques inscriptions tirées des saintes écritures. Ces pieux registres étoient *les livres de souvenirs* de nos aïeux, et ils valoient bien les nôtres. Le baron y traça ces paroles que devoit lire et relire un jour l'enfant qui venoit de naître :

Elle a travaillé avec des mains sages et ingénieuses,
Elle s'est fait des meubles de tapisserie;
Elle a ouvert sa main à l'indigent, et elle a étendu ses bras vers le pauvre. (Proverbes de Salomon, ch. 31.)

Une femme de bon sens est amie du silence.
La femme sainte et pleine de pudeur est une grâce qui passe toute grâce. (Ecclésiaste, ch. 26.)

Je me plais à retracer le souvenir des mœurs
et des coutumes de ces siècles oubliés ou si calomniés de nos jours ; mais, historien fidèle,
je ne veux pas néanmoins dissimuler les avantages que nous avons sur nos ancêtres. Ainsi
j'avouerai qu'alors on traversoit les mers pour
rendre d'éclatans hommages à la religion, et
qu'on n'avoit point encore fondé de colonies
pour y naturaliser l'esclavage, afin de nous
procurer en abondance du sucre et du café ;
il faut trancher le mot, on ne donnoit aux
baptêmes ni confitures sèches ni dragées ; mais
la comtesse fit dans le château une magnifique
distribution d'épiceries. Amédée reçut tristement ses deux cornets de *poivre* et de *cannelle*,
et il en mit un de côté pour son cher Zerbin.

La baronne nourrit son enfant ; *nul philosophe* n'avoit donné ce conseil aux femmes de
ce temps ; mais la religion invite, de mille manières, dans les saintes écritures, à remplir ce
devoir. Les reines mêmes en avoient donné
l'exemple, suivi par toutes les dames de leurs
cours [1]. Cet usage cessa quand les femmes
renoncèrent à la vie constamment champêtre

---

[1] Entre autres la reine Blanche.
(Note de l'auteur.)

et solitaire des châteaux que par la suite elles n'habitèrent plus que durant la belle saison.

Tandis que ces choses se passoient chez la baronne, le malheureux Zerbin, livré à toute la mauvaise humeur de Mulfort, étoit l'objet d'une étrange persécution : il est vrai qu'il y avoit donné lieu par une conduite imprudente et mystérieuse; il s'étoit échappé plusieurs fois pour aller furtivement au village de Chiry, près de l'abbaye d'Ourscamps, à deux lieues d'Offémont, et la dernière fois il n'en revint qu'à la nuit tout-à-fait close. Vivement interrogé par Mulfort sur cette course nocturne, il montra beaucoup d'embarras, et ne voulut jamais en avouer le motif. Mulfort lui déclara que s'il ne confessoit pas sur-le-champ la vérité, il le feroit enfermer dans la tour du château. «Vous n'obtiendrez point mon secret, lui dit Zerbin, car jamais les menaces ne me feront parler.» A ces mots, Mulfort, furieux, le fit conduire à la tour, et Zerbin s'y rendit sans résistance. Il y étoit depuis quinze jours, lorsqu'Ernelinde, après une absence d'un mois, revint dans son château. Le premier mouvement d'Amédée en y entrant fut d'appeler à grands cris Zerbin, et son désespoir n'eut point de bornes lorsqu'il apprit qu'il étoit prisonnier : il conjura sa mère, en sanglotant, de le tirer sans délai de sa captivité. Ernelinde fit appeler Mulfort, qui lui dit « qu'il paroissoit certain que Zerbin avoit formé une intrigue à Chiry, et que, malgré ses défenses, il avoit continué de s'échapper pour y aller et pour n'en revenir qu'à la nuit. Je ne pouvois, ajouta Mulfort, tolérer un tel scandale, ni souffrir l'insolence de ses réponses.—Il est blâmable, sans doute, reprit Ernelinde, mais vous ne deviez pas oublier que mon fils lui doit la vie; allez sur-le-champ lui rendre la liberté. » Mulfort, suffoqué de dépit et de colère, n'osa répliquer; il fut obligé d'obéir. Pendant qu'il alloit exécuter sa commission avec toute la lenteur qu'il put y mettre, le vieil écuyer, protecteur de Zerbin, dont le retour au château avoit précédé de deux jours celui de la comtesse, vint la trouver pour lui dire qu'ayant appris, en arrivant, la détention du jeune page, il avoit lui-même été à Chiry prendre des informations sur sa conduite, et que là il avoit acquis la certitude que le seul motif des courses de Zerbin avoit été un pèlerinage à Sainte-Anne, dévotion en effet très-fameuse dans ce canton, où le seigneur Mathieu de Roye avoit déposé les reliques de cette sainte nouvellement rapportées de Jérusalem [1]. A la fin de cette explication, le jeune prisonnier délivré parut, et s'avança vers la comtesse avec timidité. Ernelinde fut touchée de sa pâleur et de l'abattement qu'elle remarqua dans son maintien. Le bon écuyer sortit; alors Ernelinde demanda à Zerbin pourquoi il avoit fait un mystère de son pèlerinage? Zerbin répondit, en baissant les yeux, qu'il n'en avoit pas voulu dire le motif à Mulfort, qui n'auroit pas manqué de le questionner à ce sujet. « Une action si pieuse, dit la comtesse, ne peut rien cacher d'embarrassant à dire. Voulez-vous, poursuivit-elle, me confier ce secret?—Eh bien! madame, je demandois le repos que j'ai perdu!.. » La comtesse borna là ses questions, et elle congédia doucement le page qu'elle envoya chez Amédée. Une heure après, le geôlier de la tour fit demander à la comtesse, et obtint d'elle un moment d'audience. Cet homme, qui ne savoit pas lire, lui dit que le jeune

---

[1] Historique; ces reliques ont été conservées, et le pèlerinage existe encore dans ce lieu.

(Note de l'auteur.)

page, durant sa captivité, avoit tracé, avec la pointe de son couteau, sur une des pierres du mur intérieur de sa prison, des lignes d'écriture qui contenoient peut-être quelques secrets. La comtesse, voulant éclaircir ses soupçons, se rendit aussitôt à la tour, suivie seulement du geôlier. Arrivée dans la tour, elle lut l'inscription suivante écrite en gros caractères :

> HEVREVX AVFEVMONT,
> HEVREVX ET SANS DOVTANCE
> DAVOIR DAME
> DE SI GRANDE PREVDANCE!
> POVR FERE FIN
> ET DIRE POVR LE MIEVX :
> PAR TES VERTEVS
> TU MERITES LES CIEVX.
>
> ADIEV MA TRES HONOREE DAME,
> LA PERLE DE LA PIQVARDIE,
> LE SEIGNEVR TE BENIE.

Ernelinde, plus rêveuse que surprise en sortant de la tour, se promit de mériter l'éloge que Zerbin donnoit à sa prudence. Le jour étoit tout-à-fait tombé. En revenant lentement pour rentrer dans son appartement, et en traversant une terrasse qui bordoit la facade du château, elle passa sous les fenêtres de son cabinet, elle entendit avec surprise les sons d'un luth; car seule dans le château elle jouoit de cet instrument, du moins elle le croyoit; elle écouta et elle admira la perfection avec laquelle on jouoit sa ballade favorite; elle entra dans le château, on venoit d'allumer les lampes. Ernelinde, parvenue à l'antichambre de son appartement, et dont la porte étoit ouverte, entendit encore le luth, et aperçut Zerbin qui lui tournoit le dos, et qui, collé contre le lambris, écoutoit la musique. Au bruit que fit la comtesse en avançant, Zerbin tourna la tête; il fit un cri de surprise, en disant : « Et qui donc joue du luth ? — Nous allons le savoir, dit la comtesse en souriant, suivez-moi dans mon cabinet. » Zerbin obéit; Ernelinde ouvre doucement la porte, et l'on voit que la musicienne inconnue est l'aimable et timide Phanette de Lussang, l'une des jeunes personnes attachées à la comtesse. Phanette se lève en tressaillant, elle pose d'une main tremblante le luth sur une table, sa vive rougeur, son maintien, expriment naïvement le trouble et l'inquiétude qui l'agitent. Ernelinde la rassure, l'embrasse, la félicite du talent charmant qu'elle possède, et lui reproche avec grâce de l'avoir caché si long-temps. Phanette dit qu'elle joue du luth depuis son enfance, qu'elle l'avoit négligé ; mais que, depuis trois mois, elle en joue secrètement avec assiduité chez la comtesse quand elle est absente ou à la promenade. « Et pourquoi ? » demanda la comtesse. A cette question si simple, Phanette regarde Zerbin, rougit encore, et répond d'une voix entrecoupée qu'elle a repris du goût pour le luth, parce qu'il lui paroît que.... dans le château.... on aime cet instrument. La comtesse sourit. Zerbin, jusqu'alors immobile, examine pour la première fois Phanette avec quelque attention, et il s'étonne de la trouver si jolie. La comtesse, reprenant la parole, dit à Phanette qu'ayant un autre luth elle lui donne celui dont elle vient de jouer si bien ; elle ajoute à ce présent celui d'un beau et grand pupitre, qu'elle charge Zerbin de porter sur-le-champ jusqu'à la porte de la chambre de Phanette, et elle les renvoie ainsi tous les deux. Ernelinde, en réfléchissant à cette aventure, devina facilement les secrets sentimens de la naïve Phanette. Le lendemain étoit un jour de fête, on devoit danser dans le jardin. Ernelinde s'occupa de la parure de Phanette, elle lui fit mettre sa plus belle robe, dont elle rattacha les manches avec deux agrafes de topazes qu'elle lui donna, ainsi qu'une grande chaîne d'or qu'elle mit à son cou ; elle orna ses beaux cheveux blonds d'une couronne de bluets. On n'avoit jamais vu Phanette si parée ; tout le monde la trouva charmante, et la comtesse la fit danser plusieurs fois avec Zerbin. Depuis ce jour, la comtesse fit tous les soirs de la musique chez elle, Phanette y jouoit du luth, la comtesse lui donnoit des leçons dans la journée ; et, comme Phanette avoit une jolie voix, elle lui apprit à chanter, et Zerbin assistoit régulièrement à ces petits concerts. Ernelinde portoit ou envoyoit sans cesse dans le village des secours en argent, en vêtemens et en alimens, aux malades et aux pauvres dont elle prenoit soin ; et, quand elle ne pouvoit y aller elle-même, elle chargeoit de ces commissions Phanette et Zerbin, avec ordre exprès d'y aller ensemble, suivis de la gouvernante de ses enfans et d'Amédée. Cet exercice de charité devint bientôt entre Phanette et Zerbin un lien touchant d'intimité. Comment ne pas s'aimer réciproquement, en remplissant de concert les devoirs les plus sacrés de l'humanité! Cette première union, formée par la vertu, en préparoit naturellement une autre aussi sainte et plus durable. Au mois d'août de cette année, l'on vit arriver, avec la joie accoutumée, l'époque la plus intéressante de cette saison, le jour de la Saint-Louis, fête si solennelle, et que le souvenir d'un grand roi rendoit si chère à tous les François. La comtesse rendit le pain bénit à la paroisse, et se fit représenter par Phanette et Zerbin; on mit à part pour la comtesse un beau pain au safran couronné de roses et de jasmin, fleurs favorites d'Ernelinde, cultivées et cueillies par Zerbin. En lui portant dans l'église, à son banc, cette douce offrande, Phanette, appuyée sur le bras du page, sentit qu'il trembloit. Rassurez-vous, lui dit-elle tout bas, elle est bien respectable, bien imposante; mais elle est si bonne!... Ce naïf encouragement ne put dissiper le trouble de Zerbin, qui ne répondit que par un soupir!

Sur la fin de l'automne, un nouvel événement troubla tout à coup les joies innocentes et paisibles du château; on parla de guerre, et bientôt le comte fit les apprêts de son départ. Zerbin obtint la faveur de le suivre, et Phanette ne put dissimuler ses inquiétudes et sa douleur; Zerbin ne parut sentir que le plaisir de faire ses premières armes sous la bannière de son protecteur. La veille de son départ, Phanette, autorisée par l'usage de ce temps, qui permettoit *aux dames* d'offrir aux guerriers, allant à l'armée, *un gage de souvenir*, lui demanda d'une voix tremblante s'il vouloit en recevoir un de sa main. « Oui, répondit vivement Zerbin, je serois heureux d'obtenir la chaîne qu'*elle* a portée... » Eh quoi! reprit Phanette en rougissant, seulement pour cette raison?... » Zerbin sentit l'imprudence du mot qui venoit de lui échapper ; il répondit avec grâce à la dernière question, et Phanette fut contente; son innocence et son ingénuité ne lui permettoient pas de lire dans le cœur du jeune page; elle n'y voyoit, pour Ernelinde qu'un sentiment de reconnoissance et d'admiration qu'elle éprouvoit elle-même. Elle détacha de son cou la chaîne d'or, Zerbin la reçut avec saisissement, et se hâta de s'éloigner. Les guerriers partirent, le château resta désert; plus de fêtes, plus de jeux, plus de danses! On n'entendit plus dans les champs les sons joyeux des pipeaux et des musettes; les voix argentines des bergères devinrent muettes, et le luth mélancolique de Phanette n'accompagna plus que des complaintes. Au lieu d'aller danser sous l'orme antique du village, les paysans et tout le château se rendoient en foule à l'église; l'espérance et la foi animoient la ferveur des prières, elles donnoient le courage de supporter les peines réelles du présent, et de prévoir avec résignation les maux incertains de l'avenir. Tant de vœux réunis furent exaucés; au mois de mai suivant, on fut dédommagé de tout ce qu'on avoit souffert; le comte revint triomphant, et ramenant Zerbin dont il loua publiquement la brillante valeur; et les succès des guerriers furent célébrés par des fêtes qui durèrent plusieurs jours. Phanette montra dans cette occasion une joie ingénue qui toucha Zerbin. Un matin, la comtesse les emmena l'un et l'autre dans son cabinet; et là, sans préambule, elle leur dit qu'ayant pénétré leurs sentimens, les aimant également tous les deux, et les trouvant dignes l'un de l'autre, elle vouloit former une union si bien assortie, qu'elle leur tiendroit lieu de mère, et qu'elle les conduiroit elle-même à l'autel dans le cours du mois prochain. Phanette se jeta dans les bras d'Ernelinde; Zerbin, troublé, resta muet et immobile; Ernelinde eut l'air de prendre son émotion et son silence pour un nouveau témoignage de son affection pour Phanette. Zerbin, oppressé, hors de lui, sortit de cet entretien sans avoir pu proférer une seule parole. Cependant, ce jour même, il s'occupa davantage de Phanette; sa conversation lui parut plus intéressante; il découvrit en elle un charme qu'il n'avoit point encore aperçu; il écouta avec plaisir les éloges qu'on lui donnoit, et, quelques jours après, la comtesse lui reparlant encore de son mariage, il s'inclina, voulut répondre et la remercier, mais la voix lui manqua; néanmoins il prononça assez distinctement le mot *reconnoissance*.

Le jour où le contrat fut signé, le comte annonça aux jeunes époux qu'il leur donnoit un joli fief dépendant de la terre d'Offemont[1], et dans lequel ils trouveroient une habitation

---

[1] La tradition dit, en effet, que le seigneur et la dame d'Offemont donnèrent ce fief au jeune page.

(Note de l'auteur.)

charmante, élégamment meublée et décorée par les soins de la comtesse. Au jour fixé pour la noce, Phanette et Zerbin, conduits à la paroisse par Ernelinde, y reçurent la bénédiction nuptiale; Amédée tint le poêle sur la tête des jeunes mariés. Avant de prononcer le serment irrévocable, Zerbin jeta sur Ernelinde un triste regard, il pâlit; son cœur palpitant laisse échapper encore un soupir égaré, mais ce fut le dernier : l'honneur, la raison, la religion, achevèrent de dissiper enfin pour jamais un dangereux enchantement! Il reçut avec attendrissement la main de sa jeune épouse; et il lui promit d'un ton ferme et avec joie une inviolable fidélité.

Cette union fut heureuse. Zerbin, cité comme le modèle des époux, ne conserva de ses anciens sentimens qu'un seul souvenir qu'il voulut éterniser dans sa famille; il ajouta à ses armoiries un *luth* et une *tour;* et, quand le voyageur, instruit de cette aventure, va visiter la tour gothique appelée encore aujourd'hui *la prison du jeune page*, il convient que la dame d'Offemont a bien mérité les louanges que l'inscription donne à sa prudence.

LETTRE TROISIÈME.

EUGÈNE A AUGUSTE.

Paris, ce 10 avril 1820.

Tu me demandes, mon cher Auguste, au sujet de la nouvelle que je t'ai envoyée, si j'ai le désir de voir rétablir le gouvernement féodal? Je t'assure que je n'ai point du tout cette ridicule pensée, j'ai voulu seulement te prouver par des faits que nos aïeux n'étoient ni des ogres, ni des tyrans, comme tant de gens le prétendent aujourd'hui, et comme tu parois toi-même quelquefois le croire. La calomnie est toujours odieuse, soit qu'elle persécute les vivans, soit que, troublant la paix des tombeaux, elle flétrisse les noms de ceux qui ne peuvent plus se défendre; enfin, je parlois du quinzième siècle, je devois en peindre les mœurs; je suis charmé que d'ailleurs ma nouvelle t'ait fait plaisir : tu prétends que j'ai fait *un tour de force* en peignant un sentiment passionné sans avoir prononcé le mot d'*amour;* je n'ai en cela que le mérite d'avoir compris et senti que les couleurs fortes et tranchantes gâtent communément les tableaux de ce genre. La passion, sans le sentiment, ne vaut pas la peine d'être peinte; unie à la sensibilité, elle inspire la délicatesse qui réprime les transports véhémens, et qui donne à la crainte de déplaire, à la retenue timide et circonspecte, le charme touchant de l'innocence et de la pureté; une première passion dans la jeunesse est encore plus réservée, tout la décèle, tout la trahit, et rien ne la déclare.

Je suis étonné que tu sois encore à Bâle; tu m'as déjà écrit deux fois que tu partois *le lendemain* pour Vienne, mais il n'y a pas plus de fixité dans tes projets que dans ta tête: c'est une drôle de chose que le recueil de tes lettres de voyages ! tantôt tu te passionnes pour le pays où tu séjournes, tantôt tu en parles avec dégoût et l'humeur la plus noire; ton journal sera sûrement un ouvrage très-curieux. Quand cesseras-tu, cher Auguste, d'être tour à tour enthousiaste et satirique, dédaigneux et passionné ? quand prendras-tu le parti de voir les choses telles qu'elles sont, et non comme les représente, ou, pour mieux dire, comme les invente ton imagination?

Adieu, mon ami, n'oublie pas (comme tu en es bien capable), quand tu partiras réellement de Bâle, de m'envoyer ton itinéraire, car je ne puis me passer ni de t'écrire, ni de recevoir exactement tes lettres.

LETTRE QUATRIÈME.

AUGUSTE A EUGÈNE.

Bâle, ce 12 avril 1820.

Je reviens d'une course rapide où j'ai fait une découverte charmante; et moi aussi, j'ai recueilli une jolie tradition ! une anecdote *historique, antique, authentique*, mille fois plus originale que celle de ton page. Voici le fait exact et sans ornemens : Dans la comté de *Valangin*, au val de Ruz, près du village de Chezard, on trouve un terrain assez considérable qui ne paie la dîme qu'à *la vingt-deuxième gerbe;* et, depuis le milieu du seizième siècle, une vieille dame nommée Guillemette de Chalans, comtesse de Valangin, accorda ce privilége à perpétuité à une famille de paysans qu'elle protégeoit; elle joignit à cette grâce le don de six arpens de terre : tout cela est commun, mais la manière dont elle accorda ce terrain est unique, et je ne te la dirai que dans la nouvelle que j'ai composée sur ce sujet. Je veux, en auteur habile, te réserver le plaisir de la surprise, ce que tu n'as pas fait dans l'histoire de ton page, où tu m'as répété deux fois l'inscription de la tour, que tu aurois dû réserver *en coup de théâtre* pour le dénoûment. Tu ne sauras donc qu'en temps et lieu comment la dame de Valangin enrichit tout à coup cette pauvre famille; je suis fâché seulement qu'elle s'appelât Guillemette; mais son action est si belle, si extraordinaire, si ingénieuse, qu'elle doit immortaliser ce nom, jusqu'ici peu digne d'une héroïne. Tu m'as souvent reproché les extravagances que les femmes m'ont fait faire; cependant ce goût en moi est quelquefois très-vertueux, il s'étend jusqu'aux vieilles femmes; quand elles ont de la douceur, de la gaieté, de l'esprit et de la mémoire, je les aime à la folie; surtout quand je sais qu'elles ont été jolies; elles sont pour moi des ruines vivantes, beaucoup plus intéressantes qu'une tour gothique ou un cirque délabré; elles m'amusent, elles me font faire les réflexions les plus philosophiques : je cherche en elles les traces de leurs agrémens et de leur ancienne beauté, et je devine ou je fais le roman de leur jeunesse. J'ai le talent de leur plaire, elles me prêchent avec grâce, je les écoute avec un air attentif et persuadé; quand elles n'ont plus d'adorateurs, elles aiment à faire des conversions, elles se passionnent pour les disciples et les prosélytes; ce sont encore des conquêtes, c'est encore un empire!.... elles sont charmantes!.... Je suis sûr que tu penses dans ce moment que, si j'eusse vécu du temps de Ninon, je l'aurois adorée dans sa caducité : eh bien, tu te trompes; je suis très-délicat en vieilles femmes. Ninon auroit pu facilement me séduire dans ses beaux jours, mais cette femme qui se piquoit de n'avoir que les sentimens d'un homme, cette femme qui ne connut jamais la pudeur et la timidité, et qui, durant toute sa vie, n'eut pour société que des hommes licencieux, cette courtisane, *esprit fort*, n'eût été, à mes yeux, à quatre-vingts ans, qu'*un vieillard* de mauvaise compagnie. J'aimerois mieux une vieille prude; du moins, dans son affectation de modestie et de beaux sentimens, dans ses artifices, il y auroit quelque chose de féminin.

Revenons à ma *Guillemette*, qui étoit spirituelle, et bonne par excellence, et qui, dans sa jeunesse (je n'en doute pas), effaça l'éclat de toutes les beautés de la contrée où elle a vécu. Une seule chose m'embarrasse, c'est le second titre que je donnerai à ma nouvelle; car, règle générale, il en faut deux; le premier sera tout simplement *la Comtesse de Valangin*, mais le second! voilà le difficile; je balance entre ceux-ci :

LA COMTESSE DE VALANGIN[1],

ou

LA RECONNOISSANCE INGÉNIEUSE,

Et

NUL PAS PERDU,

ou

LA COURBATURE SUBLIME.

J'hésite entre les deux derniers, tu choisiras; mais je ne veux pas te faire languir plus long-temps. Voici donc ma nouvelle : tu remar-

---

[1] Ce fut madame la maréchale Moreau qui, dans la rue Pigale, m'apporta la note historique de cette nouvelle. (*Note de l'auteur.*)

queras que tout y est pur, moral, touchant et neuf; les incidens, les caractères, tout y porte le *cachet* de l'originalité, et le dénoûment en est à la fois surprenant et naturel. Ceci me servira de préface; et, quand je la ferai imprimer, je tâcherai d'y mettre un peu moins de modestie, pour me conformer à l'usage, presque universel, suivi par les auteurs modernes. J'ose croire que ma *Courbature sublime* t'inspirera plus d'intérêt et d'indulgence que mon fameux roman manuscrit en trois volumes, que tu veux que je réduise en deux; tu ne trouveras point de *divagations* dans ma nouvelle; je sais fort bien suivre mon chemin dans les petits sentiers, parce que j'y suis attentif; je ne m'égare que dans la grande route. La ligne droite n'est bonne que pour la probité, mais, en littérature et en sentimens, elle m'ennuie; je la quitte sans scrupule, et souvent même sans m'en apercevoir. Adieu, mon ami; je partirai cette nuit pour Berlin, je n'irai à Vienne que cet automne.

LA COMTESSE DE VALANGIN,

OU

LA RECONNOISSANCE INGÉNIEUSE,

ANECDOTE HISTORIQUE.

Rien n'est doux comme l'empire d'une femme; l'adroite insinuation manque presque toujours à la politique des hommes, et leur humanité n'a presque jamais les formes touchantes qui la font chérir; les femmes seules savent tirer de l'habileté les avantages les plus utiles; si malheureusement elles dissimulent, c'est avec plus d'art; si elles sont équitables et généreuses, c'est avec plus de charmes. Elles aiment mieux devoir la puissance au sentiment qu'à la force, et le désir de plaire peut être quelquefois en elles, une sorte de supplément à la bonté. Il y a toujours de la douceur dans leur dépendance, elles ne croient régner que lorsqu'elles se font aimer; que peut-on désirer de mieux dans ceux qui gouvernent? Le comté de Valangin, dans le canton de Ruz, fut heureux et florissant, pendant une longue suite d'années, sous les lois du comte de Chalans,

seigneur de ce beau pays dont il porta le nom [1].
Son équité et ses vertus méritoient la vénération publique, cependant il étoit sévère, hautain, peu populaire; ses vassaux l'estimèrent, le craignirent, mais il ne fut point aimé; il mourut dans un âge très-avancé; sa veuve se trouva seule souveraine du comté de Valangin, et bientôt son affabilité, sa douceur, sa bienfaisance lui gagnèrent tous les cœurs [2]. Elle étoit vieille, mais elle aimoit la jeunesse et les enfans. Quand l'année du veuvage de la comtesse fut passée, son château devint, les jours de fête, le rendez-vous de toute la jeunesse du voisinage; on dansoit, on s'y exerçoit à la course; on y tiroit de l'arc; la comtesse donnoit des prix, des festins; elle faisoit des présens aux enfans, toujours invités à ces réjouissances; et les troupes villageoises sortoient du château, pénétrées d'amour et de reconnoissance pour celle qui les accueilloit avec tant de grâce et de cordialité. La comtesse, quoiqu'elle eût soixante et dix ans, aimoit beaucoup la promenade à pied; elle étoit fort leste pour son âge, et grande et bien faite encore;

[1] Historique.
[2] Historique.

l'un de ses plus grands plaisirs étoit celui de faire de longues courses dans les environs. Quand elle traversoit les champs, les paysans accouroient pour la voir passer, les petits enfans venoient l'entourer, et elle entendoit chacun se récrier sur sa démarche légère et sur son air de jeunesse; elle recueilloit ces éloges avec un plaisir secret, elle sourioit de la naïveté de ces bonnes gens : cependant ces louanges n'étoient pas aussi simples qu'elle le croyoit; on savoit bien qu'elle n'y étoit pas insensible, et on les répétoit pour qu'elle les entendît. Un peu de flatterie se glisse partout, et partout elle est excusable, lorsque, fondée sur quelque vérité, elle n'est qu'une exagération de la gratitude.

La comtesse alloit souvent au village de Chezard, voisin du château, et la famille qu'elle y aimoit le mieux étoit celle d'un paysan nommé *Grand-Pierre;* il avoit quatre enfans, trois garçons, de neuf, seize et dix-sept ans, et une jolie petite fille de huit ans, nommée Guillemette, parce qu'elle étoit filleule de la comtesse, qui avoit une affection particulière pour cette enfant qu'elle alloit souvent chercher pour la mener dans les bois avec elle. Un jour, dans une de ces promenades, la comtesse, voulant enjamber un petit fossé, tomba et s'écorcha la jambe. Guillemette pleura, la comtesse la consola, en l'assurant qu'elle ne souffroit point, et que ce mal n'auroit aucune suite fâcheuse. La comtesse le crut en effet, ne se ménagea point, continua ses courses, et son mal s'envenima tellement, qu'il devint une plaie inquiétante. Alors, ne pouvant plus marcher, elle fut obligée de se mettre au lit. On fit venir, de la ville prochaine, un médecin et un chirurgien qui la pansèrent, et qui trouvèrent son mal très-sérieux. Au bout de trois semaines, ils annoncèrent que la guérison seroit excessivement longue, et que même il étoit probable que la comtesse ne pourroit désormais marcher sans béquilles. Cependant Grand-Pierre s'étoit présenté plusieurs fois au château, pous offrir d'administrer à la malade un remède en topique, composé de plantes des montagnes du pays. Cette recette domestique étoit un secret de famille qu'il tenoit de ses aïeux. Les ancêtres des nobles leur laissent de vieux parchemins, et souvent ceux des paysans leur lèguent des recettes admirables qui conservent ou qui rendent la santé; il est très-

commun de trouver parmi eux cette espèce de
pierre philosophale rustique, cette panacée
champêtre qui se découvre sans alambic et
sans creuset, et dont les effets salutaires sont
merveilleusement secondés par la modération
des désirs, le travail et la tempérance. Le bon
Grand-Pierre la possédoit; mais il fut repoussé
du château, et les gens de l'art, qui avoient
épuisé vainement toute leur science, n'en furent pas moins dédaigneux pour celle du paysan.
La maladie dura trois mois ; le chirurgien la
déclara incurable, se fit bien payer, et quitta
le château, ainsi que le médecin. Grand-Pierre
choisit ce moment pour y retourner encore;
lorsqu'on a été la dupe des médecins, on consent volontiers à risquer de l'être encore des
empiriques et des charlatans; on y gagne du
moins de prolonger l'espérance. Grand-Pierre,
pour cette fois, fut écouté; il apporta son topique, le posa lui-même sur la jambe de la
malade ; et, pendant quinze jours, il vint régulièrement la panser soir et matin; son triomphe fut complet, il la guérit radicalement, et
bientôt la comtesse fut en état de se lever, et
de marcher sans aucun secours. Sa joie fut proportionnée au chagrin qu'elle avoit ressenti en

pensant qu'elle ne pourroit plus se promener
à pied ; elle voulut donner au villageois ce
qu'on pourroit offrir aujourd'hui, dans ce cas,
aux Alibert, aux Dupuytren, aux Boyer, aux
Dubois, aux Richerand, etc. Grand-Pierre la
refusa : « Non, dit-il, j'aime mieux un bienfait
qui ne vous coûtera pas tant d'argent, et qui
s'étendra sur toute ma race : le terrain qui fait
tout mon bien est ingrat; diminuez-moi la dîme,
car il n'est pas juste que je paie autant que
ceux qui ont une terre plus fertile ; accordez-
moi donc, pour moi et mes descendans à perpétuité, de ne payer *la dîme qu'à la vingt-
deuxième gerbe*[1]? —Volontiers, dit la comtesse
en souriant; payer *le dixième à la vingt-
deuxième gerbe!* il y a un peu de contrariété
entre les mots de ta demande, mais au fond elle
est équitable, et je te l'aurois accordée avant le
service inestimable que tu m'as rendu. —Vous
nous donniez tant de choses durant toute l'année, répondit Grand-Pierre, que je n'aurois jamais osé vous faire une telle prière. — Eh bien,
reprit la comtesse, l'acte que tu désires sera
fait en bonne forme, et je le signerai ; mais j'y
veux ajouter de plus un don de reconnoissance.

[1] Historique.

Je te dois la faculté de marcher, et je te consacrerai ma première promenade; tu y viendras avec moi, nous partirons de la borne de ton champ, et tout le chemin que je pourrai faire dans cette journée (sans m'excéder de fatigue), tout le terrain que je parcourrai sera réuni au tien, avec la même diminution de dîme [1]. »

Je n'entreprendrai point de décrire les transports de Grand-Pierre et de toute sa famille. On attendit que la comtesse fût parfaitement rétablie, et qu'elle eût repris toutes ses forces, c'étoit l'intérêt de tout le monde; enfin, le grand jour fut fixé; on étoit à la fin du printemps, le ciel sembla favoriser cette bienfaisance également *active* et ingénieuse; l'air étoit calme et serein; le temps, un peu couvert, paroissoit fait exprès pour l'agrément d'une longue promenade.

La comtesse partit du château à sept heures du matin; elle alla d'abord à l'église remercier le Suprême bienfaiteur; ensuite elle commença la course projetée : arrivée à la chaumière de Grand-Pierre, elle y trouva un brancard orné de feuillages et de fleurs, qui, porté par les deux enfans aînés de Grand-Pierre, devoit la

---

[1] Historique.

suivre pour la ramener au château à la nuit tombante. Guillemette et Jeannot, le plus jeune de ses frères, l'accompagnèrent à pied, et Grand-Pierre lui donna le bras. Ainsi escortée, elle commença gaiement sa bienfaisante promenade; jamais on ne l'avoit vue d'aussi bonne humeur, jamais elle n'avoit marché avec autant de plaisir, chacun de ses pas étoit un don! Il lui sembloit qu'elle retrouvoit ses jambes de quinze ans; la joie naïve de la petite famille mettoit le comble à la sienne. Grand-Pierre et ses enfans jetoient les yeux avec délices sur les champs qu'ils alloient parcourir; ils marchoient en pays de conquête, et cette entreprise ne devoit faire couler que les larmes de la reconnoissance! A neuf heures, on s'arrêta à l'entrée d'un petit bois, et la comtesse, à sa grande surprise, aperçut une jolie *feuillée* où Grand-Pierre la fit entrer; elle y trouva des fruits et de la crème, elle déjeuna, se reposa une heure et demie, et ensuite elle se remit en marche. D'heure en heure, on la forçoit de s'asseoir, quoiqu'elle répétât toujours qu'elle n'étoit point fatiguée. Néanmoins, sur les quatre heures, on s'aperçut qu'elle se ralentissoit, qu'elle parloit moins et qu'elle étoit un peu essoufflée ; aussitôt Grand-Pierre lui proposa de terminer sa course, en ajoutant qu'il étoit bien assez riche, et qu'il ne désiroit rien de plus. Mais Guillemette, apercevant à cent pas une prairie émaillée de violettes et de primevères, conjura la comtesse de faire un petit effort pour aller jusque-là. La comtesse répondit que son intention étoit de ne s'arrêter qu'au déclin du jour. A ces mots, Guillemette, transportée, courut vers la prairie pour en prendre possession quelques minutes plus tôt, et Jeannot, son petit frère, la suivit. Arrivée dans la prairie, la comtesse y reçut des bouquets que les enfans lui offrirent avec une joie naïve qui ranima toutes ses forces, du moins pendant une demi-heure. Au bout de ce temps, elle se trouva si lasse, que d'elle-même elle s'assit au pied d'un chêne. Grand-Pierre renouvela avec instance la proposition de retourner au château; la comtesse résistoit foiblement; Grand-Pierre ordonnoit à ses deux fils ainés de s'approcher avec le brancard, lorsque Jeannot, qui voyoit à peu de distance des pommiers en fleurs, prit de nouveau sa course, malgré les cris de son père qui le rappeloit et le grondoit. Jeannot atteint au pommier; avec la légèreté d'un oiseau, il grimpe sur cet arbre, objet de son ambition, et, parvenu au sommet, il se tourne vers la comtesse en lui tendant les bras! « Allons, dit la comtesse en se levant avec effort, il faut lui donner ces pommiers! » Le généreux Grand-Pierre s'opposa vainement à cette résolution, en se récriant sur l'ambition insatiable de Jeannot. La bonne dame de Valangin, clopin-clopant, et presque hors d'haleine, se traîna jusqu'aux pommiers, et le victorieux Jeannot, descendant de l'arbre avec impétuosité, vint tomber à ses pieds, tandis que Guillemette se jetoit dans ses bras. « Ah! c'est moi, s'écria Grand-Pierre tout en pleurs, c'est moi qui dois être pour le reste de mes jours aux genoux de notre bonne dame! —Mon Dieu, poursuivit-il en joignant les mains et en élevant les yeux au ciel, bénissez-la comme elle le mérite, puisque nous ne pourrons jamais la remercier assez!... — Ah! dit la comtesse, je ne suis plus lasse, allons, continuons!... » En disant ces paroles, elle voulut avancer, et non-seulement Grand-Pierre, mais les enfans l'arrêtèrent. Guillemette et Jeannot, en se donnant la main, formèrent autour d'elle une barrière qu'elle ne put faire fléchir;

d'ailleurs, il étoit près de six heures et demie, et le jour commençoit à baisser. Ainsi, la conquête des pommiers termina cette heureuse journée. On posa la comtesse sur le brancard, et on la porta en triomphe au château! Cette promenade valut à Grand-Pierre quinze arpens d'une excellente terre, et à la comtesse une journée charmante et un souvenir délicieux. Elle se mit au lit en arrivant au château, elle dormit dix heures du plus profond sommeil; en se réveillant, elle dit : Ah! que l'exercice est salutaire! il me semble que je suis rajeunie de vingt ans!... Cependant, en se levant, elle s'aperçut qu'elle avoit une courbature; mais, loin d'en souffrir, elle en ressentoit avec plaisir les légères douleurs. Ce mal donnoit plus de prix à l'action de la veille; comme les guerriers, qui sont charmés de recevoir quelques petites blessures, témoignage touchant de leurs exploits; la comtesse s'enorgueillissoit de sa courbature; elle disoit : « C'est la suite de ma promenade de douze heures! » Pardonnons-lui cette petite vanité secrète : quand l'amour-propre n'a pas été le motif d'une belle action, trouvons bon qu'il ait quelque part à sa récompense [1].

[1] Comme on l'a annoncé, tout le fond de cette nou-

Que dites-vous, sage Eugène, de cette nouvelle, dans laquelle, pour vous prouver que j'ai tous les genres, je n'ai mis ni passion ni amour ? Une vieille femme, des enfans, des champs, des chaumières, est-ce là de l'innocence? et ces tableaux ne sont-ils pas dignes de l'âge d'or? J'ai un peu brusqué le dénoûment, parce que mon vertueux sujet commençoit à m'ennuyer ; je m'en dédommagerai par une autre nouvelle d'un genre tout-à-fait différent ; dans celle-ci, j'ai pris le *style tempéré ;* dans celle que je vais faire, je prendrai le style de la haute éloquence, il sera plein de feu, d'énergie et de passion. Quand j'aurai fini

velle est vrai. On voit toujours dans le comté de Valangin, au val de Ruz, près du village de Chézard, un terrain assez considérable qui ne paie la dîme qu'à *la vingt-deuxième gerbe*, et depuis le milieu du seizième siècle. Ce fut en effet une vieille dame nommée Guillemette de Chalans, comtesse de Valangin, qui accorda ce privilége à perpétuité à une famille de paysans qu'elle protégeoit. Elle joignit à cette grâce le don d'autant d'arpens de terre qu'elle en put parcourir dans une longue et seule promenade ; ainsi, je n'ai inventé que le mal de jambe et sa guérison, qui m'ont paru motiver l'espèce de bizarrerie du bienfait.

(Note de l'auteur)

cet ouvrage et une comédie de caractère en cinq actes, à laquelle je travaille à mes momens perdus, je crois que sans présomption je pourrai prétendre à une place à l'Institut ; si de plus on exige une tragédie, j'en ferai une dans le genre *romantique*, ce qui naturellement affranchit de la peine de faire un plan, et de s'abaisser à suivre ces vieilles règles dramatiques qui n'étoient bonnes que pour le dix-septième siècle, et qui ne peuvent s'accorder avec *l'indépendance du génie*. Depuis que j'ai appris que *la poésie classique ressemble à la sculpture, et que la poésie romantique ressemble à la peinture* [1], je suis tout-à-fait décidé pour la dernière. Adieu, mon ami, je t'écrirai en arrivant à Berlin.

[1] *De l'Allemagne*, par madame de Staël, tome III.
(Note de l'auteur.)

LETTRE CINQUIÈME.

AUGUSTE A EUGÈNE.

Bâle, ce 15 avril 1820.

Encore à Bâle ! Il ne sait jamais ce qu'il fera; sa vie est livrée au hasard et aux caprices : quelle tête ! quelle étourderie ! Voilà ce que tu diras en voyant la date de cette lettre, et ce que tu m'écrirois, si je ne m'empressois de te prévenir. J'ai évité de cette manière bien des sermons, et tu devrois bien te dispenser de m'en faire, car je les sais toujours d'avance. Eh bien ! oui, me voilà encore à Bâle, et ce n'est point par fantaisie; je m'y ennuie à la mort depuis huit jours, et je n'y ai été retenu que par un motif très-raisonnable : en partant, il faut payer, et je n'avois plus d'argent. *Comment fait-on des dettes à Bâle ?* on en fait partout; voilà l'instruction que j'ai déjà retirée de mes voyages. Enfin mon banquier m'a remis la somme dont j'avois besoin. Je hais les banquiers, ils sont si pointilleux ! quel métier que celui où, sous peine de ruine, de banqueroute, de déshonneur, il faut être esclave d'une multitude de petites formalités, et n'agir jamais qu'avec sûreté, méthode, poids et mesure ! En attendant mes lettres de change, j'ai eu le temps de réfléchir mûrement ; je n'irai point à Berlin, je veux faire un voyage philosophique et pittoresque, et ce sera celui du Tyrol ; j'ai besoin de montagnes, de lieux agrestes et sauvages, et d'*horreurs religieuses*; je végéterois, je m'anéantirois dans une brillante capitale.

J'ai pris la vie en haine et ma flamme en horreur.

Tu crois peut-être que j'ai oublié ma passion malheureuse ? point du tout ! Elle m'a repris avec véhémence durant l'attente de ma lettre de change. Je suis comme *le Joueur* de Regnard qui redevient amoureux lorsque la fortune le traite mal ; plaisanterie à part, tu n'aurois jamais dû me montrer les vers délicieux de cette femme si belle, si vertueuse et si solitaire ! Comment pourrois-je écarter entièrement de mon imagination ce souvenir ? je me sais gré de le conserver : me seroit-il possible de les oublier jamais, ces vers si doux, si vrais et si touchans ! Avec quelle vive émotion je les réciterai dans les vallons et sur les rochers du Tyrol ! Les seuls échos de ces beaux lieux livrés à la nature sont dignes de les répéter ! Cette idée suffiroit pour me faire entreprendre ce voyage. J'y deviendrai poëte, j'en suis sûr, j'y trouverai des *inspirations* sublimes ! que ne fait-on pas avec l'amour, des forêts incultes et des cascades ! Je méprise les eaux limpides et pures du Permesse et de Castalie ; il faut au génie des torrens impétueux, des gouffres et des abîmes ! Avec quel ravissement, dans une solitude *mysterieuse*, *silencieuse*, effrayante, et sur les bords d'un précipice de cinq cents pieds, je m'abandonnerai *au genre rêveur !*...

Non, tu n'éprouves plus ces secousses cruelles [1].

Fixé, marié, ton roman est fini ; tu n'as plus ces élans du génie, que le vulgaire appelle des écarts d'imagination ; quand je serai aussi heureux que toi, je serai vraisemblablement aussi raisonnable ; jusque-là tu dois prendre patience.

[1] Colardeau.

Oui, mon cher Eugène, j'aime la philosophie, j'y trouve une variété de principes et un beau vague qui me plaisent; mais néanmoins j'ai ceci de particulier, que, malgré ce goût si naturel à nos âges, je n'aime point du tout les *philosophes;* ils sont tous haineux, vindicatifs et menteurs. Il y a beaucoup plus de tartufes parmi les philosophes que parmi les dévots; c'est ce que la maladresse de leurs inconséquences fait sentir dans leurs ouvrages, et ce qui est prouvé par la publication de leurs correspondances particulières. Je trouve d'ailleurs, qu'ils ont mal soutenu leurs meilleures opinions; je médite (à la gloire de la philosophie) un ouvrage qui, j'ose le croire, fera du bruit un jour. J'ai rassemblé dans un volume les morceaux épars dans leurs livres, qui contiennent les plus grandes idées philosophiques; je les récrirai, et je suis sûr que je traiterai ces mêmes sujets avec beaucoup plus de force et de clarté. J'ai déjà fait en ce genre quelques essais satisfaisans; je t'enverrai ces fragmens, avec les extraits tirés des ouvrages des philosophes qui ont soutenu les mêmes principes, et je crois que tu auras un peu de peine à me réfuter. Je te prouverai du moins que je ne suis pas si dépourvu de réflexion que tu l'imagines, et que je suis un philosophe très-perfectionné en raisonnemens. A propos de mes compositions, j'ai presque fini la nouvelle que je t'ai promise; elle a pour titre, *la Tombe harmonieuse;* il me faut encore, pour la terminer, une petite *inspiration* que j'irai chercher, au clair de lune, dans un cimetière, en invoquant les mânes d'Hervey, d'Young, et même de madame Radcliff, dont le souvenir me sera nécessaire pour quelques légers incidens. On verra par la suite avec étonnement, dans *ma vie littéraire*, si jamais je l'écris, que j'ai conçu l'idée de cette nouvelle ténébreuse..... tu ne le devinerois jamais.... dans un bal ! Je rencontrai là un étranger qui me parla du célèbre Ploetz, premier mécanicien et peintre en émail du roi de Danemarck, et il me conta à ce sujet une chose si extraordinaire, que j'en formai sur-le-champ le sujet de ma nouvelle.

Adieu, cher Eugène, envoie-moi donc aussi les productions de ton génie; mande-moi si Derval a pu se décider enfin à s'arracher de Florence, s'il est de retour à Paris, ou si on l'attend : il y a trois mois que je n'ai eu de ses nouvelles ; un grand attachement le retenoit à Florence, et je crois que, malgré son profond respect pour son père, son caractère sentimental contrariera beaucoup l'ambition de sa famille.

LETTRE SIXIÈME.

EUGÈNE A AUGUSTE.

Paris, ce 21 avril 1820.

Tu ne te lasseras donc jamais, mon cher Auguste, de te plaindre de mes *sermons*? C'est un reproche fort injuste; car de simples réponses que tu demandes sont toujours qualifiées par toi de *sermons*, si elles ne sont pas conformes à tes opinions. Il est vrai qu'en m'appelant *prédicateur*, tu ne te fâches jamais; la vérité te paroît de la pédanterie, mais elle ne te blesse point, tu la reçois avec toute la grâce de ton aimable caractère; ainsi je te la dirai toujours avec toute la franchise du mien. Je ne te crois pas du tout incapable de réflexion; avec le tact qui te fait saisir si facilement les ridicules, tu pourrois devenir un excellent observateur, mais en général tu aimes beaucoup mieux te moquer que raisonner : tu traites la raison comme un étourdi bien né, entièrement livré à la dissipation, traite une épouse charmante et vertueuse. Lié à elle par un nœud indissoluble et qu'il ne voudroit même pas briser, il l'estime toujours, il la craint quelquefois, il s'en éloigne sans cesse; redoutant les explications, refusant de les écouter, ou les tournant en plaisanterie, il ne revient à elle qu'avec embarras et momentanément; il ne lui manque, pour la chérir et pour se fixer, que de la connoître mieux et de ne plus se séparer d'elle.

J'attends avec impatience tes fragmens philosophiques; je suis persuadé d'avance que tu mettras beaucoup d'esprit dans ces compositions; mais, quoique je n'aie aucune opinion de mes foibles talens, je n'en suis pas moins certain de te combattre victorieusement; le simple bon sens et un peu d'application suffisent pour faire discerner l'erreur, et la vérité donnera toujours les moyens de réfuter avec avantage les plus brillans sophismes.

Le titre de ta nouvelle a produit dans mon ménage une vive sensation; ma femme trouve que, dans un autre genre, ce titre est aussi curieux que celui de *la Courbature sublime;*

ainsi, hâte-toi, nous t'en conjurons, de nous envoyer promptement *la Tombe harmonieuse*. Nous nous sommes promis de bannir la politique de notre correspondance; mais je puis te parler de la société, elle n'a jamais offert en France des scènes plus bizarres. Tu écoutois ma mère avec plaisir lorsqu'elle nous traçoit le tableau de la société dans laquelle elle a vécu durant sa jeunesse; elle nous charmoit davantage encore lorsqu'elle nous contoit les traditions qu'elle tient des vieillards de la cour de Louis XIV, qu'elle a vus jadis, les maréchaux de Richelieu, de Balincourt, la vieille duchesse de La Vallière, etc. Nous concevions alors la prééminence de la société françoise sur toutes celles de l'Europe, et cette supériorité reconnue n'étoit pas entièrement due, comme tant de gens feignent de le croire, à des agrémens frivoles; la conversation, au contraire, étoit infiniment plus solide qu'elle ne l'est aujourd'hui; il y avoit dans la société un mélange piquant de grâce, de gaieté, de gravité; on y parloit de religion, parce qu'elle étoit intimement unie à la morale; c'étoit, pour les gens les plus dissipés, une sublime espérance, un refuge dans l'avenir; les entretiens sur la littérature y ramenoient naturellement. Comment louer *Polyeucte,* les *Traités de Nicole,* le *Discours sur l'Histoire universelle,* les *Pensées de Pascal,* les *Oraisons funèbres de Bossuet,* les *Pensées de La Bruyère,* une grande partie de celles de *la Rochefoucault,* les *Lettres provinciales,* les *Sermons de Bourdaloue,* etc., sans parler de religion? Dans le siècle suivant, tout fut bouleversé, et bientôt on ne parla plus de religion que dans le sens opposé. Qu'en résulta-t-il? Les esprits devinrent plus frivoles, plus superficiels; les petites brochures dans lesquelles on épuisa les sarcasmes, les sophismes et les calomnies, produisirent peu à peu une révolution funeste dans la société, par conséquent dans la conversation : cependant les souvenirs et des traditions récentes conservèrent dans le grand monde une écorce séduisante de décence, de morale et de bon goût; mais insensiblement la gaieté perdit son innocence; et, quand elle ne dégénéra point en satire, elle devint du persiflage. Pour paroître piquant, il fallut être amer et mordant; pour acquérir la réputation d'un homme d'esprit, il fallut être méchant. La politesse cessa d'avoir le naturel et le charme que lui donnent la franchise et l'urbanité; on conservoit encore un vernis agréable que chaque jour rendoit plus transparent, et qui s'effaça tout-à-fait en 1789. Tel fut le siècle que les philosophes surnommèrent *le siècle des lumières;* néanmoins ils n'ont pu s'empêcher de rendre d'éclatans hommages au siècle de Louis XIV. Remarquons que, dans ce beau siècle, nul écrivain ne s'avisa de désigner les François par une épithète injurieuse, et que toute la morosité de la satire n'auroit pu aller jusque-là, tandis que les plus fameux personnages du siècle suivant, et même le chef de la secte philosophique, ont appelé les François des *Welches,* et se sont écriés plus d'une fois que ce siècle des lumières *étoit dans la boue.* Ainsi, d'après leur propre témoignage, on est forcé de reconnoître qu'il y eut une véritable décadence dans le dix-huitième siècle. J'ignore ce que celui-ci produira; il nous a donné beaucoup de machines pour filer et carder le coton, et des millions d'hommes d'état et d'écrivains politiques; mais si le bonheur social et la prospérité publique consistent dans l'accord des principes, dans l'unité de la morale et dans l'amour de la paix, nous ne sommes pas encore tout-à-fait parvenus à cet heureux point de perfection.

Que te dirai-je d'ailleurs du grand monde où je suis forcé d'aller beaucoup plus souvent que je ne voudrois? Par les manières, le ton, la politesse, les usages, nous ne sommes plus du tout François. Nous le serions encore à la guerre; mais, dans un salon, nous ne sommes que les imitateurs des individus des nations que nous avons vaincues. Dans nos maintiens, si différens et si variés, dans nos costumes, dans nos discours oratoires, dans nos repas, il y a de l'anglois, du russe, de l'allemand, etc. A table, on porte des toasts, on boit du punch; au bal, on danse des valses; aux chambres, on se dispute; dans les salons, on est étouffé par la foule, et, dans les journaux, on se dit des injures, et communément, dans les brochures, on déclame ou l'on déraisonne; ce qui, à l'époque où nous sommes, est à peu près de tous les pays. Sous le dernier gouvernement, on avoit ouvert un champ sans limites à toutes les ambitions; on ne peut plus aujourd'hui prétendre à des trônes et à des principautés, ni même à d'immenses richesses acquises en peu d'années. Le sort, qui peut détruire les espérances, ne change point les caractères; l'ambition reste, mais on est forcé de la porter sur d'autres objets. Aujourd'hui toutes les prétentions sont *à la supériorité d'esprit, au génie, à la capacité, à la force de tête, à l'habileté politique*, et *aux connoissances universelles*.

Vernanges, qui n'a jamais su lier deux idées, et qui, à trente-cinq ans, n'a pas lu dix volumes *reliés*, parle gravement de ses opinions politiques, mais sans les détailler; on ne retiendra jamais de ses entretiens que ces trois phrases qu'il ne se lasse point de répéter : *Il n'y pas de doute, cela est très-remarquable, il faut suivre sa ligne.*

Valsain se compromet moins encore, il s'enveloppe dans un silence significatif; durant une discussion de trois heures, on ne peut obtenir de lui que des signes de tête approbatifs, et ces espèces de mines, faites avec cet air capable qui décèle un *profond penseur*.

Delmont, le plus égoïste de tous les hommes, et le plus insouciant pour tout ce qui n'a pas avec lui un rapport direct, se distingue par une vivacité factice qui lui donne l'air d'un énergumène; il se fait remarquer par de bruyans éclats de voix, par des exclamations foudroyantes; tout à coup il se lève de sa place, il s'élance, il interrompt tout le monde; on se tait, on l'écoute; que va-t-il dire? toujours la même chose : ou que *la question est mal posée*, ou que *l'on sort de la question*.

Merville est un politique d'un genre tout différent; il a de l'esprit et des connoissances, mais il est lourd et méthodique dans la conversation, comme un livre ennuyeux et raisonnable; il parle toujours avec calme, pesanteur, et par de longues tirades; on voit qu'il a médité ce qu'il dit. Si on lui fait une objection, il n'y répond jamais, il demande avec douceur la permission de continuer son discours; et, comme il le divise en plusieurs parties, on a oublié l'objection, ou l'on aime mieux la sacrifier que de s'exposer à la nécessité d'écouter une nouvelle dissertation de la même longueur. C'est ainsi que Merville s'est fait la réputation du plus sage et du plus grand politique, et dont les argumens sont si forts, qu'ils restent toujours sans réplique.

Madame de Nostaing se console par la politique de la perte de la jeunesse et de la beauté; elle a une bonne maison, elle rassemble chez elle les hommes les plus distingués de son parti; on la flatte, on l'entoure encore : la coquetterie jadis ne lui faisoit rien désirer de plus; la politique, en lui rendant des hommages et des admirateurs, lui rappelle les beaux jours de sa vie, et la rajeunit, en lui donnant à ses yeux plus d'importance, sans lui laisser la crainte de perdre avec les années ces brillans avantages; elle répète avec confiance des lieux communs qui lui paroissent des argumens tout neufs ; elle parle avec enthousiasme de ses amis, elle a un ton bien aigre et bien tranchant avec ceux qui ne pensent point comme elle; elle croit avoir tout l'esprit de madame de Staël; personne au monde ne prendra la peine de la désabuser; elle est insipide, ennuyeuse et ridicule, mais elle ne s'en doutera jamais; elle a un bon dîner, une belle maison de campagne, elle est heureuse.

La jeune comtesse de Villiers, malgré ses grâces naturelles et sa jolie figure, s'est mise au rang des *femmes d'état;* il est impossible, en la voyant, de ne pas blâmer en elle ce qui jadis auroit été un sujet de louanges ; on ne lui pardonne pas de dédaigner tous les moyens de plaire que la nature lui a donnés ; il est vrai que ce n'est pas par modestie qu'elle les oublie, et que c'est au contraire à de malheureuses prétentions qu'elle a sacrifié tous les charmes de son sexe.

Derval, dont tu me demandes des nouvelles, est revenu d'Italie il y a huit jours. Le pauvre jeune homme est bien malheureux; il a véritablement rapporté de Florence une passion que je crois extravagante, mais qui est sincère; le baron l'a rappelé pour le marier. Derval m'a confié ses douleurs, et la résolution qu'il a prise de les avouer à son père; mais le baron est un homme absolu qui calcule tout froidement, et toujours avec la prétention de ne jamais se tromper dans ses combinaisons, et de les soutenir despotiquement quand il le peut. Ainsi Derval n'obtiendra rien de lui, le mariage est avantageux, les paroles sont données; Derval, malgré les mœurs actuelles, a pour son père autant de soumission que de respect, il obéira; il a de grands sentimens d'honneur, il se conduira bien avec sa femme; mais il sera malheureux, du moins pendant quelque temps, car je suis persuadé qu'on ne sauroit l'être toujours pour avoir rempli son devoir. Tu connois mon amitié pour Derval; je souffre de ses chagrins, mais je jouis de ses vertus, et des principes admirables qui en assurent la solidité. Le mariage se fera dans un mois. Je te rendrai compte de cette triste noce ; la future, sans être belle, est agréable et fort bien élevée.

Adieu, cher Auguste; songe que nous serons bien heureux en recevant *la Tombe harmonieuse*.

LETTRE SEPTIÈME.

EUGÈNE A AUGUSTE.

Paris, ce 22 mai 1820.

J'AI reçu ton petit billet écrit à la hâte, *le pied sur l'étrier*, qui m'apprend que tu as enfin quitté Bâle, et que tu t'achemines vers le Tyrol. Nous nous flattions de recevoir *la Tombe harmonieuse*, et ton billet de quatre lignes ne nous a pas consolés de ce mécompte; comme je suis généreux, je vais te raconter une belle histoire que l'on pourroit intituler *l'Honneur et l'Antipathie*, et qui t'intéressera d'autant plus que j'ai été le témoin de tous les faits, et que notre ami Derval en est le héros [1].

Le baron, père de Derval, malgré les vives

---

[1] Le récit qu'on va lire est en effet parfaitement vrai dans tous ses détails; mais cette anecdote est ancienne, elle a dix-huit ans de date.

(Note de l'auteur.)

oppositions de son fils, sa douleur, et la confidence de sa passion malheureuse, a persisté dans le dessein de lui faire épouser la fille de son ancien ami Mondor. Sabine (c'est le nom de cette jeune personne) est, comme je te l'ai déjà dit, d'une figure agréable; elle a des talens charmans, de l'esprit, de la douceur, et beaucoup de timidité. Prévenue en faveur de Derval, elle l'aimoit déjà avant de l'avoir vu; les femmes sont très-capables de cette espèce de sentiment que la vivacité de leur imagination a produit plus d'une fois en elles. Sabine a le cœur sensible; elle savoit depuis long-temps qu'on lui destinoit pour époux un jeune homme rempli de vertus et d'agrémens; des questions adroites, que les femmes seules savent faire sans aucune affectation, et même sans paroître curieuses, lui avoient fait connoître le caractère, les défauts, les bonnes qualités, les manières et la figure de Derval, comme si elle eût passé sa vie avec lui. Elle désiroit passionnément son arrivée, et en même temps elle la craignoit; simple, modeste, elle redoutoit son penchant à la moquerie et la délicatesse de son goût. Cette idée redoubla sa timidité naturelle, et lui donna un embarras qui devoit s'accroître et devenir insurmontable. A la première entrevue, l'excès de son trouble la rendit méconnoissable; elle voulut le dissimuler, et perdit toute la grâce que donne le naturel à l'embarras de la pudeur et à la naïveté; elle déplut à Derval qui fut glacial et silencieux. Les parens de Sabine, pour la faire valoir, la forcèrent de jouer du piano et de chanter; la pauvre Sabine, tremblante et déconcertée, barbouilla deux sonates et chanta faux; elle fut grondée aigrement par sa mère, des larmes s'échappèrent de ses yeux, elle sortit brusquement du salon.

Après cette première et triste entrevue, Derval déclara à son père qu'il éprouvoit pour cette jeune personne une invincible antipathie, et qu'il le conjuroit de ne pas faire le malheur éternel de sa vie, en lui donnant une femme qui lui seroit encore odieuse, alors même qu'il auroit le cœur libre. Le baron, dont rien ne dérange les calculs, lui répondit froidement qu'il n'y a point de malheur éternel sur la terre, que la jeune personne étoit grande, bien faite, jolie, bien élevée, riche, qu'il avoit donné sa parole, et qu'il vouloit la tenir. Derval insista vainement, il pleura, se jeta aux pieds de son père, tout fut inutile, et Derval, en gémissant, se soumit. Il fut convenu que l'on partiroit sur-le-champ avec Mondor et sa famille pour la maison de campagne du baron, qui est située à Choisy, et que l'on y passeroit huit jours pour donner aux deux futurs époux le temps de se connoître, qu'ensuite on signeroit le contrat, et que le mariage se feroit à Choisy. Tous les amis qui devoient se trouver à la noce furent invités à ce voyage : ma femme et moi nous fûmes de ce nombre. Là, je reçus les lamentables confidences de Derval dont chaque jour sembloit augmenter l'aversion pour la malheureuse Sabine : nous avions beau lui vanter ses excellentes qualités, sa figure, ses talens; il nous répétoit qu'elle n'avoit ni grâce ni naturel, que ses talens n'étoient qu'une chimère, qu'elle manquoit absolument d'esprit, et qu'elle étoit enfin la plus désagréable personne qu'il eût jamais vue; ce qui nous désoloit surtout, c'est qu'au vrai il n'avoit pas tout-à-fait tort de la juger ainsi; elle ne s'apercevoit que trop de la fâcheuse impression qu'elle produisoit sur lui, et, découragée, désolée, elle cessoit d'être elle-même dès qu'il paroissoit dans le salon; sa présence causoit en elle la plus fâcheuse métamorphose; ses traits s'altéroient, elle prenoit un maintien composé; elle ne parloit qu'avec crainte ou distraction, et ne disoit pas un mot qui ne fût déplacé, souvent même ridicule; ses talens s'anéantissoient, ses doigts tremblans se refusoient à toute exécution lorsqu'il l'écoutoit; elle chantoit sans expression, avec une voix sourde et en balbutiant les paroles. Sans être ce qu'on appelle une belle danseuse, elle a beaucoup de grâce et de légèreté en dansant. Mondor ne manqua pas, le lendemain de notre arrivée, d'arranger un petit bal après le souper; son intention et le désir de tout le monde étoient d'y faire briller Sabine; mais nous fûmes cruellement trompés dans cet espoir. Derval, forcé de danser avec elle, me dit tout bas avec un sourire amer : *Nous allons donc voir déployer tous les charmes de cette célèbre danseuse!* Je frémis au début de la contre-danse; car Sabine, en faisant son *premier chassé de côté*, chancela tellement que nous crûmes qu'elle alloit tomber; pendant la contre-danse, elle nous causa cinq ou six fois cette espèce de frayeur : cependant elle ne brouilla point les figures; et, dans le trouble où elle étoit, il falloit lui en savoir gré; mais elle avoit un air *d'application*, que j'ai vu quelquefois à d'autres personnes, et ce qui donne toujours la plus fâcheuse disgrâce que puisse avoir une danseuse.

Le lendemain fut un jour tristement mémorable. Sabine dessine et peint à la gouache, d'une manière charmante; on la pria d'apporter dans le salon son carton de dessins, on montra les plus jolis avec emphase à Derval, en s'empressant de dire (ce qui étoit vrai) que nul maître ne les avoit retouchés. A ces mots, Sabine, imaginant que Derval n'en croiroit rien, rougit prodigieusement. Derval qui la regardoit sourit malignement, et fut en effet persuadé qu'elle avoit à peine ébauché ces charmans tableaux. C'étoit l'heure du déjeuner; on apporta le thé, et pour la première fois on chargea Sabine de le servir; elle étoit assise à côté de Derval, et, en voulant verser l'eau bouillante sur le thé, elle laissa tomber la théière, la cassa, inonda Derval, lui brûla la main gauche, et échauda le joli petit chien de madame Mondor. Rien ne peut exprimer le désagrément et le ridicule de cette scène, la confusion et la désolation de Sabine, la colère de son père, la véhémence des cris de sa mère, l'horreur des hurlemens du petit chien auxquels se joignoient les aboiemens du gros caniche de Mondor; le tumulte excité parmi les domestiques accourus au bruit de toutes les sonnettes, l'embarras des convives, et la sécheresse amère et moqueuse de Derval. Il se leva, en répétant avec affectation qu'il étoit obligé de nous quitter pour aller se déshabiller et se rhabiller, *de la tête aux pieds*. Sabine lui demanda d'un ton lamentable s'il avoit des brûlures. «Oh! ce n'est rien, répondit-il avec ironie, je n'ai que *six cloches* à la main.» Sabine fit une exclamation douloureuse, et Derval sortit précipitamment. Sabine eut au moins la consolation d'inspirer un intérêt général, et surtout aux femmes qui ne pouvoient pardonner à Derval sa froideur pour elle. Nous convînmes cependant qu'elle déjouoit d'une manière étrange la conjuration que nous avions formée pour la faire valoir; chacun la sermonnoit, l'endoctrinoit en particulier, et Sabine répondoit tristement qu'il sembloit qu'un esprit malin eût jeté un sort sur elle, et qu'elle sentoit qu'elle étoit condamnée à ne paroître jamais, aux yeux de Derval, que la plus gauche et la plus insipide de toutes les créatures.

Au bout d'une demi-heure, Derval revint; il avoit en effet changé d'habit, et par malice il avoit emmaillotté sa main brûlée dans un mouchoir ployé en quatre, contenu par un bandage de deux ou trois aunes, de sorte que cette main étoit d'une grosseur énorme; ce grand appareil choqua madame Mondor déjà très-blessée de ses manières avec sa fille; elle lui dit, en haussant les épaules, qu'elle s'étonnoit qu'il ne fût pas revenu avec le bras en écharpe. Derval repartit avec un ton à la fois aigre et léger; une querelle sérieuse alloit s'engager; mais le baron interrompit l'entretien en proposant un tour de promenade, ce qui termina cette désastreuse matinée. Sabine resta dans le salon tête à tête avec ma femme, et je suivis Derval dans le jardin. Là, nous éloignant de la compagnie, nous nous entretînmes tête à tête pendant une demi-heure; je voulus le gronder sur sa disgrâce avec Sabine, mais il m'interrompit pour recommencer ses plaintes accoutumées et avec plus de vivacité que jamais : « Je vois très-bien, poursuivit-il, que vous êtes tous conjurés pour elle contre moi;

mais vous ne m'empêcherez pas de la voir telle qu'elle est, c'est-à-dire, gauche en tout, stupide, désagréable et ridicule. — Elle n'est rien de tout cela, répondis-je; elle voit qu'elle te déplaît, et elle a le malheur de t'aimer. — Oui, reprit-il, et elle ne m'en sera que plus insupportable, elle sera exigeante, jalouse; elle fera mon supplice de toutes les manières, car rien ne pourra jamais vaincre mon antipathie pour elle. — Mais elle est jolie, tu ne peux en disconvenir. — J'aimerois cent fois mieux qu'elle fût laide, et qu'elle eût de la physionomie et de la grâce. — Quand tes regards dédaigneux ne la déconcertent pas, sa physionomie est charmante. — Je ne lui vois jamais qu'un air effaré ou boudeur, de grands yeux ronds ou larmoyans, un sourire forcé, une petite bouche pincée qui ne s'ouvre jamais que pour dire une bêtise, une assez belle taille, mais gâtée par le maintien le plus maussade; elle ne fait pas un mouvement qui ne soit disgracieux, et comme elle joue du piano ! comme elle chante ! comme elle danse ! comme elle fait agréablement les honneurs d'un thé et d'un déjeuner ! charmante personne !.... » Ici Derval s'arrêta tout à coup en apercevant son père, qui, suivi du jardinier portant un gros bouquet, nous cherchoit et vint à nous. « Ah ! me dit Derval tout bas, mon père s'est aperçu que j'avois oublié ce matin d'envoyer *le bouquet* d'usage, je parie qu'il va m'ordonner de le porter moi-même ; allons, résignons-nous ! » En effet, le baron, donnant gravement à son fils le bouquet destiné pour Sabine, l'exhorta à réparer son oubli, en allant le lui porter lui-même sur-le-champ. Derval soupira, prit le bouquet de fort mauvaise grâce, et retourna à la maison en me priant de l'accompagner.

Lorsque nous fûmes à cinquante pas du baron : « Maudit oubli ! s'écria Derval, qui me force à donner moi-même ce bouquet ; tu vas voir avec quelle grâce il sera reçu ! — Et avec quelle galanterie il sera offert ! — Je suis certain d'avance qu'elle va m'interroger sur ma brûlure. — Cela est assez naturel. — Oui, mais de quelle manière !... et que de plus elle me proposera une demi-douzaine de *spécifiques*, car j'ai remarqué qu'elle a dans la tête une grande quantité de recettes pour tous les petits maux. — Cela est vrai ; je sais que, dans la terre de ses parens, son occupation chérie est de soigner les pauvres malades. —

Si elle est bonne et bienfaisante, reprit Derval, ses désagrémens me feront doublement souffrir. » Comme il disoit ce paroles, nous entrâmes dans la maison.

Sabine et ma femme étoient restées tête à tête dans le salon ; Sabine paroissoit accablée ; je vis qu'elle avoit pleuré, et je reconnus, au regard sévère qu'Antonine jeta sur Derval, qu'elle étoit profondément irritée contre lui, et qu'elle ne lui pardonnoit pas les peines qu'il causoit à sa jeune amie. Lorsque les femmes ont en amour des sujets de plaintes, on voit aussitôt parmi elles un esprit *de corps* qui, en pareil cas, ne se trouve jamais chez nous ; aussi Derval étoit-il l'objet de l'indignation de toutes les femmes de notre société. Accoutumé à leur plaire, il supportoit avec chagrin leurs reproches et leur mécontentement, et l'espèce de dépit qu'il en ressentoit ajoutoit encore à son humeur contre Sabine. Aussitôt que Derval parut, Sabine s'empressa de lui demander s'il souffroit encore ; à cette question il me regarda en souriant ; et, au lieu de répondre, il parla du bouquet ; et Sabine, reprenant la parole et toujours occupée de l'idée de la brûlure, lui dit : « Monsieur, voulez-vous y mettre de l'encre ? — Quoi ! mademoiselle, répartit Derval, à ce bouquet ? » A ces mots, Sabine, interdite, baissa les yeux et garda le silence. Derval posa le bouquet sur la table. Antonine, impatientée, se leva en disant à Sabine : « Ma chère, allons faire un tour dans le parc. » Sabine y consentit, et je remarquai même en elle un petit air de fierté qui me surprit. Derval, de son côté, fut frappé de l'expression de sa physionomie ; et, comme elle prenoit le bras d'Antonine, il lui dit en lui montrant les fleurs qui étoient restées sur la table : « Mademoiselle, vous oubliez votre bouquet. — Non, monsieur, répondit-elle d'un ton assuré, car il ne m'appartient point. — Comment ? — Vous ne me l'avez point donné. » La manière dont Sabine prononça ces paroles avoit quelque chose de si nouveau pour Derval, qu'il éprouva une sorte d'étonnement qui ressembloit à l'émotion. Il saisit le bouquet ; et, le présentant à Sabine : « J'étois venu, dit-il, pour vous l'offrir. — Maintenant, reprit-elle, je puis le recevoir. » Alors elle s'inclina, et, sans attendre de réponse, elle sortit avec Antonine. « Comment donc ? me dit Derval ; elle a de la dignité ! et, je l'avoue, le mécontentement lui sied fort bien. » Je profitai de cette impression nouvelle pour répéter à Derval que Sabine avoit toujours parfaitement senti la désobligeance de ses moqueries et de son ironie, et que sa douceur et son indulgence étoient d'autant plus méritoires, qu'elle avoit beaucoup d'élévation d'âme. Derval n'ajouta pas foi à tous mes éloges, mais il commença à se persuader que jusqu'alors il avoit jugé Sabine avec une injuste sévérité.

Cependant les deux pères eurent ensemble, le soir même, après souper, une longue explication. Mondor se plaignit avec amertume des procédés de Derval pour sa fille, et de ses manières avec elle; il offrit même de tout rompre. « Mon Dieu! mon cher Mondor, lui dit le baron, il seroit bien temps de vous défaire, à cinquante-cinq ans, de vos idées romanesques. Vous voulez toujours de l'amour, de la passion. —Parbleu! reprit Mondor, ce sont d'assez bonnes choses, je crois, dans le mariage. — Ce langage vous sied bien! répliqua le baron. Vous avez épousé votre femme par amour; la jalousie, les dépits, les querelles, vous ont brouillés tout-à-fait au bout de dix-huit mois, et vous ont conduits à une séparation qui a duré quatorze ans; et vous ne vous êtes réunis que pour le mariage de votre fille. Comparez ce beau roman à mon histoire : je me suis marié par convenance; ma femme et moi nous ne nous connoissions point, nous n'avions pas le moindre penchant l'un pour l'autre, et vous savez que, jusqu'à sa mort, nous avons été cités comme le meilleur ménage de Paris. Mon cher Mondor, bien calculer ses démarches, sa conduite, bien connoître le caractère de ses amis, de ses proches, et le parti qu'on en peut tirer pour leur intérêt et pour le nôtre, voilà tous les secrets de la sagesse humaine, et les seuls moyens d'éviter les mécomptes, les étourderies et les chagrins imprévus, qui sont toujours les plus fâcheux que l'on puisse éprouver. — Tout cela est fort bon, reprit Mondor ; mais je veux que ma fille soit aimée, elle le mérite, et je suis indigné de la conduite impertinente et ridicule de Derval. — *Impertinente*, répliqua le baron, c'est trop dire ; elle est froide, et voilà tout ; mais, puisque vous voulez de la passion et de grandes démonstrations, vous en aurez, je vous en promets. — Comment ! nous verrions Derval *passionné* ? Ah! par exemple, si votre autorité paternelle obtient un tel miracle, il nous étonnera beaucoup. — Vous connoissez la franchise de Derval, vous savez qu'il est incapable de toute espèce de fausseté; d'ailleurs vous savez parfaitement que la *passion* ne se commande point, et que moi, le plus froid des hommes, je n'aurois pas la sottise de l'exiger de lui, et je vous répète que vous lui verrez tous les transports de l'amour le plus impétueux. — Sur quoi fondez-vous une telle idée ? — Sur la connoissance parfaite que j'ai de ses sentimens. — Achevez donc de vous expliquer. — Non, il entre dans mes calculs de ne jamais m'expliquer entièrement avec les gens romanesques. — Quoi donc ? est-il amoureux en secret de Sabine ? le cache-t-il par air, par vanité ? — Vos questions sont inutiles : qu'il vous suffise de savoir que vous serez parfaitement content avant leur mariage; mais j'exige une chose : nous ne devions passer le contrat que dans huit jours; avançons ce moment, signons-le demain, à midi, après le déjeûner ? — Demain ? — Oui, demain; tous les parens et amis sont ici, il ne s'agit que de faire avertir le notaire, et je m'en charge; et vous, mon ami, allez en prévenir votre femme et votre fille. » Mondor, confondu, fit encore mille questions superflues; mais il consentit à tout ce que désiroit le baron, qui, avant de se coucher, fit appeler son fils pour lui annoncer cette nouvelle. Derval se récria douloureusement sur cette précipitation ; le baron l'interrompit avec une sorte d'emportement qu'il n'avoit jamais eu : « Je suis las, dit-il, de tous ces impertinens discours, obéissez de bonne grâce, ou décidez-vous à ne plus paroître devant moi. —J'obéirai, s'écria Derval désespéré ; mais vous faites le malheur de ma vie. » A ces mots, il sortit impétueusement ; il me fit demander, et je le trouvai dans un état si violent, que je maudis intérieurement la maladresse de son père qui, par une sévérité outrée autant qu'inutile, lui causoit un ressentiment qui rejaillissoit sur l'innocente Sabine. Je représentai à Derval qu'il avoit eu grand tort de reparler à son père de ses répugnances, puisqu'il avoit donné sa parole de les vaincre, et qu'enfin il avoit consenti à ce mariage. Derval répondit qu'il n'avoit pas été maître de son premier mouvement en apprenant que, sans aucune raison, on avoit rapproché de huit jours la fatale signature qui alloit fixer sa triste destinée ; il étoit si agité et si malheureux, que je passai avec lui une partie de la nuit ; je ne le quittai qu'à la naissance du jour.

Le lendemain matin, je le trouvai tout habillé, à neuf heures et demie ; il étoit aussi paré qu'on peut l'être à la campagne. Je le louai de cette espèce de bienséance ; il me répondit, en soupirant, qu'il ne vouloit rien faire qui pût blesser une famille respectable à tous égards. Nous descendîmes dans le salon au moment où tout le monde s'y rassembloit, à l'exception du baron qui fit dire qu'il ne descendroit pas pour déjeuner. Il parut singulier qu'il s'en dispensât dans un jour si solennel ; cependant on se mit à table, le déjeuner fut triste et silencieux ; et, au bout d'une demi-heure, un valet de chambre vint avertir de l'arrivée du notaire. On se leva de table ; et Derval, s'avançant d'assez bonne grâce vers madame Mondor, lui demanda la permission d'aller chercher son père pour la signature. Il sortit aussitôt, et se rendit en effet à l'appartement de son père. En entrant dans son cabinet, il fut étrangement surpris de le trouver en robe de chambre et en bonnet de nuit, assis dans un fauteuil, et lisant tranquillement. Derval, confondu, lui demanda s'il étoit malade ? « Point du tout, répondit le baron. — Mais, mon père, tout le monde est dans le salon, le notaire est arrivé, on n'attend plus que vous?— Je n'irai point. — Comment! et la signature du contrat? — Elle n'aura pas lieu. — Qu'entends-je? — Ce mariage ne se fera point, je vais tout rompre. — Vous avez donc découvert de la jeune personne ou de sa famille quelque chose de déshonorant?.... — La famille est la plus estimable que je connoisse; la jeune personne est également irréprochable et pure, mais vous ne l'épouserez point. Je ne me suis point couché, j'ai passé la nuit entière à réfléchir, je m'étois flatté que votre aversion sans motifs n'étoit qu'un caprice; au moment de conclure, vous m'avez répété que je faisois le malheur de votre vie; je suis enfin persuadé que votre antipathie est invincible, et je renonce sans retour à ce projet d'établissement. — *Projet, mon père!* et les paroles sont données, et même la mienne! le notaire est là, on tient la plume pour signer, et je me rétracterois!.... Non, jamais. — Mais encore hier vous avez fait une tentative pour vous dégager. — Ce fut un premier mouvement irréfléchi, je ne m'attendois pas à la précipitation de cette signature irrévocable, et l'étonnement m'arracha quelques paroles inconsidérées que je rétracte. — Ces paroles prouvoient que votre aversion est invincible, car vous avez eu le temps de connoître cette jeune personne.... — Non, mon père, je ne la hais point, ce n'étoit point une véritable antipathie, je commençois à lui rendre justice, le temps et le devoir feront le reste. — Vous m'avez dit, il y a quelques heures, que cette union feroit le malheur de votre vie, je ne veux point être responsable de tout ce qui pourroit en arriver; c'en est fait, je renonce à ce mariage.... — Mais y pensez-vous, mon père?... — Parfaitement, mon parti est pris. — Juste ciel! et sous quel prétexte? — C'est mon affaire, je prends tout sur moi; les chevaux sont mis à mon cabriolet, partez sur-le-champ, retournez à Paris, je me charge de tout. — Qui, moi! j'abandonnerois cette jeune personne qui m'attend pour signer l'engagement qui doit nous unir! — Elle seroit beaucoup plus malheureuse en épousant un homme qui n'a pour elle qu'un éloignement insurmontable. — Songez-vous, mon père, qu'un tel éclat la perdroit de réputation? — Soyez tranquille à cet égard, j'arrangerai les choses de manière que tout retombera uniquement sur moi. — Au nom du ciel, mon père, habillez-vous, ne perdons plus de temps... — Je vous le répète, je vous rends votre entière liberté; partez; je vais parler à Mondor, qui ne sera ni aussi surpris ni aussi fâché que vous le croyez, car il est fort mécontent de vous. — Je réparerai tous mes torts, je les sens, j'en gémis, j'ouvre enfin les yeux, et, je vous en conjure, mon père, habillez-vous, et descendons sans délai. — Je n'en ferai rien. — Vous me mettez au désespoir. — Je ne céderai point à ce nouveau caprice. — Ce n'est point un caprice, je ne tromperai point l'attente de cette intéressante jeune personne. — *Intéressante!*... — Oui, c'est ainsi que je la vois maintenant; si jeune! et jolie, vertueuse!... j'étois un insensé, je le reconnois, je m'en repens, je la rendrai heureuse, je l'aimerai, que dis-je! oui, je vous le proteste, ô mon père; elle se présente, dans cet instant, à mon imagination, sous des traits si touchans, que je l'aime déjà.... Ne différons plus, venez, je vous le demande à genoux. » En disant ces paroles, il se jette en effet aux pieds de son père, et, dans ce moment, Mondor entra. Le baron, sans lui confier les secrets de Derval et sa résistance antérieure à ce mariage, lui dit seulement que, choqué de l'apparente froideur de son fils, il lui avoit déclaré que le mariage n'auroit pas lieu. Mondor comprit aussitôt que c'étoit une preuve imaginée par le baron pour lui faire connoitre les vrais sentimens de Derval; et, secondant le stratagème, il répondit sur-le-champ que rien n'étoit fait, et qu'il consentoit de grand cœur à tout rompre, si Derval ne savoit pas apprécier la perfection de caractère et les vertus de Sabine. Derval se précipita vers Mondor pour l'assurer, dans des termes passionnés, qu'il rendoit une entière justice à Sabine. Mondor affecta de l'écouter froidement. Derval redoubla ses instances; il pressa, supplia, et même des larmes s'échappèrent de ses yeux. Pendant ce dialogue, le baron, d'un air froid et solennel, se promenoit gravement en long et en large dans son cabinet; Mondor, touché, finit par lui serrer la main en lui disant : « Retournez dans le salon, dites à ma femme qu'une indisposition subite a retenu votre père, qu'il en est remis, et que nous irons vous rejoindre tout à l'heure. » Derval ne se fit pas répéter cet ordre; il sortit en courant, et entra tout à coup dans le salon où nous étions restés; il vit la consternation sur tous les visages, excepté sur celui de Sabine, dont l'air calme, le maintien noble et tranquille avoient quelque chose de très-frappant. Derval, s'approchant de madame Mondor, fit sa commission, et avec une expression de sensibilité qu'on ne lui avoit jamais vue. Cependant madame Mondor le reçut avec une extrême sécheresse. Au bout de quelques minutes, Sabine, se penchant vers sa mère, lui dit un mot tout bas. Madame Mondor fit un signe de tête approbatif, et Sabine, s'adressant à Derval, l'invita à venir avec elle sur la terrasse qui bordoit la façade du château, et sur laquelle donnoient les portes de glaces du salon; elle se leva, se rendit sur cette terrasse, et Derval, rempli d'étonnement et de trouble, la suivit. Lorsqu'ils furent seuls, Sabine, d'un ton calme, prit la parole : « Je vois, monsieur, dit-elle, à ne pouvoir plus en douter, qu'en m'épousant vous céderiez à l'autorité d'un père; j'ai pu croire un moment qu'il me seroit possible de triompher de votre aversion, j'ai renoncé à cet espoir; je pouvois seule vous rendre votre parole, et je vous dégage sans effort. Il étoit nécessaire, pour ma réputation, que la rupture vînt de moi; d'ailleurs, de cette manière, elle ne vous attirera point l'indignation de M. votre père; vous pourrez dire avec vérité que c'est moi qui vous refuse ma main; on m'accusera seulement de caprice, mais j'ai les parens les plus indulgens; mon bonheur n'en sera point troublé, mon honneur restera sans tache, et je vous aurai rendu la liberté dont vous regrettiez la perte. Si j'ai supporté avec tant de douceur vos dédains, soyez certain du moins que je les ai tous sentis, et j'avouerai même que l'embarras mortel qu'ils m'ont causé a dû souvent me rendre ridicule à vos yeux. En renonçant sincèrement à vous, j'ai perdu tout cet embarras et cette cruelle timidité qui m'ôtoient la possibilité de vous demander une explication.

« Adieu, monsieur; sans parler des mécontentemens que j'excuse et que j'oublie, je vais annoncer à mon père et au vôtre mon irrévocable résolution. » Ce discours, prononcé avec autant de charmes que de douceur et de dignité, acheva la conversion de Derval. Il arrête Sabine, tombe à ses pieds, implore son pardon, lui répète qu'il n'a montré une si coupable froideur que parce qu'il ne la connoissoit pas; que maintenant qu'il la voit telle qu'elle est, son bonheur est attaché à cette union. Enfin Sabine entendit pour la première fois le langage éloquent du repentir et de l'amour; son cœur ne pouvoit s'y méprendre, le pardon fut accordé; ils rentrèrent dans le salon, heureux et enchantés l'un de l'autre.

On devine facilement le dénoûment ; la mère se réconcilia du fond de l'âme avec Derval, elle alla chercher les deux pères, et les charma par le récit de cette scène inattendue pour tout le monde, excepté pour le baron qui, fier de ce triomphe éclatant, n'a pu s'empêcher de me confier que tout ce qui s'étoit passé le matin entre son fils et lui n'avoit été de sa part qu'un jeu et une profonde combinaison fondés sur la connoissance du caractère de Derval. Je lui dis qu'il avoit beaucoup risqué en lui faisant subir une telle épreuve. « Non, non, reprit le baron; comment auroit-il supporté l'idée de faire le malheur d'une jeune personne innocente et celui d'une famille respectable ? Il a de l'honneur, il est François, le calcul étoit sûr. » J'en convins, et j'avouai, de plus, que la noblesse du calcul en justifioit l'artifice:

Le contrat fut signé avec une joie sincère, on célébra la noce deux jours après; Sabine a repris tous ses charmes, sa grâce, sa gaieté, ses talens, et Derval est enfin le plus heureux des fils et des époux.

Voilà, mon cher Auguste, la narration fidèle de tout ce qui s'est passé; je me flatte que cette lettre énorme te piquera de générosité, et que nous aurons incessamment *la Tombe harmonieuse*. Adieu, je vais faire un petit voyage qui me fournira le sujet d'une autre lettre, mais je ne te récrirai que lorsque j'aurai reçu de tes nouvelles.

LETTRE HUITIÈME.

AUGUSTE A EUGÈNE.

Inspruck, ce 25 mai 1820.

J'ai déjà parcouru une grande partie du Tyrol, et avec tant de ravissement que je ne pourrai aujourd'hui te parler d'autre chose; *les mœurs homériques* de ce peuple montagnard rappellent tellement l'antiquité qu'on est tout étonné de leur entendre prononcer des noms modernes. Enthousiasmés pour la gloire des armes (la seule que puisse connoître une nation qui ne cultive point les arts), les Tyroliens n'écoutent les voix de la renommée que lorsqu'elles leur parlent des guerriers; le bruit des exploits des nôtres a retenti sur les rochers de ce pays sauvage, et leurs échos ont répété le récit de nos victoires. J'étois tenté de leur parler d'Achille, d'Ajax, de Palamède, mais j'étois charmé de les entendre me questionner sur nos guerres et sur nos généraux les plus fameux. Ils ont aussi leurs héros; les noms de Specbacher, de Hofer, etc., sont célèbres parmi eux. L'aspect du pays est moins beau, quoique aussi extraordinaire que celui de la Suisse : les glaciers y sont moins imposans, on n'y trouve point ces lacs immenses de la Suisse, sur lesquels se réfléchissent les cieux et les scènes pittoresques de leurs rives; mais les habitans sont hospitaliers, et les bergers ressemblent aux pâtres décrits par Virgile; ils sont d'une beauté frappante, ce qui prouve la pureté des mœurs, car le désordre et l'immoralité font en général dégénérer physiquement les races. Les Tyroliens ont universellement autant de piété que de courage; ils ont tous beaucoup de goût pour la musique, et l'on connoît l'originalité de leurs airs nationaux. On rencontre communément dans les champs et à la porte des hôtelleries de jeunes pâtres qui jouent de la harpe en accompagnant leurs chansons montagnardes si tristes et si expressives; ils ont une manière singulière de passer de la *voix de poitrine* à la *voix de tête*. Cette méthode dans un salon de Paris pourroit paroître bizarre et défectueuse; mais dans leur pays agreste elle a quelque chose de frappant et d'agréable, elle est d'accord avec le bruit des torrens et le vent qui souffle et qui gémit dans les forêts de mélèzes. Leur costume est charmant, surtout celui des hommes ; les garçons ont des chapeaux de paille recouverts d'une belle étoffe de soie verte et ornés de rubans et de bouquets; les hommes mariés portent des chapeaux noirs; leur habit est vert ou violet; ils ont presque tous des bas de soie verte et des souliers à grandes boucles très-façonnées. Il semble que toute l'élégance, hors des maisons, soit réservée seulement aux hommes ; l'usage oblige les femmes à renoncer au désir de plaire dès qu'elles sortent de leurs cabanes; cela est sans doute fort moral, mais aussi fort désagréable pour les passans et pour les voyageurs, et je ne suis pas étonné que cette coutume soit restée unique dans les montagnes du Tyrol. Ces femmes sont très-jolies, et il est difficile de s'en douter en les rencontrant; elles ne passent jamais le seuil de leur porte sans s'affubler d'un énorme bonnet de coton plucheux, en forme de pain de sucre, qui ressemble à un vieux manchon lié par un bout et posé sur la tête; mais, en rentrant chez elles, leur premier soin est de se débarrasser de cette hideuse coiffure, qui fut sans doute inventée par la sollicitude des mères et la jalousie des maris. Dans leur maison, les jeunes femmes rattachent leurs cheveux avec une grande aiguille d'or, et alors elles sont charmantes. Il y a de la grâce dans tous leurs mouvemens, et leurs physionomies innocentes et calmes ont une expression céleste. Il n'y a rien de plus intéressant, pour un observateur aussi curieux que moi, que l'intérieur d'une auberge du Tyrol; on y est accueilli avec un empressement si cordial que l'on ne croit point être dans un gîte où l'on paie son logement et sa nourriture; il semble seulement que l'on reçoive l'hospitalité la plus aimable : toute la famille se groupe autour de vous et ne vous quitte que pour vous laisser reposer; car on mange à leur table, toujours servie avec une élégante simplicité. Ils questionnent avec une curiosité naïve, on aime à leur répondre, parce qu'ils écoutent avec l'air de l'intérêt et de l'attention; il est très-facile à un étranger de se faire entendre des Tyroliens; ils parlent tous plusieurs langues, entre autres, l'allemand, l'italien et le françois; et, dans la vallée de la haute Engadinne, voisine de la chaîne du Bremer, on parle encore aujourd'hui le langage primitif de ces anciens peuples, c'est-à-dire un latin corrompu.

La plus haute montagne du Tyrol est l'Orteler; c'est le Mont-Blanc de ces contrées, mais moins élevé que ce mont fameux de la Suisse; on trouve sur les rochers de l'Orteler beaucoup de chèvres et de chamois; la chasse de ce dernier animal est l'un des plus grands plaisirs des Tyroliens; on sait qu'elle est fort dangereuse, et c'est un attrait de plus pour ce peuple naturellement belliqueux, c'est une espèce de guerre, et la plus innocente de toutes; elle a parmi eux sa gloire et ses héros, elle est sans trêves et sans traités de paix, mais elle ne cause ni révolutions ni ravages. Cette chasse, qui ne peut se faire qu'en escaladant les rochers, en côtoyant des précipices, en franchissant des abîmes, contribue sans doute à rendre les Tyroliens les hommes les plus intrépides et les plus agiles de l'Europe; on les voit, durant l'hiver, conduire, avec une adresse merveilleuse, le traîneau dans lequel *ils se ramassent*[1]. Ils traversent souvent des

[1] C'est le mot dont on se sert dans les Alpes pour ex-

chemins étroits en glissant du sommet des rochers avec une effrayante vélocité; ils se fraient des passages sur des pentes élevées, tellement perpendiculaires, que le voyageur épouvanté peut croire qu'ils sont emportés malgré eux et qu'ils vont être fracassés. Cependant leur adresse seconde si bien leur audace, qu'il n'arrive presque jamais d'accidens. Le peu de ressources que les Tyroliens trouvent chez eux les oblige à voyager dans une grande partie de l'Europe, pour suppléer, par le commerce, à ce que la terre natale leur refuse; mais ils reviennent chaque année dans leurs foyers, et ils n'y rapportent qu'une industrie perfectionnée et un amour de la patrie que l'absence a rendu plus vif. Il y a parmi eux un autre genre d'émigration qui a quelque chose de touchant; on trouve, dans les vallées, des villages dont tous les hommes émigrent chaque année pendant trois mois entiers; les enfans mêmes, conduits par des vieillards, quittent le toit paternel; ils partent, munis d'une cornemuse, d'un havresac

primer le mouvement rapide d'un traîneau qui descend d'une montagne à pic dans la plaine.

(Note de l'auteur.)

et d'une petite provision de pain d'avoine, et ils vont en Souabe s'engager comme pâtres pour un temps limité. Là, ils passent l'été dans des champs nouveaux, vivant d'un pain grossier et de quelques racines, et ils conservent partout leurs mœurs, leurs chants sauvages, leur humeur gaie et la probité qui les distingue, et qui, reconnue et admirée dans toute l'Allemagne, fait préférer à tous les autres les serviteurs tyroliens.

A la fin de l'automne, les mêmes vieillards ramènent les jeunes gens et les enfans confiés à leur garde; la troupe fidèle rentre avec joie dans ses hameaux, et l'on se figure aisément quel doit être le bonheur des mères en revoyant leurs enfans grandis et fortifiés, et celui des femmes et des jeunes filles en retrouvant leurs époux et leurs amans. Comme les veillées de l'hiver doivent être agréables ! Ils ne racontent point des aventures extraordinaires; ils n'ont point traversé les mers ni fait naufrage sur des côtes désertes; leurs récits sont monotones comme leur paisible vie, et simples comme leurs mœurs; ils parlent des champs et des prés fleuris qu'ils ont parcourus, des cabanes solitaires qu'ils ont habitées; ils content les souvenirs fidèles et les regrets de l'absence; mais on ne se lasse point de les entendre, et les longues soirées de l'hiver s'écoulent délicieusement en les écoutant. Tu sais, mon cher Eugène, combien tout ce qui me frappe agit vivement sur mon imagination et sur mon cœur; depuis que je suis ici, je hais l'ambition, le tumulte, le grand monde, toutes les villes, et surtout Paris. Le souvenir d'un salon, d'un bal paré et des spectacles, ne me séduit plus, et l'idée d'une table de jeu me fait horreur; je suis devenu tout-à-fait *pastoral*, je n'aime plus que la vie champêtre, je n'oublierai jamais ce pays enchanteur; et, quand je l'aurai quitté, je répéterai toujours en soupirant : *Et moi aussi, j'ai vécu dans la délicieuse Arcadie!...* Mais revenons à mes bons et chers Tyroliens.

Ils ont tous l'industrie la plus ingénieuse, il semble même qu'ils soient doués en général du génie de la géométrie; car, sans aucune instruction, ils devinent avec facilité les principes de la mécanique. Sous Marie-Thérèse il y eut un célèbre Tyrolien, nommé Pierre Anich, qui, de simple pâtre, devint un très-bon ingénieur géographe, et qui a levé la première

carte exacte du Tyrol. J'ai vu au château
d'Inspruck un globe d'une perfection étonnante construit par ce pâtre; il est vrai que
les jésuites, si habiles à discerner dans les
jeunes gens les premiers germes des grands
talens et du génie, ayant eu quelques rapports
avec ce berger, se plurent à lui enseigner la
géométrie; mais il n'a jamais voulu sortir de sa
cabane. Nous avons vu souvent dans le monde
des hommes se tromper sur leur vocation pour
les arts, ce qui me paroît fort simple, car il
est facile de prendre des prétentions pour des
dispositions naturelles : quand on voit applaudir les autres, on a grande envie de briller
soi-même; il n'en est pas ainsi parmi les simples paysans, et celui qui devine des calculs
extraordinaires ou qui fait des vers est certainement né pour être mathématicien ou poëte.
Quand le fameux Duval, en gardant ses troupeaux, s'occupoit surtout à contempler le cours
des astres, on pouvoit bien prévoir qu'il deviendroit l'un des plus grands astronomes de l'Europe; lorsqu'au fond de la Silésie la Karsching,
en conduisant ses brebis, célébroit en beaux
vers les conquêtes du grand Frédéric, elle
étoit bien certainement inspirée par le dieu de

la poésie, et l'on n'est pas étonné qu'elle soit devenue un des meilleurs poëtes de l'Allemagne. On doit à la société une extrême surabondance de talens médiocres, qui ne se seroient jamais développés dans la solitude, mais nul talent supérieur ne reste enfoui; la nature et le plus puissant instinct s'y opposent invinciblement. Dans le Voralberg, les Tyroliens mettent à profit les immenses forêts qui les environnent; le bois qu'elles fournissent est travaillé par eux en charpente; ils construisent des boutiques et des maisons entières, dont toutes les pièces détachées et numérotées sont transportées sur des traîneaux dans le temps des neiges, et conduites à Bregentz, sur les bords du lac de Constance, d'où on les embarque pour différentes parties de la Suisse; là, on voit arriver sa maison, telle qu'on l'a commandée, comme on nous apporte une voie de bois. Il est étonnant qu'au milieu de tant de dépenses ridicules, faites par les amateurs des jardins à l'anglaise, aucun n'ait encore eu l'idée de faire venir jusqu'aux environs de Paris une maison tyrolienne; ce seroit pourtant une fabrique beaucoup plus curieuse et plus intéressante que les insipides chaumières que nous voyons dans ces jardins, qui coûtent beaucoup d'argent, et qui souvent n'ont même pas le mérite de représenter avec illusion les habitations de nos paysans.

Les Tyroliens tirent aussi un grand parti des eaux de leurs ruisseaux. Voici à ce sujet ce qui m'est arrivé : Un jour en sortant du village de Vils, je suivis, escorté de mon guide, une assez longue vallée, et je rencontrai une jolie chaumière isolée, près de laquelle couloit un petit ruisseau qui tomboit en cascade du haut d'un rocher voisin; j'y entrai, je n'y trouvai personne; tous les habitans étoient aux champs, à l'exception d'une vieille femme qui, dans ce moment, cueilloit des fruits dans le verger de la maison. En visitant cette cabane, qui avoit l'air d'être abandonnée, j'aperçus avec attendrissement un joli enfant dans un berceau; il commençoit à s'endormir, et mon étonnement fut extrême en remarquant qu'il étoit doucement bercé par une main invisible!... En effet, le berceau suivoit un mouvement égal et constant sans que personne fût là pour l'agiter. Il sembloit qu'un ange veillât sur cet enfant délaissé, et qu'il se chargeât du soin de le bercer et de l'endormir!... Cependant, voulant connoître la cause de ce prodige, j'examinai avec attention tout ce qui m'entouroit, et je vis une corde attachée au berceau ; en suivant cette corde qui traversoit le mur de la maison, je reconnus qu'elle étoit assujettie à une pièce de bois, à laquelle une roue, mise en mouvement par le ruisseau voisin, imprimoit une balancement uniforme.

Dans les vallons les plus élevés on voit chaque ruisseau tomber d'espace en espace sur des roues grossièrement travaillées, mais dont le mécanisme ingénieux et simple favorise les fonctions les plus importantes du ménage : la mouture des grains, la fabrication des huiles, l'aiguisement ou le remoulage des outils, l'arrosement des prairies, toutes ces choses se font par l'eau des ruisseaux fournie aux moulins. Chaque paysan a le sien ; et, disposant une fois de ce principe d'action, il en modifie à son gré les effets. Il y a des hameaux entiers où tout paroît se faire par enchantement, et cette innocente féerie n'est pas une des moindres causes du plaisir si pur que le voyageur éprouve en parcourant cette paisible contrée, qui paroît être oubliée du mauvais génie qui poursuit sur la terre l'homme civilisé. L'esprit de commerce est pour ainsi dire naturel à ce peuple; il s'y trouve toujours un assez grand nombre d'habitans qui se livrent dans ce genre à de grandes spéculations; plusieurs d'entre eux vont jusqu'en Amérique et aux Indes; mais, à leur retour, ces négocians voyageurs partagent toujours également leur profit avec leurs rustiques associés, comme si les peines et les dangers avoient été communs. En général presque tout le profit du négoce se divise entre des hommes du même village ou de la même contrée; rarement l'absence dure plus d'une année, et ordinairement elle finit comme celle des pâtres avec la belle saison. Au retour des absens, les associés se réunissent, et les voyageurs jettent sur la table leurs sacs d'argent; chacun prend la part qui lui en revient en proportion de sa mise, et tous les comptes sont bientôt faits; ils sont réglés par la franchise, la modération et la probité; ils n'ont besoin ni de lois ni de banque, et moins encore de procureurs et d'avocats; il est sans exemple que ces partages aient donné lieu à une discussion.

Je vais entrer maintenant dans quelques détails sur la capitale du pays : Inspruck est située au bord de l'Inn dans une vallée très-pittoresque, et qui est la plus spacieuse de tout le pays; la ville est peuplée de douze mille âmes; elle est très-commerçante, on y remarque un vieux château; mais ce qu'il y a de plus intéressant, c'est l'église dite *de la Cour;* elle renferme plusieurs tombeaux; le plus remarquable est celui de l'empereur Maximilien Ier.: ce monument est isolé au milieu de la nef, il est orné de sculptures d'un travail surprenant par sa délicatesse. Autour de cette tombe se trouvent rangées une suite de statues en bronze de grandeur naturelle, représentant d'anciens chevaliers armés de toutes pièces, et dont les cuirasses et les autres attributs sont exécutés avec une grande perfection. Toutes ces figures sont debout, leur maintien est solennel et sévère, et chacune représente un personnage célèbre du moyen âge allemand ou italien. On ne peut se défendre d'un frémissement de surprise et de vénération, et d'une sorte de terreur, en s'avançant au milieu de cette assemblée immobile et silencieuse, de ce conseil d'antiques chevaliers! Je crus qu'ils m'alloient proposer de m'enrôler pour les croisades; et j'étois tout prêt à les suivre.

Maximilien Ier. est pour le Tyrol un personnage mythologique, un demi-dieu de la fable. On voit près de Zirl un rocher très-escarpé, nommé *la Muraille de Saint-Martin*, parce que l'image de ce saint est placée dans une niche creusée dans le rocher. Les gens du pays racontent que Maximilien, étant un jour à la chasse du chamois, s'égara, et passa la nuit sur ce rocher; mais qu'un ange lui apparut enfin, et lui montra le chemin d'Inspruck.

Je ne dois pas oublier de dire qu'à Inspruck, et dans quelques autres cantons, on élève une telle quantité de serins, que l'exportation annuelle en monte, m'a-t-on dit, à une valeur de soixante-dix mille francs.

J'espère qu'à la suite de cette longue relation, tu n'attends pas *la Tombe harmonieuse;* tu penses bien que je n'ai pas eu le temps de la finir, et que le Tyrol a absorbé toute mon attention, mais je vais m'y remettre afin de te l'envoyer très-incessamment. Adieu, mon ami; malgré le dédain que je t'ai montré pour Paris et ses environs, parle-moi de tes courses, de tes petits voyages; tu dois être bien certain que, dans quelque disposition d'esprit où je puisse être, toute espèce de récit m'intéressera quand j'y trouverai ton nom[1].

[1] Tous ces détails relatifs au Tyrol sont d'une parfaite exactitude; on les tient d'un jeune voyageur qui sait également bien observer et penser. (Note de l'auteur.)

LETTRE NEUVIÈME.

EUGÈNE A AUGUSTE.

Paris, ce 22 juin 1820.

Je n'ai reçu ta dernière lettre, mon cher Auguste, qu'à mon retour d'une course que j'ai faite en Normandie; et; malgré notre impatience de recevoir la *nouvelle* que tu nous promets depuis si long-temps, nous avons lu avec un grand intérêt ta petite relation du Tyrol. Il est assez singulier que, lorsque tu écrivois pour moi le voyage du Tyrol, je me disposois, de mon côté, à t'envoyer un morceau charmant sur la Suisse, que j'ai trouvé dans *les Archives de la littérature et des arts*. Comme tu n'as point du tout l'esprit de rivalité qui exclut tous les sentimens d'équité et d'amour du bien public, je ne craindrai point, en recevant ta jolie relation, de te faire l'éloge d'un autre voyage ; d'ailleurs je suis bien aise que tu lises ces belles paroles :

« Il y a une affinité infaillible dans un
» homme bien organisé, entre la perception
» de ce qui est beau et l'amour de ce qui est
» bien ; rien de stérile comme l'âme d'un so-
» phiste ; rien d'aride comme l'imagination
» de ce qu'on appelle communément un phi-
» losophe ; partout où vous trouverez cet esprit
» superbe et contempteur, qui soumet toutes
» les croyances de l'homme et toutes les scien-
» ces morales de la société à l'autorité d'une
» raison équivoque, et qui se défend de sentir
» avant de discuter, vous chercherez inutile-
» ment l'inspiration de l'écrivain qu'on ad-
» mire, et l'abandon de l'écrivain qu'on
» aime. »

Tu liras aussi avec plaisir ce passage remarquable, et dont les idées si justes sont présentées d'une manière si piquante. A propos de l'intérêt des anciennes institutions, l'ingénieux auteur de l'extrait du voyage ajoute les réflexions suivantes :

« Les hommes ne font pas plus leurs fêtes
» (à une seule époque) que le reste de leurs
» institutions. L'improvisation leur est si fu-

» neste, qu'on n'a jamais vu une génération
» jouir de ce qu'elle avoit inventé. L'esprit
» humain n'a rien créé de complexe. Nous re-
» cevons de nos devanciers un long héritage
» d'idées qui sont devenues des systèmes,
» d'usages qui sont devenus des lois, de sta-
» tuts spéciaux exigés dans leur ordre par des
» nécessités spéciales, et qui ont fini par com-
» poser ce que nous appelons des constitutions
» et des gouvernemens; mais les systèmes,
» les lois, les gouvernemens faits à la hâte
» pour satisfaire à l'impatience d'un peuple
» malade, ne durent tout au plus que le temps
» qu'ils ont coûté. Nous n'avons pas oublié qu'à
» une époque, hélas! que trop de circon-
» stances nous rappellent, et où il s'agissoit
» de tout anéantir pour tout renouveler, on
» *décréta des fêtes* nouvelles : c'étoit le pre-
» mier de nos peintres, c'étoit le premier de
» nos poëtes, c'étoit David, c'étoit Chénier,
» qui présidoient, du fond de leur cabinet, à
» ces jeux inaccoutumés de la république. In-
» formez-vous de ces jeux à ceux qui les ont
» vus, et cherchez, dans les régions les plus
» sauvages, une tribu assez insensée pour
» les substituer un seul jour à ceux qui ont

» exercé l'adresse et réjoui le cœur de ses
» aïeux. »

Ce n'est pas sans dessein, mon cher Auguste, que je t'envoie ce petit fragment, qui est à la fois contre les philosophes et contre la philosophie : deux choses que tu as fort mal à propos séparées dans ta pensée et dans tes jugemens, aimant l'une, et méprisant les autres. Ton dégoût pour les philosophes vient des contradictions maladroites et révoltantes que tu trouves dans leurs écrits, et des honteuses révélations qui souillent leurs lettres et les mémoires qu'ils ont laissés. Enfin, après avoir lu leurs scandaleux pamphlets, tu n'as pu t'empêcher d'être indigné de ce ramas impur et grossier d'obscénités sans aucun voile, de méchancetés, de mensonges, de calomnies, de basses flatteries et d'inconséquences ; mais tu devrois penser surtout que toutes ces infamies viennent beaucoup moins du caractère de ces écrivains que des principes affreux qu'ils adoptèrent. Ainsi, mon cher Auguste, c'est particulièrement la fausse philosophie qui les égara, c'est cette doctrine sans base et sans but raisonnable qu'il faut détester ; eh ! qui ne frémiroit en songeant où elle a pu conduire des hommes nés avec de grands talens et des vertus, et enfin, en se rappelant les désordres, les crimes, le renversement d'idées, et tous les maux qu'elle a produits! Nous sommes jeunes, profitons des fautes, je ne dis pas de nos aïeux, mais seulement de nos contemporains, de ceux qui ont eu le malheur de naître trente ans avant nous; la leçon est si récente qu'elle semble avoir été donnée pour notre éducation. Les Lacédémoniens faisoient servir à celle de leurs enfans l'ivresse des ilotes. A peine sortis du berceau, nous avons vu les tristes restes et les résultats d'une ivresse mille fois plus terrible. Si ce souvenir ne nous en garantit pas; s'il ne nous tient pas lieu d'une longue expérience; s'il ne nous ramène pas à la morale, et par conséquent à la religion, combien nous serions inexcusables! toute bonne école produit d'excellens disciples; les deux plus célèbres philosophes (Voltaire et Rousseau) n'en ont pas eu un seul digne d'être cité, soit comme politique, soit comme littérateur.

Il est certain que les philosophes ont préparé, et avec dessein, la révolution; leurs lettres ne laissent à cet égard aucune espèce de doute; il est certain aussi que, pour détruire sûrement la religion, ils ont eu le projet formel de corrompre les mœurs¹; ils étoient bien assurés qu'en débarrassant la jeunesse d'un tel frein, leurs partisans adopteroient aisément leurs idées exagérées sur la liberté sociale, et qu'ensuite il seroit facile, avec un nombre prodigieux de disciples et de prosélytes, d'exterminer les prêtres, les nobles, les princes et les rois, car c'étoit là le vrai but de la secte, et son secret le plus intime. Cependant il ne faut pas croire que, malgré de tels projets, les philosophes aient prévu tout le mal qu'ils ont fait. Si Vol-

¹ On voit, dans les lettres de d'Alembert et de Voltaire, que, tout en dénigrant les princes et les grands seigneurs, loin de dédaigner leur faveur, ils leur ont prodigué tous les genres de flatterie pour l'obtenir, et qu'en outre Voltaire sollicitoit d'eux sans cesse de faire chasser ou de faire enfermer à la Bastille ses ennemis. On voit, dans une lettre de Voltaire à Helvétius, qu'il le gronde d'avoir fait ouvertement l'apologie de l'adultère, en disant qu'il n'est pas *encore temps* de parler *sérieusement* sur ce point, qu'il faut *attendre*, etc. On trouve, dans le *Dictionnaire philosophique*, que l'amour de la patrie n'est qu'un *préjugé*. Helvétius a dit la même chose de l'amour filial. Voici, dans l'*Encyclopédie*, la définition du bonheur qui convient à un philosophe; *Il lui faut, outre le nécessaire, un honnête superflu par*

taire, Diderot, Rousseau, Helvétius et d'Alembert eussent assisté aux conférences des Jacobins, qu'ils eussent entendu les arrêts prononcés par la Convention, ils en auroient eu horreur, quoiqu'on n'ait pas été à beaucoup près aussi loin que leurs écrits l'ont conseillé. Les philosophes que la Providence a voulu rendre témoins de la révolution ont bien prouvé combien ils ont été frappés de la différence qui se trouvoit à cet égard entre leurs spéculations et la pratique de ces odieux systèmes. Condorcet s'est empoisonné ; Marmontel, Gaillard et La Harpe se sont convertis ;

lequel seul on est heureux, la pauvreté nous prive du bien-être, qui est le paradis du philosophe. Une femme philosophe (madame la marquise Du Châtelet) nous assure, dans son *Traité du bonheur*, qu'une des choses qui contribue le plus *au bonheur* est l'état de santé qui fait aller *régulièrement à la garde-robe*. Diderot, dans son supplément au *Voyage de Bougainville*, dit nettement (en termes qu'il est impossible de citer) qu'un homme qui a une fille disgraciée de la nature, et qui ne devient pas son amant, *est un père dénaturé* ; enfin, tout le monde connoît cette pensée *anacréontique* de Diderot : *Qu'il voudroit voir le dernier des rois étranglé avec les boyaux du dernier des prêtres*, etc.

(Note de l'auteur)

Raynal s'est publiquement rétracté!... Voilà des faits; puissent-ils peu à peu te faire réfléchir mûrement sur la *philosophie*!

J'ai fait un petit voyage en Normandie avec le marquis de Ponthieu et son fils; le marquis venoit de racheter sa terre, jadis si belle, maintenant toute démembrée, et dont le superbe château a été démoli par la *bande noire*. Le marquis, dont le cœur est si véritablement françois, s'est soumis avec toute la bonne foi du plus noble caractère à toutes les privations et à tous les sacrifices qu'exigent l'intérêt et le bien public; mais ces grands sentimens n'ôtent ni l'amertume des souvenirs, ni les regrets de la sensibilité, qui même en augmentent le mérite. C'est l'appréciation des biens qu'on a perdus qui peut seule donner à la résignation quelque chose de sublime; et voilà ce que nous interdisent ceux qui véritablement n'ont pas de regrets, parce que, n'ayant eu rien à perdre, la révolution ne leur a rien enlevé, et, au contraire, a donné beaucoup à plusieurs d'entre eux. On voudroit que nous fussions *impassibles*, cependant cette espèce d'imbécillité ôteroit à la générosité tout son prix. Les révolutionnaires, en voulant annuler l'illustration particulière des familles, ont cru nécessaire d'annuler aussi celle de la nation, car ils ont prétendu la priver de tous les souvenirs, en anéantissant sa religion, ses mœurs, ses lois, son gouvernement, ses habitudes, ses jeux, ses fêtes, son costume, ses usages, et même son langage. Heureusement qu'ils n'ont pu anéantir son histoire où l'on voit que, dans tous les temps, les François ont toujours été sensibles, généreux, et que nul peuple n'a été aussi célèbre par ses exploits, sa valeur, et la réputation de ses généraux.

Notre voyage ne fut pas gai, le marquis alloit revoir pour la première fois, depuis l'émigration, les lieux où il étoit né, et où s'étoient écoulés les plus beaux jours de sa vie; il soupiroit en pensant qu'après tant de dévastations il ne les reconnoîtroit plus; il craignoit surtout cette première impression, et nous partagions sa tristesse. Nous arrivâmes au déclin du jour; *les ci-devant vassaux*, qui partout (quoi qu'en disent certains libéraux) sont enchantés de retrouver leur ancien seigneur, vinrent en foule au-devant de lui; il fit arrêter la voiture, et nous mîmes pied à terre.

Aussitôt tous ces bons paysans l'entourèrent, et lui prodiguèrent à l'envi les plus bruyans témoignages d'affection et de joie; plusieurs d'entre eux d'un âge mûr qu'ils avoient acquis dans une absence de vingt-cinq ans, voulant se faire reconnoître, se désignoient par leurs anciens noms : « Monsieur, s'écrioit l'un, je suis le petit Jeannot, votre filleul, et voici Rose, ma sœur. » *Ce petit Jeannot* avoit cinq pieds huit pouces, et *cette Rose* avoit quarante-cinq ans. C'est moi, monsieur, disoit un autre, à qui vous faisiez dénicher tant de petits oiseaux; et cet agile villageois ne marchoit plus qu'avec des béquilles ! Une plus touchante reconnoissance vint faire oublier toutes les autres. Un vénérable vieillard octogénaire se fait jour à travers la foule qui, d'ailleurs, par respect, s'écarte volontairement pour le laisser passer; il s'approche du marquis, et lui dit : « Je suis Nicolas Dumont, dont vous avez tant protégé la famille, vous avez marié mes deux filles aînées, vous avez rebâti ma chaumière incendiée; elle existe toujours, et votre château est détruit!... Venez, mon bon seigneur, venez un moment vous reposer dans notre maison, ce sera encore vous retrouver chez vous!... » En prononçant ces derniers mots, le respectable vieillard ne put retenir ses larmes, et les nôtres coulèrent !.... Le marquis, pour toute réponse, l'embrassa, lui prit la main, la serra contre son cœur et le suivit. Arrivés dans la chaumière, le bon vieillard présenta avec détail, à son ancien bienfaiteur, toute sa famille rassemblée. La conscription, dit-il, m'a enlevé trois garçons; mais il m'en reste encore sept, mes deux fils et leurs enfans, voici leurs femmes et leurs filles.... Tandis que le vieillard parloit, le marquis contemploit avec délices cette humble maison qu'il avoit fait bâtir ; il aimoit à en reconnoître les dimensions et les meubles devenus vieux, dont il l'avoit ornée; et, comblé de toutes les bénédictions de la famille, il nous dit en la quittant : « J'emporte d'ici de quoi me consoler du pillage et de la destruction de mon château. » Nous couchâmes dans une espèce de petit pavillon où logeoit le régisseur de la terre, c'étoit tout ce qui restoit de l'ancienne habitation. Le lendemain matin, nous fimes une promenade fort mélancolique; chaque pas rappeloit un souvenir douloureux. Là, jadis, étoient un bois magnifique, des ombrages charmans, et nous ne trouvions plus qu'un terrain en friche et des souches d'arbres ! Une grande partie des jardins n'offroit plus que de tristes marais ; il ne restoit nulle trace, nuls vestiges du château ; le marquis regrettoit de n'en pas retrouver au moins quelques ruines, il fallut s'orienter pour en découvrir l'emplacement. Nous nous y arrêtâmes plus d'une heure ; le marquis essaya de nous en faire le plan. Il traçoit, sur la terre, avec sa canne, la distribution de toutes les pièces du rez-de-chaussée ; il s'attendrit en dessinant la longue galerie qui contenoit jadis tous les portraits de ses ancêtres ; ces peintures vénérables avoient été brûlées avec toutes les archives de la famille. Il sembloit que tant de destruction ne pût être l'ouvrage que de plusieurs siècles ; mais la hache du génie du mal est plus meurtrière, et porte des coups mille fois plus rapides que la faux homicide du temps. Cette espèce de promenade fut la plus fatigante et la plus pénible que j'aie jamais faite ; elle laissa au marquis un sentiment de tristesse qu'il ne put adoucir qu'en se rappelant la satisfaction qu'il avoit éprouvée la veille dans la chaumière de Nicolas. Les souvenirs de la grandeur passée et des plaisirs évanouis sont amers; mais ceux du bien qu'on a fait, délicieux dans tous les temps, sont les seuls qui puissent consoler des peines de la vie!...

J'ai passé là quelques jours; et, comme nous n'étions pas loin de l'antique abbaye de la Trappe, j'y ai été seul un matin à cheval. J'ai vu avec un profond sentiment de vénération cette solitude consacrée par une hospitalité si généreuse et des vertus si sublimes, et je pensois, avec un étonnement mêlé d'effroi, à l'ordre de choses qui avoit pu faire proscrire ces hommes voués à la prière et à tous les exercices de la plus admirable charité; ces hommes qui se privoient de tout pour donner tout aux pauvres, et qui n'avoient de communication avec le monde que pour aller chercher et soigner les malades et pour recueillir les voyageurs!.... Je me représentois un de ces vénérables pères, revenant dans ce lieu désert et contemplant ces murs abandonnés : que tous ses souvenirs seroient ravissans! il ne pourroit se rappeler que des actions saintes et des bienfaits....; pour lui, l'image entière du passé se confondroit avec celle d'une éternelle félicité, elle en seroit le gage le plus certain!....

Comme nous nous sommes promis de ne jamais parler de politique, je n'ai point de nouvelles à te mander. A l'égard de la société, elle est tout comme tu l'as laissée; on se rassemble sans s'amuser, on disserte sans pouvoir s'entendre; on ne donne des dîners et des soupers que pour réformer l'état; car c'est là le but de toutes les conversations; toutes les réunions de société ne sont plus que des clubs, les femmes n'y paroissent que pour occuper les fauteuils d'un salon, pour former un cercle brillant; tandis que les hommes, en se promenant avec agitation dans la chambre, ne songent qu'à étendre et propager les lumières du siècle. Quand les François redeviendront aimables, je m'empresserai de t'en instruire, dans l'espoir que cette nouvelle révolution hâtera ton retour.

Comme je terminois ma lettre, Verneuil est entré dans mon cabinet; tu peux juger du plaisir que j'ai eu à le revoir après une longue absence, et en apprenant qu'il t'a rencontré à *Inspruck*. Nous n'avons parlé que de toi; il m'a charmé, en m'apprenant que non-seulement tu avois fini *la Tombe harmonieuse*, mais que tu me l'avois envoyée la surveille de son arrivée à *Inspruck;* nous avons calculé que je dois la recevoir demain. Il m'a conté que tu lui avois lu quelques fragmens de ton brouillon, et le peu qu'il m'en a dit augmente beaucoup la curiosité de ma femme et la mienne. Adieu, cher Auguste, je te récrirai aussitôt que j'aurai reçu ta nouvelle dont je te remercie mille fois d'avance.

LETTRE DIXIÈME.

AUGUSTE A EUGÈNE.

Inspruck, ce 1er. juin 1820.

Voilà enfin ma fameuse nouvelle! mon chef-d'œuvre littéraire! Je voulois mettre à la tête de cette production une belle préface pour en faire sentir toutes les beautés; mais j'avois tant de choses à détailler là-dessus, que j'ai craint que la préface ne fût plus longue que l'ouvrage; au reste, j'espère que ton amitié me fera mieux valoir que tout ce que je pourrois dire : ainsi je prends le parti de la modestie, parti violent qu'un auteur ne prend guère que lorsqu'il est certain de n'y rien perdre. Adieu, mon cher Eugène, je me hâte de te quitter pour te livrer tout entier à la lecture de ma nouvelle.

LA TOMBE HARMONIEUSE.

Qui peut prévoir sa destinée? Le hasard et la fortune en disposent, malgré les projets de l'amour et de l'ambition, et souvent même en dépit de toutes les combinaisons de la sagesse.

Que ce jeune Linval est heureux, disoit-on dans le monde, héritier d'une immense fortune, ne dépendant que d'une mère veuve depuis dix ans, et dont il est adoré; neveu d'un ministre, colonel à vingt ans, et réunissant à tant d'avantages tous ceux que peuvent donner encore dans la société une grande naissance, une figure charmante, l'esprit, la grâce, le don de plaire et de se faire aimer! Qu'il est heureux!..... On se trompoit; Linval ne savoit pas jouir de la douce réalité du temps présent; il vivoit tout entier dans les songes trompeurs de l'avenir! Son cœur étoit libre encore, il croyoit que la plus grande affaire de la vie est de le fixer; de nos jours les gens d'un âge mûr ont bien d'autres pensées; mais, dans ce genre, les idées gothiques sont toujours les premières qui séduisent la jeunesse.

Linval savoit que sa mère commençoit à s'occuper sérieusement du soin de lui chercher une compagne; il ne doutoit pas qu'elle ne lui permît de la choisir. Elle ne veut que mon bonheur, se disoit-il; avec la fortune que je dois avoir, elle ne sera pas décidée par les richesses ; elle ne cherchera que les vertus, les talens et la beauté; elle consultera surtout mon inclination : il ne s'agit que de trouver l'objet qui peut me rendre heureux. Tandis que Linval s'abandonnoit à ces douces rêveries, sa mère s'occupoit en effet de son établissement, et elle balançoit entre deux jeunes personnes fort peu jolies et fort maussades; dont l'une, fille d'un duc et pair, offroit une brillante alliance et l'assurance de grandes places, et dont l'autre, fille unique d'un banquier, apportoit en dot des millions. Dans ces entrefaites le prince de Condé partit pour aller présider, à Moulins, les états rassemblés de la Bourgogne. La famille de Linval étoit originaire de cette belle province; la marquise de Linval voulut y faire paroître son fils, et elle le mena dans une terre qu'elle y possédoit, et qui étoit située à deux lieues de Moulins. Là, tout le monde parla à Linval avec enthousiasme de la beauté et des talens d'une jeune personne, nièce et pupille de l'intendant de Moulins : elle s'appeloit Icélie de Furcy; il la vit à l'intendance, et non-seulement il partagea l'admiration qu'elle inspiroit, mais il prit pour elle un sentiment qui devoit faire le destin de sa vie. Elle avoit reçu à Paris la plus brillante éducation; et, dans tout l'éclat de la première jeunesse, elle étoit aussi intéressante par sa candeur et sa modestie, que par le charme de son esprit, de ses talens, de sa figure. Orpheline dès le berceau, elle avoit été élevée par une tante, sœur de sa mère, femme de l'intendant de Moulins. Cette tante étoit morte l'année précédente, et son mari, en la perdant, fut nommé tuteur d'Icélie, qu'il garda dans sa maison dont elle faisoit les honneurs conjointement avec sa fille unique mariée depuis sept ou huit ans. Mélite, fille de l'intendant, n'avoit ni les grâces, ni la beauté, ni l'aimable caractère de sa cousine; naturellement envieuse, elle ne voyoit qu'avec un extrême dépit les succès d'Icélie; mais elle cachoit des sentimens si bas avec un artifice qui ne trompoit entièrement que l'innocente Icélie. Linval ne combattit point une passion aussi pure que violente; il étoit à Moulins, sans sa mère restée dans son château ; il doutoit si peu de son consentement, il étoit si persuadé qu'elle approuveroit son amour en voyant Icélie, qu'il déclara ses sentimens à cette jeune personne en sollicitant d'elle la permission de demander sa main. Il l'assura que la marquise ne mettroit aucun obstacle à sa félicité, et il obtint d'elle l'aveu du plus tendre retour. Alors, transporté de joie, il parla sur-le-champ à son tuteur, qui, charmé d'un tel établissement pour sa pupille, prit sans hésiter l'engagement de le préférer à tous les partis qui se présenteroient pour elle.

Aussitôt Linval vole au château de sa mère, croyant que, pour obtenir son consentement, il suffit de l'instruire de son amour, de ses démarches, et de lui faire le portrait d'Icélie. La marquise l'écouta froidement ; et, quand il eut cessé de parler, elle lui répondit sèchement : «Quoi, mon fils ! vous qui pouvez prétendre à tout, vous épouseriez une personne sans fortune et d'une naissance obscure! » Ces paroles consternèrent Linval ; il s'écria qu'il *prétendoit* surtout au bonheur, qu'Icélie seule pouvoit faire le sien. Madame de Linval l'interrompit pour lui débiter tous les lieux communs contre les mariages d'inclination, et pour l'assurer avec gravité qu'un homme de la cour qui pense noblement, ne doit épouser qu'une riche héritière, ou la fille d'un grand seigneur qui puisse lui procurer du crédit et des places. Cette conversation finit tristement; ce fut en vain que Linval montra le plus profond chagrin; il connut que l'enivrement des grandeurs et la cupidité donnent les préjugés les plus insurmontables, et qu'il n'y a presque rien de maternel dans le cœur d'une mère ambitieuse. Linval n'avoit pas vingt et un ans; il n'insista plus, mais il se promit au fond de l'âme de conserver son amour et d'attendre sa majorité, afin de pouvoir disposer de lui-même suivant son cœur et sa raison. Il instruisit Icélie de ce qui venoit de se passer entre sa mère et lui, et de ses résolutions. Icélie répondit qu'elle ne l'épouseroit jamais sans le consentement de sa mère; mais, en prononçant ces paroles, ses yeux se remplirent de larmes!.... Linval l'assura qu'avec un peu de temps la marquise céderoit à sa constance; Icélie prit facilement un espoir qui autorisoit ses sentimens. Les deux amans, sûrs l'un de l'autre, se séparèrent consolés et satisfaits;

car, aux yeux de l'amour (et de toute passion), les obstacles, alors même qu'ils sont insurmontables, ne paroissent que des délais.

Deux jours après, la marquise retourna à Paris, et emmena son fils. La révolution commençoit. On sait combien sa marche fut rapide : en peu de mois, Linval cessa d'être noble, et se trouva majeur à vingt et un ans : rien ne le séparoit plus d'Icélie, d'autant plus que son tuteur, partisan enthousiaste de la révolution, venoit d'obtenir une très-belle place, et jouissoit d'un grand crédit. Sur la fin de 1791, la frayeur décida madame de Linval à s'attendrir sur la passion de son fils, et il obtint sans peine son consentement à son union avec Icélie. Mais le tuteur n'étoit plus dans les mêmes dispositions, il éprouvoit autant de dédain pour *les ci-devant* nobles qu'il avoit eu jadis de considération pour eux. Il répondit, en souriant malignement, que *les temps étoient bien changés*, et qu'il avoit d'autres vues pour sa pupille. Linval désolé insista avec énergie, mais en vain. Le tutoiement, les manières à la fois hautaines et grossières de l'inflexible tuteur n'adoucirent pas l'amertume de ce refus. La fidèle Icélie partagea tout le chagrin de son amant. Sa cousine Mélite parut sensible à ses peines; Linval, vivement touché de la tendre amitié qu'elle lui montra, mit en elle toute sa confiance, et bientôt Mélite lui conseilla de quitter la France avec sa mère, lui promettant de veiller, durant son absence, aux intérêts de son amour, et même à ceux de sa fortune; ajoutant qu'épouvantée de tout ce qui se tramoit, elle étoit décidée à l'aller rejoindre avec Icélie aussitôt qu'elle auroit pu faire passer dans les pays étrangers une somme considérable qu'elle y vouloit placer. Elle acheva de porter au comble la reconnoissance de Linval, en lui procurant une entrevue secrète avec Icélie. Les deux amans se jurèrent un amour éternel, et Linval, en quittant Icélie, lui laissa, comme un gage d'une inviolable fidélité, des tablettes dans lesquelles il avoit tracé les mêmes sermens; et c'est un détail que je ne pouvois passer sous silence, car ces tablettes, ainsi qu'on le verra par la suite, joueront un grand rôle dans cet ouvrage! Mais n'anticipons point sur l'événement le plus important, le plus extraordinaire, le plus frappant de cette histoire.

Madame de Linval et son fils eurent, par la

protection de Mélite, des passe-ports en bonne forme, demandés pour aller en Allemagne à des eaux minérales. Ils partirent, en emmenant avec eux une jeune orpheline nommée Hortense, parente de la marquise, et nouvellement arrivée d'un couvent de province anéanti par la révolution. Les voyageurs furent obligés de séjourner long-temps à Strasbourg, dans l'auberge où ils s'arrêtèrent. La marquise tomba dangereusement malade; elle fut pendant deux mois entre la vie et la mort. Durant ce temps, Linval éprouva un surcroît de chagrin qui acheva de l'accabler. Il étoit convenu avec Icélie de lui écrire, en adressant à Mélite ses lettres, pour qu'elles ne tombassent pas entre les mains de son tuteur. Linval écrivit plusieurs fois sans obtenir de réponse; enfin, au bout de cinq semaines, il reçut une lettre de Mélite qui lui annonçoit, avec toutes les expressions de l'indignation et de la douleur, qu'Icélie, cédant aux volontés de son tuteur, alloit épouser le jeune *citoyen* Melzé, le plus beau de tous les jacobins!... Le désespoir de Linval fut inexprimable, et il ne lui fut pas possible de douter de son malheur; car, trois jours après, il en lut la confirmation dans deux gazettes. Il eut au moins la consolation de voir sa mère se rétablir ; aussitôt qu'elle fut en état de monter en voiture, il se hâta de partir avec elle et la jeune Hortense ; en s'expatriant sous de si tristes auspices, il ne regrettoit plus rien en France, mais il emportoit une douleur dont il sentoit trop que rien ne pourroit le distraire.

Madame de Linval alloit à Vienne, où elle avoit un oncle, le baron de ***, extrèmement riche, qui la reçut à bras ouverts. Hortense, persistant dans sa vocation, entra dans un couvent, et elle y commença son noviciat ; elle étoit jolie, on voulut la marier ; mais elle répondit : « J'ai quitté le monde avant la révolution, avant d'avoir eu l'idée des crimes que l'ambition et l'impiété peuvent produire ; cependant je voulois me consacrer à Dieu dans une profonde solitude, c'étoit un sacrifice alors ; en est-ce un maintenant de renoncer à cette société si pervertie et si menaçante ? »

Tel fut le langage de cette jeune personne âgée de vingt ans. La fermeté de son caractère égaloit la pureté de ses sentimens et de sa vie ; elle prit le voile blanc, et, un an après, elle prononça ses vœux. Qu'elle est heureuse, disoit Linval, elle n'a connu la méchanceté et l'extravagance humaines que comme on les connoît par l'histoire ; sa raison a dû en être épouvantée ; mais son cœur n'en a point souffert ; un spectacle terrible et des récits forment toute son expérience.... Et moi, malheureux, aussi jeune qu'elle, j'ai déjà supporté tout ce que l'ingratitude et le manque de foi peuvent faire éprouver de plus cruel et de plus déchirant! C'est en me perçant le cœur qu'une femme perfide vient de m'apprendre à connoître toutes les femmes.... Dans l'âge où les plus douces illusions embellissent l'incertain et redoutable avenir, j'ai perdu toutes les espérances qui peuvent attacher à la vie !... C'est ainsi que l'infortuné Linval nourrissoit, chaque jour, par les plus tristes réflexions, son accablante et profonde mélancolie. Son grand-oncle, le baron de ***, prit pour lui la plus tendre affection : il le désigna pour son unique héritier, et lui proposa successivement plusieurs mariages avantageux ; non-seulement Linval les refusa, mais il avoua à son oncle qu'indignement trahi par une jeune personne qu'il avoit regardée comme le modèle de la candeur et de la vertu, il méprisoit toutes les femmes; car, ne pouvant justifier Icélie, il trouvoit une sorte de consolation à condamner avec elle tout son sexe; ne pouvant plus l'estimer, il haïssoit toutes les femmes. Son oncle jugea sagement qu'il étoit inutile de contrarier une prévention que le temps guériroit sûrement.

Linval étoit depuis six mois à Vienne, lorsqu'en lisant les papiers françois il vit avec un extrême saisissement que son rival Melzé avoit perdu la vie sur un échafaud. Il n'y avoit à cette époque nul moyen d'écrire à Paris; mais, par un hasard heureux, Linval apprit avec certitude, peu de jours après, qu'Icélie avoit émigré et qu'elle étoit en Suisse. Malgré tout son mépris pour elle et son ressentiment, il respira, en pensant qu'elle étoit en sûreté; et l'idée qu'elle avoit repris sa liberté, se mêla, malgré lui, à ce mouvement de joie et l'augmenta. Néanmoins il avoit trop d'élévation d'âme pour admettre un instant la possibilité d'un raccommodement avec une personne qui avoit montré une inconstance si coupable, et qui avoit pu s'unir si promptement à un homme dont les principes étoient si opposés à ceux qu'elle avoit toujours professés; et la jeunesse et la belle figure de cet homme avoient cruellement aggravé aux yeux de Linval le tort de la bassesse d'un tel choix. Comment excuser une infidélité dont sans doute l'amour du genre le plus méprisable étoit la cause. Voilà ce que se répétoit Linval; et cependant l'image d'Icélie, affranchie de ces liens odieux, oppressoit moins son cœur. Mais cette image ne fut point dangereuse pour lui, tant qu'il se la représenta sous le costume d'une veuve; les pleurs qu'il lui voyoit répandre séchoient les siens; l'indignation et la jalousie éteignoient presque entièrement dans son cœur l'amour et la pitié. Il comptoit les mois de son deuil; et, lorsqu'il supposa qu'elle l'avoit quitté, et qu'elle ne pleuroit plus, son imagination la lui représenta avec tous ses charmes, et cette figure ravissante devint pour lui une véritable obsession; elle le poursuivoit en tous lieux et à toute heure; il avoit beau persister dans ses résolutions et se répéter qu'Icélie étoit désormais indigne de lui, il la revoyoit. Il avoit toujours la force de renoncer à elle; mais il n'étoit plus en son pouvoir de cesser de la contempler. Il eut le courage de ne faire aucune démarche pour savoir de ses nouvelles;

il l'avoit promis au baron, son confident, et il tint parole.

Linval passa deux ans à Vienne, sans rien perdre de sa misanthropie. On étoit au commencement de l'année 1793. Madame de Linval et le baron pensèrent que, pour arracher Linval au chagrin mortel qui le consumoit, il falloit le faire voyager. On l'envoya en Angleterre; le baron y avoit des amis puissans pour lesquels il lui donna des lettres. Linval apprit à Londres des événemens qui achevèrent de le rendre le plus malheureux des hommes. On lui dit qu'Icélie étoit venue à Londres, non sous son nom de veuve, mais sous celui de Furcy, son nom de famille; qu'elle avoit épousé le lord Cheltam, grand seigneur écossois; qu'elle étoit partie avec lui pour l'Écosse, et que là, au bout de dix mois, dans un château à quelques milles d'Édimbourg, elle avoit perdu la vie en la donnant à un enfant qui ne lui avoit survécu que peu de jours. Ce récit rouvrit dans le cœur de Linval des plaies que le temps n'avoit pu guérir. Il vit qu'Icélie avoit rougi de ses premiers liens, puisqu'en abandonnant la France, elle avoit quitté le nom de son indigne époux. Lord Cheltam étoit un homme de cinquante ans, très-distingué par son caractère, ses mœurs et ses vertus. Il avoit épousé Icélie, non par amour, mais par le sentiment réfléchi d'estime et d'admiration que lui avoient inspiré son esprit et sa conduite. Ainsi donc, se disoit Linval, elle avoit senti son égarement, et le malheur l'avoit expié; qui sait d'ailleurs si elle a été aussi coupable que je l'ai cru ! qui sait si les violences de son tuteur et l'effroi des échafauds n'ont pas seuls arraché son consentement à cet odieux hymen !... Ah ! je l'ai jugée trop sévèrement; j'aurois dû surtout la plaindre; j'aurois dû voler en Suisse à son secours !... Je pouvois devenir son protecteur, je devois tout pardonner.

En proférant ces tristes plaintes, Linval versoit des torrens de larmes. Sachant que lord Cheltam, pour se distraire de sa douleur, voyageoit en Italie et n'en devoit revenir que dans quelques mois, Linval prit la résolution d'aller en Écosse pour y visiter le château de lord Cheltam, afin d'y pleurer sur les cendres de l'infortunée Icélie, dont le tombeau récemment élevé dans les jardins, par les ordres et dans l'absence de lord Cheltam, venoit d'être achevé.

On étoit à la fin du mois de juin; Linval partit sans différer, et se rendit d'abord à Édimbourg. Là, laissant sa voiture dans une auberge, il prit un guide, et, montant à cheval, il se fit conduire au château de lord Cheltam; sous prétexte d'un accident supposé, il demanda à y passer la nuit; il donna quelques guinées au concierge, et il fut parfaitement accueilli. Il y arriva à deux heures après minuit, il demanda quelques renseignemens sur le lieu où étoit placé, dans le parc, le tombeau d'Icélie; on lui dit qu'il falloit traverser deux grandes allées, une de tilleuls, et l'autre de marroniers; qu'alors il découvriroit, à main gauche, un beau pont de marbre blanc, au bout duquel il entreroit dans un bois de cyprès, où il trouveroit un magnifique tombeau de granit; c'étoit celui de lady Cheltam. Après avoir pris ces informations, Linval, plein de trouble et de douleur, alla seul dans les jardins en défendant qu'on l'y suivît. Il étoit ému, tremblant, et ce fut avec un affreux saisissement qu'il entra dans le bois de cyprès; le jour ne paroissoit pas encore, mais la plus belle nuit et le plus brillant clair de lune tenoient lieu de l'aurore. Cependant l'obscurité du bois de cyprès ne lui permit pas de trouver facilement le tombeau, il erra long-temps avant de le découvrir; la recherche de ce triste monument, l'heure, les ténèbres qui l'environnoient, le souvenir de ses premières amours, tout sembloit se réunir pour attendrir son cœur, et pour frapper vivement son imagination. Enfin un parfum délicieux, apporté jusqu'à lui par un léger zéphyr, l'avertit qu'il étoit près de la tombe, car il savoit qu'elle étoit entourée de rosiers; c'étoit la fleur qu'Icélie avoit aimée de préférence : il l'avoit toujours vue parée d'une guirlande ou d'un bouquet de roses. Il croit que son ombre s'avance vers lui.... Et le froissement du feuillage doucement agité représente à son oreille le bruit indécis de sa marche aérienne.... Il frissonne !... Ses yeux accoutumés à l'obscurité viennent de découvrir la tombe qui n'est plus qu'à vingt pas de lui; il approche en chancelant, il voit les rosiers qui laissent vis-à-vis de lui un passage pour arriver jusqu'à la tombe..... Il fait encore quelques pas; mais au moment où son pied touche la première marche du monument : O prodige!.... ô surprise inexprimable !.... Un son d'une force, d'une douceur et d'un éclat dont rien ne peut donner l'idée, un son le plus harmonieux que l'oreille humaine ait jamais entendu, fait tout à coup retentir le bois et toute l'immensité de ces vastes jardins !... Linval, pétrifié, reste immobile; le son véritablement céleste se prolonge sans s'affoiblir, c'est pour Linval la voix d'Icélie, et cette voix divine lui dit qu'elle étoit innocente, et qu'elle est heureuse ! Au bout de quelques minutes, Linval met un genou en terre en s'appuyant sur cette tombe harmonieuse ! Dans ce moment les premiers rayons du jour éclairant la tombe, Linval lit distinctement ces paroles : *Ci-gît Icélie de Furcy, comtesse de Cheltam....* Un nuage de pleurs lui déroba le reste de l'épitaphe; et, sentant que toutes ses forces alloient l'abandonner, il se releva et fit quelques pas pour s'éloigner de ce monument miraculeux et chéri !... Alors il n'entendit plus rien, il s'enfonça dans l'épaisseur du bois où il retrouva le silence et l'obscurité !... Il y resta plus d'un quart d'heure, marchant au hasard avec autant d'égarement que d'émotion. Se trouvant au bout d'une longue allée, un objet surprenant s'offrit à sa vue; il vit, à peu de distance, une pyramide majestueuse de basalte, sur la base de laquelle se dessinoit une figure élégante, qu'il prit d'abord pour une statue; mais, en s'approchant, il connut que c'étoit une femme vêtue de blanc et voilée de la tête aux pieds!... Il s'arrête pour la contempler avec un étonnement mêlé d'une sorte de terreur!... Mais que devint-il, lorsque cette figure mystérieuse, soulevant lentement son voile, lui découvre le visage enchanteur d'Icélie!... «Perfide!» s'écrie-t-elle... En prononçant ce mot, elle s'enfonce dans la pyramide et disparoît!... Linval, éperdu, se précipite sur la pyramide; et la porte se rouvrant, il y entre; mais il y cherche en vain le fantôme qu'il poursuit, il se trouve dans une espèce de petite grotte entièrement vide, à laquelle il ne voit d'issue que la porte par laquelle il vient d'y pénétrer! Il tombe sur un siége de mousse; une sueur froide inonde son front, il respire à peine. «O toi, dit-il, qui viens de m'apparoître sous des traits si doux! sous ces traits qui me charmèrent et que rien n'effacera jamais de mon souvenir! Ombre adorée, mais terrible, pourquoi m'accuses-tu ?... Que dis-je, hélas!... Je le devine, ou, pour mieux dire, ton courroux me le confirme, tu fus innocente, et je suis le seul criminel !..... Mais pardonne, je n'ai jamais cessé de t'aimer, et du moins l'amertume de mon repentir et l'excès de ma douleur me donnent l'espoir de te rejoindre bientôt !... Après avoir prononcé ces paroles, l'infortuné sentant que sa raison étoit près de l'abandonner entièrement, fait un dernier effort pour sortir de ce lieu funeste. Après une heure d'une marche incertaine, égarée, il arrive enfin au château, et dans un état impossible à décrire. Il étoit si foible que, succombant à son accablement, il n'ouvrit la bouche que pour exprimer le désir de se jeter sur un lit pour s'y reposer quelques heures. On le conduisit dans la chambre qu'on lui avoit destinée pour y passer la nuit; les volets et les rideaux en étoient fermés; il y trouva une lampe allumée, et on l'y laissa seul. Une horreur secrète, une violente palpitation de cœur le retinrent pendant quelques minutes debout, appuyé contre le lambris; il tenoit tristement ses yeux baissés et fixés sur le plancher, il n'osoit lever ses paupières appesanties, il craignoit également de voir et d'entendre ; cependant le son de la tombe harmonieuse et le mot déchirant prononcé par le fantôme frappoient encore son oreille, et la figure levant son voile étoit toujours placée devant lui... « Oh! dit-il, comment tant d'horreur peut-elle se mêler à l'enchantement de cette harmonie délicieuse et de cette apparition ravissante!... » A ces mots, un torrent de larmes inonde son visage!... Ses jambes défaillantes ne pouvant plus le soutenir, il se traîne vers son lit; il ouvre les rideaux, et il voit une longue chaîne d'or à laquelle étoient suspendues des tablettes d'or émaillé qu'il ne peut méconnoître; c'étoient celles qu'il avoit données à Icélie en la quittant... A cette vue il se laisse aller sur le lit, il étoit près de s'évanouir, les tablettes et la chaîne se détachent et glissent doucement sur sa poitrine!..... Il lui sembla qu'un poids énorme tomboit sur son cœur!... Il pose une main tremblante sur ces tablettes qui contenoient les sermens de fidélité d'une passion si malheureuse!... Il a le courage de les ouvrir, et il voit, en frémissant, à la suite de ce qu'il avoit écrit, ces paroles terribles tracées de la main d'Icélie :

« Ingrat Linval, reprends ce don funeste qui
» ne contient plus que des sermens trahis! Ou-

» blie pour jamais l'infortunée Icélie, victime
» de son amour et de ton inconstance!.... »

Cette accusation d'infidélité fut pour Linval un trait de lumière qui lui rendit à la fois toute sa force et toute sa raison. « Non, s'écria-t-il, dans le séjour heureux de la vérité immortelle et sans nuage, l'erreur et l'injustice ne peuvent subsister! Puisqu'Icélie me croit parjure, elle n'a point quitté cette terre malheureuse où tous les prestiges, tous les mensonges de la méchanceté humaine et de la calomnie, se multiplient pour nous abuser! Icélie m'accuse d'infidélité!..... Icélie est injuste!..... Elle existe! » Comme il prononçoit ces mots, il tressaille..... Une voix, qui pénètre jusqu'au fond de son cœur, se fait entendre près de lui, et lui dit : « O Linval! oserez-vous soutenir que la jeune Hortense n'est pas votre épouse?..... — Juste ciel! s'écrie Linval, quel horrible tissu d'impostures a bouleversé nos destinées!.....Hortense, dans un couvent, et religieuse à Vienne, a prononcé ses vœux depuis près de deux ans!..... » A peine avoit-il proféré ces paroles, qu'il vit s'entr'ouvrir une petite porte, et au même instant Icélie s'offre à ses regards!..... Il se jette à bas de son lit, s'élance vers elle, et tombe à ses pieds en embrassant ses genoux; ce n'est point une ombre, c'est Icélie, c'est elle-même!... « Oh! laisse-moi, dit Linval, laisse-moi m'enivrer de ce nouveau prodige; tu respires, tu vis, qu'ai-je besoin d'explication! Ta présence seule te justifie : sans doute une affreuse violence obtint de toi le sacrifice de notre amour! — Que dis-tu? interrompit Icélie, je n'ai rien sacrifié, j'ai su résister à tout......—Quoi! ce n'est pas la veuve de Melzé que je retrouve? — As-tu pu me soupçonner de cette indignité? Te croyant infidèle, mon amour pour toi m'a fait braver les menaces, l'échafaud; je suis innocente, et je suis libre!..... — Et lord Cheltam?..... — Il n'est point mon époux! » A ces mots, Linval se prosterne; nulle expression, nul langage ne peuvent exprimer ce qu'il éprouve, tous les sentimens les plus légitimes et les plus exaltés du cœur humain remplissent à la fois son âme : l'amour, l'admiration, la reconnoissance; il baigne le plancher de larmes délicieuses!..... Mortel prédestiné, il s'abandonne à tout l'enivrement d'une félicité sans mesure!..... Une telle révolution efface le souvenir de toutes les joies passées; et, malgré tout le bonheur qu'elle promet pour l'avenir, elle ne permet pas d'espérer que l'on puisse jamais jouir des délices d'un enthousiasme si pur et si touchant. Ainsi nous sommes si peu faits pour le bonheur, que son excès même, toujours passager et qui ne peut être qu'un point dans toute la vie, doit naturellement, par la comparaison et le souvenir, jeter une sorte d'insipidité sur les années qui le suivent, alors même qu'elles s'écoulent heureusement.

Enfin, Linval se relève, il presse Icélie contre son sein, et le sentiment de son inexprimable félicité suspendoit tellement en lui toute espèce de curiosité, qu'il ne commença à la questionner qu'au bout d'une heure; elle lui apprit rapidement que sa cousine Mélite qui, ayant divorcé, avoit apparemment formé quelques projets sur lui, vint à bout de lui persuader, par une double fourberie, qu'il avoit épousé à Strasbourg la jeune Hortense; qu'elle lui fit lire le même détail dans deux gazettes; qu'enfin elle avoit mis en usage avec elle toute la duplicité qui avoit abusé Linval; Icélie ajouta que, pour se soustraire aux persécutions de son oncle, elle s'étoit évadée avec une jeune parente de son âge, qui, par un hasard singulier, portoit ses deux noms de famille et de baptême, ayant eu pour marraine celle d'Icélie. « Enfin, poursuivit Icélie, voulant mourir au monde, puisque je ne pouvois plus vivre pour vous, je pris un nom supposé en m'expatriant, et je l'ai toujours gardé. Nous vînmes en Angleterre; ma cousine avoit des lettres de recommandation pour la famille de lord Cheltam; il devint son protecteur, et enfin son époux : j'avois toujours vécu dans la plus profonde solitude, me cachant soigneusement à tous les yeux; lord Cheltam connoissoit mon existence, mais seulement sous mon nom supposé; il m'avoit à peine entrevue, il imagina que j'étois une religieuse fugitive, et sa femme lui laissa cette idée; il m'offrit un asile dans son château; j'y ai vu mourir ma cousine, et j'y suis restée. J'ai pris l'habitude de me coucher extrêmement tard, et souvent le jour m'a surprise plongée encore dans mes tristes rêveries; la beauté de la nuit passée m'invitant à la promenade, j'étois descendue dans les jardins, et je rentrois au château au moment où vous arrivâtes; entendant le bruit de deux chevaux, je m'avançai vers la cour, et, à la clarté de la lune, je vous vis descendre de cheval; j'éprouvai un saisissement extraordinaire; car sans distinguer vos traits, je crus vous reconnoître. Je rentrai précipitamment dans le château, je me cachai sur l'escalier derrière une porte battante, et, sans être aperçue, je vous vis passer : on portoit une lumière devant vous, j'entendis le son de votre voix, et je n'eus plus de doute. Vos questions sur le tombeau de lady Cheltam me percèrent le cœur. Je ne savois si je devois attribuer cette curiosité au repentir ou à la plus odieuse insensibilité; je résolus de faire naître ou d'augmenter dans votre âme de justes remords par l'étonnement et la terreur. Je m'enveloppai dans une grande mante noire, et je vous suivis de loin. J'ai joui de l'effet qu'a produit sur vous la tombe harmonieuse; je me dépouillai de ma mante, en gardant le voile que je porte constamment depuis mon émigration, et j'allai me placer devant la pyramide : vous savez le reste. »

Linval reprit la parole pour demander l'explication des prodiges : celui des tablettes suspendues dans le lit n'en étoit plus un; mais comment Icélie avoit-elle disparu dans la pyramide, et comment le tombeau avoit-il produit, à son approche, un son si éclatant, si harmonieux et si prolongé? « Quant à la pyramide, répondit Icélie, elle contient une petite trappe qui s'ouvre facilement par un ressort secret, et l'on descend par cette ouverture dans un souterrain qui conduit au château. A l'égard du prodige de la tombe harmonieuse, il faudroit être mécanicien pour vous le bien expliquer. Qu'il vous suffise de savoir que cette invention n'est point nouvelle, et qu'elle se trouve depuis long-temps dans les jardins d'une maison de campagne du roi de Danemarck, à quelques milles de Copenhague. Là, lorsqu'au bout d'un pont le pied touche une certaine planche, le son se produit, et dure tant que le pied reste fixé au même endroit [1]. Lord Cheltam a imaginé d'adapter cette invention au tombeau de sa femme.

Le lecteur me permettra de terminer ici

---

[1] Ce son admirable et extraordinaire est formé par une mécanique placée sous terre, dont l'invention est due à un homme plein de talent et d'imagination, M. Plœtz, premier peintre en émail et premier mécanicien du roi de Danemarck, et d'ailleurs excellent musicien ; c'est lui qui, avec le célèbre Viotti, avoit inventé une nouvelle manière de noter la musique, beaucoup plus facile que celle qui est en usage ; il n'a point donné de suite à cette

cette histoire merveilleuse, car il en imaginera sans peine le dénoûment. Les deux amans, charmés l'un de l'autre et au comble de leurs vœux, écrivirent à Vienne, obtinrent le consentement de madame de Linval et de son oncle. Linval reçut la main de l'aimable Icélie; son plus beau présent de noce fut de lui rendre les tablettes, premier gage de son amour. Icélie effaça les lignes injurieuses que son erreur y avoit tracées, et elle y renouvela avec transport le doux serment d'une fidélité devenue le plus sacré de tous ses devoirs. Linval, triomphant, mena sa charmante épouse dans les bras de sa mère et de son oncle; et, par leurs vertus et leur conduite, ces fortunés époux justifièrent leur choix mutuel, et méritèrent le bonheur qu'ils avoient acheté par tant de peines et par de si cruelles épreuves.

invention qui, si elle eût été adoptée, eût ruiné tous les marchands qui ont des magasins de musique. Le rédacteur de cet ouvrage, pendant son séjour à Berlin, a connu intimement M. Plœtz, et fait beaucoup de musique avec lui, car il jouoit supérieurement de la viole d'amour.

(Note de l'auteur.)

LETTRE ONZIÈME.

EUGÈNE A AUGUSTE.

Paris, ce 16 juin 1820.

Nous possédons enfin *la Tombe harmonieuse* que nous avons lue avec avidité ; nous trouvons que tu as pillé le fond de l'idée dans les *Veillées du Château*, de l'histoire intitulée : *Alphonse, ou de la féerie de l'art et de la nature*. Tu n'en as pris aucun détail, mais tu as saisi l'idée de former des prodiges apparens sur des illusions causées par des secrets de la nature et des arts. Un tel sujet n'est point encore épuisé, et tu as fort bien fait, pour composer ta nouvelle, de profiter d'une invention singulière que l'auteur des *Veillées* n'a pu connoître. La *Tombe harmonieuse* a tellement excité mon émulation ; que je veux aussi de mon côté faire un conte d'un merveilleux *gigantesque*; et je n'emploie pas cette expression (qui te paroîtra bizarre) sans dessein et sans raison ; j'en ai déjà tout le plan dans la tête, et j'y travaillerai très-incessamment.

En prenant l'engagement de ne point parler politique, nous nous étions promis de nous rendre compte de nos lectures ; tu ne me dis rien des tiennes, et je suppose avec chagrin que tu n'en fais point. Je ne te dirai pas comme le *Folliculaire* :

S'instruire est superflu : va, n'apprends rien, compose ;

car je suis persuadé, au contraire, que, pour bien *composer*, il faut avoir beaucoup lu. Je viens de lire tout à l'heure un ouvrage monstrueux, dans lequel on trouve des recherches très-curieuses, une grande instruction, à quelques égards beaucoup d'esprit, quelques bons sentimens ; mais toutes ces choses, mêlées aux contradictions les plus absurdes, aux extravagances les plus révoltantes, à une licence en tous genres qui passe toutes les bornes, c'est l'*Histoire philosophique de l'établissement des Européens dans les Indes*, par Raynal.

J'ai lu dans cet étrange livre des morceaux qu'on est étonné de trouver dans un tel ouvrage, et le nom de l'auteur les rend si curieux, que j'en ai transcrit quelques-uns pour te les envoyer ; les voici : il est question de la Suède après la mort de Charles XII, et l'auteur s'exprime ainsi :

« Tout Suédois étoit militaire. Au cri du
» besoin public, le laboureur quittoit sa char-
» rue et prenoit un arc. La nation entière se
» trouvoit aguerrie par des troubles civils,
» qui, malheureusement, ne discontinuoient
» pas.

» L'esprit de discorde mettoit tout en fer-
» mentation. La haine et la vengeance étoient
» les principaux ressorts des événemens. Cha-
» cun regardoit l'état comme la proie de son
» ambition ou de son avarice. Ce n'étoit plus
» pour le service public que les places avoient
» été créées, c'étoit pour l'avantage particu-
» lier de ceux qui y étoient montés. La vertu
» et les talens étoient plutôt un obstacle à la
» fortune qu'un moyen d'élévation. Les assem-
» blées nationales ne présentoient que des scè-
» nes honteuses ou violentes. Le crime étoit
» impuni et se montroit avec audace. La cour,
» le sénat, tous les ordres de la république
» étoient remplis d'une défiance universelle.

» On cherchoit à se détruire réciproquement
» avec la plus opiniâtre fureur.

» Ces désordres avoient leur source dans la
» constitution arrêtée en 1720. A un despo-
» tisme révoltant, on avoit substitué une li-
» berté mal combinée. Les pouvoirs destinés à
» se balancer, à se contenir, n'étoient ni clai-
» rement énoncés, ni sagement distribués.
» Aussi commencèrent-ils à se heurter six ans
» après leur formation. Rien n'en pouvoit
» empêcher le choc. Ce fut une lutte conti-
» nuelle entre le chef de l'état, qui tendoit sans
» cesse à acquérir de l'influence dans la con-
» fection des lois, et la nation jalouse d'en
» conserver toute l'exécution. Les différens or-
» dres de la république disputoient, avec le
» même acharnement, sur l'étendue de leurs
» prérogatives.

» Ces combats, où alternativement on triom-
» phoit et l'on succomboit, jetèrent une grande
» instabilité dans les résolutions publiques. Ce
» qui avoit été arrêté dans une diète étoit pro-
» hibé dans la suivante, pour être rétabli de
» nouveau, et de nouveau réformé. Dans le
» tumulte des passions, le bien général étoit
» oublié, méconnu ou trahi. Les sources de

» la félicité des citoyens tarissoient de plus en
» plus ; et toutes les branches d'administra-
» tion portoient l'empreinte de l'ignorance, de
» l'intérêt ou de l'anarchie.

» Dans cette fatale crise, il convenoit à la
» Suède de confier au fantôme de roi qu'elle
» avoit formé, un pouvoir suffisant pour son-
» der les plaies de l'état, et pour y appliquer
» les remèdes convenables. C'est le plus grand
» acte de souveraineté que puisse faire un
» peuple ; et ce n'est pas perdre sa liberté que
» d'en remettre la direction à un dépositaire
» de confiance, en veillant à l'usage qu'il fera
» de ce pouvoir commis. » (*T. III*, p. 49 *et
suiv.*, *édit. in-8°. de* M. DCC. LXXXII).

Voici ce qu'il dit sur la Russie :

« Les changemens que nous nous sommes
» permis d'indiquer sont indispensables pour
» rendre la Russie florissante, mais ne sau-
» roient suffire. Pour donner à cette prospé-
» rité quelque consistance, il faudroit donner
» de la stabilité à l'ordre de la succession. La
» couronne de cet empire fut long-temps héré-
» ditaire ; Pierre Ier. la rendit patrimoniale ;
» elle est devenue comme élective à la der-

» nière révolution. Cependant toute nation
» veut savoir à quel titre on lui commande; et
» le titre qui la frappe le plus est la naissance.
» Otez aux regards de la multitude ce signe vi-
» sible, et vous remplirez les états de révoltes
» et de dissensions. »

L'auteur, après avoir fait la description de
la Guyane, raconte que, trente ans avant
l'époque où il écrivoit, en 1782, environ cent
esclaves se révoltèrent, et s'enfuirent dans les
forêts, où l'abondance du gibier et du poisson
rendoit leur subsistance aisée.

« Les troupes (continue l'auteur) envoyées
» pour les remettre sous la chaîne, furent re-
» poussées. Cet échec faisoit craindre une dé-
» sertion générale. La colonie entière étoit
» consternée; on ne savoit à quoi se résoudre,
» lorsqu'un missionnaire part, suivi d'un seul
» noir, arrive à l'endroit où s'étoit livré le
» combat, dresse un autel, appelle les déser-
» teurs par le moyen d'une clochette, leur dit
» la messe, les harangue, et les ramène tous,
» tous sans exception, à leurs anciens maî-
» tres. (*T. VII, p.* 37 *et* 38.)

L'auteur raconte, dans un autre volume,
qu'au Canada, dans le fort Saint-Georges, les

sauvages, irrités contre les François, venoient sans cesse causer d'affreux dégâts dans leurs établissemens, mais qu'heureusement des missionnaires arrivèrent d'Europe; ils allèrent seuls parmi les sauvages, ils les haranguèrent, et, par leur seule entremise, tout fut promptement pacifié. (*Tome VIII, page* 184.)

En parlant du gouvernement anglois, l'auteur dit :

« La première singularité heureuse de la
» Grande-Bretagne est d'avoir un roi. La plu-
» part des états républicains, connus dans
» l'histoire, avoient anciennement des chefs
» annuels. Ce changement continuel de ma-
» gistrats étoit une source inépuisable d'in-
» trigues et de désordres; il entretenoit les
» esprits dans une convulsion continuelle. En
» créant un très-grand citoyen, l'Angleterre a
» empêché qu'il ne s'en élevât plusieurs. Par
» ce trait de sagesse, on a prévenu les dis-
» sensions qui, dans toutes les associations
» populaires, ont amené la ruine de la liberté,
» et la jouissance réelle de ce premier des
» biens, avant qu'il eût été perdu.

» L'autorité royale n'est pas seulement à
» vie, elle est encore héréditaire. Rien, au

» premier coup d'œil, n'est si avantageux pour
» une nation que le droit d'élire ses maîtres.
» On croit voir, dans cette brillante préroga-
» tive, un germe inépuisable de talens et de
» vertus. Il en seroit en effet ainsi, si la cou-
» ronne devoit tomber sur le citoyen le plus
» digne de la porter; mais c'est une chimère
» démentie par les expériences de tous les
» peuples et de tous les âges. Un trône a tou-
» jours paru à l'ambition d'un trop grand prix,
» pour être l'apanage du seul mérite. Ceux
» qui aspiroient ont eu constamment recours
» à l'intrigue, à la corruption, à la force. Leur
» rivalité a allumé, à chaque vacance, une
» guerre civile, le plus grand des fléaux po-
» litiques; et celui qui a obtenu la préférence
» sur ses concurrens n'a été, durant le cours
» de son règne, que le tyran des peuples ou
» l'esclave de ceux auxquels il devoit son élé-
» vation. On doit donc louer les Bretons d'a-
» voir écarté loin d'eux ces calamités, en fixant
» les rênes du gouvernement dans une fa-
» mille qui avoit mérité ou obtenu leur con-
» fiance.

» Il convenoit d'assurer au chef de l'état
» un revenu suffisant pour soutenir la dignité

» de son rang. Aussi, à son avénement au
» trône, lui accorde-t-on, pour sa vie entière,
» un subside annuel, digne d'un grand roi,
» et digne d'une nation riche. Mais cette con-
» cession ne doit être faite qu'après un exa-
» men rigoureux des affaires publiques; qu'a-
» près que les abus, qui avoient pu s'introduire
» sous le règne précédent, ont été réformés;
» qu'après que la constitution a été ramenée
» à ses vrais principes. Par cet arrangement,
» l'Angleterre est arrivée à un avantage que
» tous les gouvernemens libres avoient cher-
» ché à se procurer, c'est-à-dire, à une réfor-
» mation périodique.

» Le genre d'autorité qu'il falloit assigner
» au monarque, pour le bien des peuples,
» n'étoit pas si facile à régler. Toutes les his-
» toires attestent que, partout où le pouvoir
» exécutif a été partagé, des jalousies, des
» haines interminables ont agité les esprits, et
» qu'une lutte sanglante a toujours abouti à la
» ruine des lois, à l'établissement du plus
» fort. Cette considération détermina les An-
» glois à conférer au roi seul cette espèce de
» puissance, qui n'est rien lorsqu'elle est di-
» visée, parce qu'il n'y a plus alors, ni cet ac-

» cord, ni ce secret, ni cette célérité, qui
» peuvent seuls lui donner de l'énergie. »
(*Tome X, page* 47.)

Peut-on croire que ce même auteur, dans ce même ouvrage, a dit :

Peuples, voulez-vous être heureux ? renversez tous les autels et tous les trônes.

Sur l'égalité, voici comment il s'exprime dans le volume 9°., page 156 :

« On a dit que nous étions tous nés égaux;
» cela n'est pas. Que nous avions tous les mê-
» mes droits; j'ignore ce que c'est que des
» droits, où il y a inégalité de talens ou de
» force, et nulle garantie, nulle sanction. Que
» la nature nous offroit à tous une même
» demeure et les mêmes ressources; cela
» n'est pas. Que nous étions doués indistinc-
» tement des mêmes moyens de défense; cela
» n'est pas. Je ne sais pas en quel sens il peut
» être vrai que nous jouissons des mêmes
» qualités d'esprit et de corps. Il y a, entre
» les hommes, une inégalité originelle à laquelle
» rien ne peut remédier; il faut qu'elle dure
» éternellement; et tout ce qu'on peut ob-
» tenir de la meilleure législation, ce n'est

» pas de la détruire, c'est d'en empêcher les
» abus. »

Je livre ces passages à tes réflexions; ils m'en ont fait faire beaucoup. Je disois autrefois qu'un très-bon livre à faire seroit celui qu'on intituleroit : *Les philosophes modernes peints par eux-mêmes.* Je me rétracte, car cet ouvrage ne peindroit rien du tout, puisque chaque philosophe est alternativement athée, matérialiste, déiste, religieux, démocrate, aristocrate, philanthrope et misanthrope : prêchant successivement le respect pour les mœurs, et la licence la plus effrontée; l'amour de la patrie, et le mépris pour la patrie; le dédain des richesses et des grandeurs, et les avantages du luxe, etc., etc., etc. Tour à tour affirmatifs et sceptiques, austères et licencieux, ils ont tellement soutenu le pour et le contre, que, pour combattre leurs erreurs les plus pernicieuses, il suffiroit de les opposer à eux-mêmes; ainsi donc l'ouvrage que je proposerois sur leurs opinions, seroit celui-ci : *Les philosophes se réfutant eux-mêmes;* ce seroit un ouvrage très-curieux, et qui prouveroit mieux qu'aucun autre jusqu'à quel excès de folie peut aller l'inconséquence humaine. Se peut-il que de tels hommes aient pu former une secte aussi nombreuse ! il est vrai que ceux qu'ils ont séduits ne cherchoient pas la vérité.

Adieu, mon cher Auguste, etc.

LETTRE DOUZIÈME.

EUGÈNE A AUGUSTE.

Paris, ce 2 juillet 1820.

Je ne t'envoie pas encore mon *Ile des monstres*, c'est le nom du conte que je t'ai annoncé, mais j'ai très-peu de chose à faire pour le terminer.

J'ai reçu la petite lettre si courte, dans laquelle tu m'annonces que tu partois pour Vienne; j'ai ri de l'étonnement que t'ont causé mes citations de Raynal; tu avois lu cet ouvrage sans les remarquer, tu n'avois été frappé que des passages tout-à-fait en opposition avec ceux-là; on trouve de tout dans nos philosophes, et je vais encore te faire quelques citations qui pourront t'amuser si tu te rappelles combien elles contredisent d'autres morceaux philosophiques. C'est le chef de la grande secte, c'est le flambeau étincelant qui a répandu tant de clartés sur le dix-huitième siècle, c'est Voltaire qui va parler.

« Tout homme naît avec un penchant assez
» violent pour la domination, la richesse et
» les plaisirs, et avec beaucoup de goût pour
» la paresse : par conséquent tout homme vou-
» droit avoir l'argent et les femmes ou les filles
» des autres, être leur maître, les assujettir à
» tous ses caprices, ne rien faire, ou ne faire
» que des choses très-agréables. Vous voyez
» bien qu'avec ces belles dispositions il est im-
» possible que les hommes soient égaux. Le
» genre humain, tel qu'il est, ne peut subsis-
» ter, à moins qu'il n'y ait une infinité d'hom-
» mes utiles qui ne possèdent rien du tout, car
» certainement un homme à son aise ne quit-
» tera pas sa terre pour venir labourer la vô-
» tre; et si vous avez besoin d'une paire de
» de souliers, ce ne sera pas un maître des re-
» quêtes qui vous la fera. L'égalité est donc à
» la fois la chose la plus naturelle, et en même
» temps la plus chimérique [1].

» La prétendue égalité des hommes, que quel-

---

[1] *Dictionnaire philosophique*, quatrième volume, mot *Égalité*.
(Note de l'auteur.)

» ques sophistes mettent à la mode, est une
» chimère pernicieuse. S'il n'y avoit pas trente
» manœuvres pour un maître, la terre ne se-
» roit pas cultivée. Quiconque possède une char-
» rue a besoin de deux valets et de plusieurs
» hommes de journée. Plus il y aura d'hommes
» qui n'auront que leurs bras pour toute for-
» tune, plus les terres seront en valeur. Plu-
» sieurs personnes ont établi des écoles dans
» leurs terres ; j'en ai établi moi-même, mais
» je les crains. Je crois convenable que quel-
» ques enfans apprennent à lire, à écrire, à
» chiffrer; mais que le grand nombre, surtout
» les enfans des manœuvres, ne sachent que
» cultiver, parce qu'on n'a besoin que d'une
» plume pour deux ou trois cents bras [1]. »

Ainsi Voltaire n'aimeroit pas l'*enseignement mutuel*. Je crois que, s'il existoit, il y a bien d'autres choses dans ses disciples qu'il n'aimeroit pas davantage. C'est lui qui a persé- cuté J.-J. Rousseau dans le malheur; c'est lui qui, en parlant d'un écrit de Jean-Jacques, en réponse à une satire de M. le marquis de Xi-

---

[1] *Dictionnaire philosophique*, quatrième volume, mot *Fertilisation*.

(Note de l'auteur)

menés du roman d'*Héloïse*, a dit qu'il étoit bien impudent à un petit roturier d'oser attaquer ainsi *un homme de condition*, etc., etc. Comment est-il donc possible que ceux qui affectent des principes si *libéraux* aient un tel enthousiasme pour la mémoire de Voltaire, que le crime le plus irrémissible à leurs yeux est de réfuter ses inconséquences, ses erreurs, ses mensonges (dont il se vante lui-même dans ses lettres), et de montrer de l'indignation pour l'impiété sans voile, le cynisme effronté, et les obscénités qui souillent la plus grande partie de ses ouvrages ? Pourquoi les disciples du philosophisme n'ont-ils pas cette idolâtrie pour Montesquieu et pour J.-J. Rousseau, qui cependant sont philosophes aussi (de l'école moderne), et qui, en montrant beaucoup plus de respect pour la religion et pour les mœurs, sont, comme écrivains en prose, infiniment supérieurs à Voltaire ?

Comme tu tiens un peu à la philosophie, tu me feras plaisir de résoudre cette question...

J'ai lu dans le *livre de Souvenirs* d'une dame angloise un dialogue écrit de la main de l'auteur et composé pour elle. On m'a permis d'en prendre une copie, il est sur *les sympathies*, et, comme il me semble que l'auteur a traité ce sujet usé d'une manière assez neuve, je te l'envoie. Adieu, mon ami, écris-moi plus souvent et avec plus de détails sur ce qui te concerne.

DIALOGUE.

Il est des nœuds secrets, il est des sympathies...
RODOGUNE.

CÉLÉNIE ET ALCIME.

CÉLÉNIE.

Oui, je crois au magnétisme moral; je crois que la nature a donné aux âmes nobles et sensibles des moyens infaillibles et prompts de se distinguer et de se reconnoître.

ALCIME.

Et comment?

CÉLÉNIE.

Par l'impression des premiers regards qui se rencontrent, et du premier sourire naturel.

ALCIME.

Le regard et le sourire d'une jolie personne sont toujours charmans.

CÉLÉNIE.

Vous parlez en jeune homme, et non en

physionomiste. Il faut savoir discerner ce qui n'est que séduisant, de ce qui touche, de ce qui attire la confiance; et qui, sans parler à l'imagination, s'imprime doucement au fond de l'âme. Cette impression, qui peut s'unir à l'amour, et sans laquelle l'amour ne seroit rien, peut aussi en être entièrement séparée, et même alors elle en est plus sûre, parce qu'aucune illusion ne s'y mêle!.....

ALCIME.

Ainsi donc elle est indépendante de l'âge, de la jeunesse et de la beauté?

CÉLÉNIE.

Assurément : ce charme ne tient ni à la fraicheur et à l'éclat de la figure, ni à la beauté; il est tout entier dans l'expression de la physionomie, mais il ne peut être senti que par la personne dont l'âme correspond avec celle qui le possède.

ALCIME.

Ainsi les belles âmes qui se rencontrent ne peuvent se méconnoître?

CÉLÉNIE.

Non, j'en suis certaine. N'est-il pas doux de penser qu'au milieu de tant d'êtres méchans et trompeurs qui nous entourent si souvent, nous tenons de la nature un instinct salutaire qui nous avertit de les éviter? Les animaux ont au physique cet instinct; ils savent éviter les plantes vénéneuses, et rechercher celles qui leur conviennent; est-il donc étonnant que la créature animée d'une âme immortelle ait reçu du ciel un plus noble privilége?

ALCIME.

Dans votre système, on connoît donc aussi les méchans par l'antipathie?

CÉLÉNIE.

Puisque tous les hommes doivent s'aimer, et que le plus méchant peut devenir vertueux, je crois qu'au lieu d'un instinct d'antipathie, nous n'en avons qu'un d'indifférence pour le méchant, ou tout au plus de défiance.

ALCIME.

Avec tous ces instincts, comment se peut-il que nous soyons souvent trompés et même égarés dans nos affections?

CÉLÉNIE

Parce qu'on ne croit pas à ces précieux instincts, ou qu'on les consulte mal. Quelqu'un repousse à la première vue, ensuite il séduit par l'esprit, les talens, la dissimulation, l'habitude, et l'on oublie la première impression ; ou si par hasard on se la rappelle, on la trouve injuste; le temps néanmoins n'en fera que trop connoître la vérité!..... Un autre, par un regard sympathique, nous charme et nous attire; une prévention donnée par la calomnie, une différence connue *d'opinions*, suffiront pour nous éloigner de cet objet dont le cœur nous appelle! ou peut-être cesserons-nous de le rencontrer, et voilà un ami rejeté et perdu!

ALCIME.

Il est vrai que le hasard et la société disposent beaucoup plus de nos liaisons que nos penchans; faut-il s'en étonner? presque toutes les unions les plus saintes, les mariages se forment ainsi : ce sont, en général, de frivoles convenances et la vanité qui décident ces choix les plus importans de la vie!

CÉLÉNIE

On remarque sans cesse, sans y réfléchir, les effets de la sympathie : par exemple, voyez jouer au billard, aux échecs deux hommes qui vous sont inconnus, aussitôt votre intérêt se portera et se fixera invinciblement sur l'un des deux, et tous vos vœux secrets seront pour le succès du jeu de celui-là.

ALCIME.

Cela est vrai; et l'on peut remarquer aussi que, dans ce siècle où l'on n'est véritablement occupé que d'intérêts, d'ambition et de politique, on n'entend plus parler de ces grands effets de sympathie si communs jadis; de ces amitiés (si bien dépeintes par Montaigne) formées dans un moment et pour durer toujours, et de ces grandes passions se déclarant à la première vue, et que l'on appeloit des *coups de foudre*. Tout cela maintenant ne se trouve plus que dans les romans.

CÉLÉNIE.

Oui, l'on ne dit plus, comme l'auteur que vous venez de citer : *Je l'aime, parce qu'il est lui, parce que je suis moi.*

ALCIME.

Et si l'on s'exprimoit franchement, on diroit aujourd'hui : *Je fais semblant de l'aimer, parce qu'il peut m'être utile.* Il est des exceptions à cet effroyable égoïsme, mais elles sont bien rares.

CÉLÉNIE.

Hélas! la sympathie n'est plus consultée, elle n'existe presque plus; on ne croit qu'au magnétisme physique, qu'à cette sympathie matérielle, qui n'a rien de commun avec l'esprit et l'âme, et qui par conséquent est bien faite pour le temps où nous vivons!

ALCIME.

Il n'est que trop vrai; tout, en effet, dans ce siècle, est devenu matériel : l'esprit, la science, les inventions. On a créé un *nouveau genre* de poésie, qu'on appelle *descriptif*, dans lequel il n'est question que de *sites pittoresques*, de torrens, de ruisseaux, de montagnes, de rochers, etc.; comme si ces descriptions, qui ne doivent jamais être dans un poëme que des accessoires, pouvoient seules former *un genre*, sans y joindre le puissant intérêt des vertus, des foiblesses et des passions humaines!... La mécanique est de toutes les sciences celle qui a fait le plus de progrès, et ses efforts tendent surtout à substituer des ressorts et des machines à l'intelligence humaine : on fait exécuter à des machines, avec vitesse, mesure et justesse, de fort belles symphonies; et, en observant les *piano*, les *forté*, les *cres-*

cendo [1], cela n'approche assurément pas de l'agrément et de la perfection des mêmes symphonies jouées par des artistes qui ont le sentiment de la musique et de l'âme; mais des oreilles vulgaires peuvent s'en contenter, et même ne rien désirer de mieux.

CÉLÉNIE.

Par conséquent cette invention peut devenir très-nuisible à ce bel art?

ALCIME.

Certainement; des machines donnent, à ceux qui ne savent pas dessiner, la possibilité de former des dessins réguliers, et même de peindre, et de faire d'après nature des profils très-ressemblans. Par une certaine combinaison, on peut faire avec des *dés*...

CÉLÉNIE.

Je soupçonne qu'un grand nombre de vers modernes sont faits de la sorte.

ALCIME.

Et même quelques ouvrages dramatiques,

---

[1] Telle est, entre autres, à Berlin, dans le palais du roi, une pendule, chef-d'œuvre dans ce genre, et qui a coûté plus de cent mille francs. (Note de l'auteur.)

refusés à la Comédie-Françoise, et nouvellement imprimés, pourroient bien être fabriqués de cette manière.

CÉLÉNIE.

Voilà donc la mécanique en rivalité avec tous les beaux-arts !

ALCIME.

Dans cette lutte singulière, elle ne fait rien que l'on puisse comparer aux plus mauvaises productions des arts; mais, avec quelques degrés de barbarie, elle pourra les remplacer.

CÉLÉNIE.

Oui, c'est une ressource qu'on nous prépare pour l'*anarchie* universelle vers laquelle nous marchons avec une si effrayante rapidité.

ALCIME.

Quant aux arts d'industrie, leur décadence n'est pas seulement commencée, l'anéantissement d'une grande partie de ces arts est déjà entièrement consommé; c'est avec des machines que l'on tricote, que l'on dévide de la laine et de la soie, que l'on carde, que l'on file, que l'on fait de la perkale et du calicot; mais aussi toutes ces chosses ne sont pas comparables, pour la régularité, la finesse et la solidité, à celles du même genre que l'on faisoit avec des mains et des doigts.

CÉLÉNIE.

On n'estime plus *la perfection;* on ne recherche plus, on ne veut plus que *l'apparence* et le bon marché. Quand le luxe magnifique a été poussé au dernier excès, et que toutes les classes confondues ensemble veulent avoir l'air d'y atteindre, il faut nécessairement que le luxe dégénère, et qu'il devienne charlatan et trompeur; de là les bijoux de faux or, les parures de fausses pierres, les toiles et les étoffes de nouvelle fabrique, les argenteries plaquées, les estampes *lithographiées,* les éditions *stéréotypes*, les reliures de basane et de *papier maroquin*, etc. Toutes ces choses ne valent rien, mais elles imitent la magnificence.

ALCIME.

Enfin, on nous annonce une machine qui portera la désolation dans tous les villages....

CÉLÉNIE.

Comment ?

ALCIME.

Cette machine teillera le chanvre....

CÉLÉNIE.

Mais elle ôtera le pain et toute espèce d'occupation aux vieilles villageoises et aux jeunes filles de huit et dix ans !

ALCIME.

C'est de quoi nos mécaniciens ne s'embarrassent guère.

CÉLÉNIE.

On fait des voitures qui se passent de chevaux; on fait des automates qui dessinent, écrivent, parlent, digèrent [1], jouent des instrumens et aux échecs; il ne reste plus qu'à trouver le *mouvement perpétuel* que l'on imprimera à toutes ces machines, et le monde (sans le secours devenu superflu des êtres animés) ira fort bien tout seul.

ALCIME.

Oui, à peu près aussi bien qu'il va de nos jours; nous avons déjà trouvé le *mouvement perpétuel* moral : voilà nos physiciens sur la voie pour trouver l'autre. Ils sentiront par analogie qu'ils doivent assembler une multitude de ressorts faits pour se contrarier, pour

[1] Le canard de Vaucanson. (Note de l'auteur.)

se heurter violemment, ce qui doit produire un grand désordre, mais en même temps un mouvement perpétuel.

CÉLÉNIE.

Alors les amis du repos pourront, sans qu'on en médise, rester *immobiles*.

ALCIME

Lorsqu'on s'applique universellement à détacher l'âme de tout ce qui se fait et de tout ce qu'on admire, lorsqu'on nous dit que nos sentimens ne sont que des *sensations* animales, lorsqu'on nous détourne de chercher le bonheur dans la vertu, en l'offrant à meilleur marché dans un certain breuvage nouvellement inventé, dans un gaz qui rend *heureux et gai* (ce qui est assurément un beau secret dans ce moment), comment voulez-vous que l'on puisse croire aux sympathies du cœur? On reviendroit plutôt aux systèmes des *tourbillons* et des *atomes crochus*, qu'à cette vieille idée-là. Les *émanations* du corps humain, semblables à celles qui attachent le chien à son maître; *l'attraction* physique, qui attire un individu vers un autre, est semblable à celle de l'aimant et de la tourmaline : voilà les seules sympathies auxquelles aujourd'hui la philosophie nous permette de croire.

CÉLÉNIE.

La tourmaline attire et presque aussitôt repousse...

ALCIME.

Eh bien ! nous éprouvons aussi les effets de cette attraction capricieuse et contradictoire ; c'est celle qui parmi nous produit l'amour et l'inconstance.

CÉLÉNIE.

Allons, n'ajoutez foi qu'au magnétisme animal ; et laissez-moi croire au mien....

ALCIME.

On ne sera pas étonné que le *vôtre* soit *spirituel*....

CÉLÉNIE.

Voilà de la galanterie, elle ne me séduit pas....

ALCIME.

Vous aimeriez mieux de la crédulité ?...

CÉLÉNIE.

Je ne la demande pas : le sentiment seul a droit d'y prétendre, mais il l'obtient sans l'exiger. Pour moi, sans nier vos attractions physiques, je m'en tiens *au magnétisme moral*; vous conviendrez du moins que cette opinion a plus d'élégance que celle des savans; elle plaît à mon imagination, elle touche mon cœur, je la conserverai toute ma vie.

ALCIME.

En effet, de tels motifs sont bien suffisans pour décider une femme....

CÉLÉNIE.

Vous parlez sans doute des femmes du siècle dernier, c'est-à-dire de nos grand's-mères; les femmes de nos jours (à peu d'exceptions près) ne se laissent pas entraîner par de tels niaiseries; elles se sont précipitées dans toutes les profondeurs de la métaphysique et de la politique.... Ont-elles plus de grâce, en sont-elles plus aimables et plus heureuses ?....

La bagatelle que je vais écrire fut faite pour être jouée en société, il y a sept ou huit ans. Une jeune personne de la société refusoit de jouer la comédie, en disant qu'elle ne se chargeroit d'un rôle, que si on pouvoit lui en trouver un qui fût le plus intéressant de la pièce, et qui ne contînt qu'*un seul mot;* peu de jours après on lui présenta le rôle de *Rose*, et elle l'accepta.

Le fond de ce proverbe est vrai, je l'ai composé sur une histoire contée jadis au Palais-Royal par le feu comte de Roquefeuille; cette aventure étoit arrivée à un de ses amis [1].

[1] On a pris ce sujet, ainsi que tant d'autres du même auteur, pour le mettre au théâtre.
(Note de l'éditeur.)

A BON ENTENDEUR,

SALUT.

PROVERBE.

PERSONNAGES.

LE VICOMTE.
L'HOTESSE.
LA FRANCE, valet du Vicomte.
ROSE, servante.

La scène est dans un cabaret, au milieu d'une forêt.

A BON ENTENDEUR, SALUT.

PROVERBE.

Le théâtre représente l'intérieur d'une chambre dans laquelle est un lit, une cheminée et une fenêtre.

SCÈNE PREMIÈRE.

LE VICOMTE, L'HOTESSE, LA FRANCE.

(Les deux derniers portent un coffre qu'ils posent sur une table.)

L'HOTESSE.

Voila un coffre terriblement lourd....

LA FRANCE.

Ma foi, oui;... je suis en nage.

L'HOTESSE, à part.

Tant mieux, tant mieux, il y aura de l'argent dedans.

LA FRANCE.

Quelle vilaine chambre ! Monsieur le vicomte couchera là ?

L'HOTESSE.

Oh ! dame ! vous n'êtes pas dans une auberge de grande route.

LE VICOMTE.

Que m'importe ! je ne resterai pas long-temps au lit.

L'HOTESSE, à part.

Non, en effet, *pas long-temps*.

LE VICOMTE.

Une nuit est bientôt passée.

L'HOTESSE, à part.

Oui, elle passera vite, pourvu que nos hommes puissent revenir à temps....

LE VICOMTE, à l'Hôtesse.

Que pouvez-vous me donner à souper ?

L'HOTESSE.

Ce que vous voudrez, vous n'avez qu'à dire.

LE VICOMTE.

Je voudrois un poulet et une omelette.

L'HOTESSE.

Si vous étiez arrivé hier, vous en auriez eu ; mais....

LE VICOMTE.

Eh bien ! du veau froid et une salade.

L'HOTESSE.

Oh ! nous n'avons point de veau, et la salade n'est pas encore venue : dans ces forêts-ci, on a si peu de légumes !

LE VICOMTE.

Donnez-moi donc du bœuf et des côtelettes.

L'HOTESSE.

Pour du bœuf, je n'en ai pas, ni des côtelettes non plus.

LA FRANCE.

Que diable avez-vous donc ?

L'HOTESSE.

Du jambon, de la langue fourrée, et des pommes.

LE VICOMTE.

C'est bon, c'est bon; allez vite me faire préparer mon souper.

L'HOTESSE, à La France.

Je servirai monsieur, vous pouvez venir.

LA FRANCE.

Allez toujours, je vous suis.

(L'Hôtesse sort)

SCÈNE II.

LE VICOMTE, LA FRANCE.

LA FRANCE, *regardant sortir l'Hôtesse.*

Quelle diantre de femme est-ce là ?

LE VICOMTE.

Elle n'est pas laide.

LA FRANCE.

Non ; mais elle a je ne sais quoi de hagard et de méchant... En tout, cette maison-ci ressemble à un vrai coupe-gorge. Diable soit de votre cocher qui s'avise de nous égarer, et qui nous oblige à coucher dans cette maudite taverne !

LE VICOMTE.

Je reconnois à ce discours ta poltronnerie ordinaire. Mais, dis-moi, où a-t-on mis mes chevaux ?

LA FRANCE.

Dans une grange tout-à-fait séparée de cette bicoque et assez loin d'ici ; et la diablesse d'Hôtesse nous fait coucher là.... Si vous le permettiez, monsieur, je passerois la nuit sur une chaise, dans votre chambre ; de cette manière, je ne serois pas inquiet de vous....

LE VICOMTE.

C'est-à-dire, que tu serois moins inquiet de toi. Tu me crois plus capable de te défendre que La Fleur, n'est-ce pas?

LA FRANCE.

Une forêt noire comme un four, un cabaret abominable, une Hôtesse qui a la plus mauvaise mine; tout cela est bien effrayant. Je sais tant d'histoires de voleurs et d'assassinats, et toujours dans des forêts....

LE VICOMTE.

Je parie que tu sais aussi beaucoup d'histoires de revenans.

LA FRANCE.

Comment, monsieur, est-ce que vous ne croyez pas plus aux voleurs qu'aux revenans?

LE VICOMTE.

J'ai beaucoup voyagé, et je n'ai pas plus vu des uns que des autres.

LA FRANCE.

Vous ne croyez pas aux voleurs? cela est un peu fort.

LE VICOMTE.

Je crois, du moins, qu'ils n'attaquent que des poltrons tels que toi.

LA FRANCE.

Ah! monsieur, souffrez que je reste près de vous, je ne puis me résoudre à vous abandonner.

LE VICOMTE.

Allons, finissons. Va te coucher, et reviens demain matin me réveiller à la pointe jour.

LA FRANCE.

Puisque vous l'ordonnez, j'y consens; mais c'est bien à contre-cœur. Je vais manger un morceau dans la cuisine, et puis j'irai dans cette chienne de grange. Il y a pourtant ici une chose qui ne me déplait pas, c'est une petite servante jolie comme un cœur.

LE VICOMTE.

Ah! voilà pourquoi tu ne voudrois pas aller dans la grange : j'aime mieux ce motif; mais je n'ai pas vu cette servante.

LA FRANCE.

Non, parce que vous n'êtes pas entré dans la cuisine.

LE VICOMTE.

Et elle est jolie ?

LA FRANCE.

C'est un bijou; mais elle est bien revêche et bien grognon.

LE VICOMTE.

Quel âge a-t-elle ?

LA FRANCE.

Quinze ou seize ans.

LE VICOMTE.

J'entends revenir l'Hôtesse. Allons, va-t'en.

LA FRANCE.

Vous ne voulez donc pas que je reste ?

LE VICOMTE.

Mais, encore une fois, que crains-tu dans une maison où il n'y a point d'hommes ? As-tu peur d'être assassiné par une femme et un enfant de quinze ans ?

LA FRANCE.

Les hommes, peut-être, sont cachés, ou bien dans la forêt, et ils peuvent revenir cette nuit. L'Hôtesse ne vous a-t-elle pas dit là-bas qu'elle avoit un mari ?

LE VICOMTE.

Oui, mais qu'il étoit absent pour deux jours; et quand il reviendroit, seroit-ce une preuve que nous serons égorgés cette nuit ? Mais finissons cet impertinent dialogue, et va-t'en.

LA FRANCE, en s'en allant.

Ah ! que je voudrois être à demain, et sur la grande route !

(Il sort.)

SCÈNE III.

LE VICOMTE, L'HOTESSE, apportant tout ce qu'il faut pour mettre un couvert.

LE VICOMTE, à l'Hôtesse.

Madame, ne pourroit-on pas avoir un fagot ? il fait bien froid dans cette chambre.

L'HOTESSE.

Volontiers. Nous ne manquons pas de fagots : mon mari est bûcheron. Je vais vous faire apporter du feu, et je reviendrai mettre le couvert.

(Elle pose les assiettes sur une table, et sort.)

LE VICOMTE.

Cette femme, en effet, a quelque chose de sinistre dans la physionomie, et un regard véritablement farouche. Des gens qui vivent toujours dans les bois, loin de toute société, sont des espèces de sauvages.

L'HOTESSE, rentrant.

La servante, que je viens d'appeler, va vous apporter du bois.

LE VICOMTE.

On dit qu'elle est jolie, votre servante ?

L'HOTESSE, arrangeant la table.

Je ne sais pas si elle est jolie ; mais elle est bien niaise. Il n'y a qu'un mois que nous l'avons, et je vois qu'on n'en fera jamais rien....

SCÈNE IV.

Les mêmes ; ROSE, portant du bois dans son tablier, une poignée de paille, et tenant une chandelle allumée.

LE VICOMTE.

Ah ! la voilà ! Quelle charmante figure !....

L'HOTESSE.

Tenez, tenez, une chandelle à la main, pour mettre le feu sur l'escalier ! demandez-moi un peu... Est-ce que tu ne savois pas qu'il y a de la lumière ici ?...

(Elle s'avance avec colère vers Rose, qui paroit effrayée et se recule.)

LE VICOMTE.

Doucement, doucement, point de colère, je vous prie. (*A Rose.*) Ma belle enfant, vous êtes bien chargée; donnez-moi la chandelle et ce fagot.

(Rose lui donne la lumière en le regardant avec timidité ; elle tressaille et baisse les yeux en soupirant ; elle s'approche de la cheminée. Le Vicomte prend une chaise et s'assied près du feu.)

L'HOTESSE, mettant le couvert.

Cette idiote !.... Que je t'y rattrape encore, va !...

LE VICOMTE, regardant Rose qui, à genoux devant la cheminée, et tournant le dos à l'Hôtesse, allume le feu.

Elle est belle comme un ange!

L'HOTESSE, mettant toujours le couvert, à part.

Ces maudits hommes ne viennent point; je suis sur les épines.

LE VICOMTE, à part, regardant Rose.

Quel air triste et touchant !....

(Rose tire son mouchoir, et, comme à la dérobée, essuie ses larmes.)

LE VICOMTE, à part, fixe attentivement les yeux sur elle.

Dieu !.... elle pleure !...

(Rose se retourne vers lui, et lui fait signe de se taire, en se mettant le doigt sur la bouche. Elle continue de faire le feu. Le Vicomte reste interdit.)

L'HOTESSE, cherchant une fourchette.

Où diantre ai-je mis cette fourchette ?

(Le Vicomte regardant toujours Rose, elle le regarde une seconde fois, en mettant la main sur son cœur, comme pour lui faire une promesse, et elle répète le signe qui prescrit le silence.)

L'HOTESSE, *trouvant la fourchette*.

Enfin la voilà! (*A Rose.*) Ah ça! aurez-vous bientôt fini? faut-y donc tant de lantiponage pour allumer un fagot?

LE VICOMTE.

C'est que le bois est vert et mouillé.

L'HOTESSE.

Eh bien! elle l'a donc choisi comm'ça par malice : car nous en avons de sec...

(Rose souffle le feu. On entend frapper avec force à la porte de la maison.)

L'HOTESSE, *à part, avec joie*.

Ah! les voilà.

(Rose frissonne; le soufflet lui tombe des mains.)

LE VICOMTE, *se levant*.

Qu'est-ce ceci?

L'HOTESSE.

C'est mon mari qui revient; je ne l'attendois pas aujourd'hui.

LE VICOMTE.

Et revient-il seul?...

L'HOTESSE.

Oh! ils sont deux ou trois.

(Rose, que le Vicomte regarde, lui désigne, par ses doigts, le nombre de quatre, elle reprend ensuite le soufflet, et souffle le feu.)

LE VICOMTE, à l'Hôtesse.

Deux ou trois ?.... Comment ! ne savez-vous pas précisément le nombre des gens qui sont chez vous ?

L'HOTESSE.

C'est que.... c'est qu'il y a un garçon de journée qui quelquefois ne vient pas.

(On frappe encore.)

L'HOTESSE, criant.

On y va ! on y va ! Excusez, monsieur, je vais revenir.

(Rose pose le soufflet, regarde le Vicomte, joint les mains avec expression, et réitère le signe de silence.)

L'HOTESSE, à Rose.

Allons, petite fille, marchez devant : venez prendre des draps pour faire le lit.

LE VICOMTE, à l'Hôtesse.

Puisque voilà votre mari, vous pouvez rester en bas. Cette jeune fille suffit pour me servir.

L'HOTESSE.

Nenni, nenni ! je ne laisse pas une jeunesse comm'ça toute seule avec un homme.

LE VICOMTE.

Vous avez des principes austères, à ce qu'il me paroit.

L'HOTESSE, à Rose.

Allons donc ! qu'on me suive. Ah ! je te relèverai du péché de paresse.

(Rose se relève les yeux baissés, et sort avec l'Hôtesse, qui la fait passer devant.)

SCÈNE V.

LE VICOMTE, seul.

La France avoit raison. On ne doit pas toujours mépriser les pressentimens d'un poltron. Celui-ci a tout vu d'un seul coup d'œil. Nous sommes dans un coupe-gorge !... Comment cette jeune fille, cette angélique petite créature, se trouve-t-elle au milieu de ces scélérats ?... Il sont quatre.... Avec quelle intelligence elle m'a tout appris !... quelle expression dans ses regards ! quel air d'innocence et de candeur !... quelle beauté régulière et ravissante !.... Je ne dois pas éclater : elle m'a tant recommandé le silence; trois fois elle en a répété le signe.... Son dernier geste exprimoit une promesse, un serment.... de me servir, sans doute. Habitant la maison depuis un mois, elle le pourroit... Mais, si jeune, aura-t-elle l'esprit et le courage nécessaires ? Mes gens ne sont plus ici... Que ferai-je à force ouverte contre quatre assassins, bien armés sans doute?... Il faut attendre... Ces brigands ne songeront à m'égorger que lorsqu'ils me supposeront endormi... (*Il tire sa montre.*) Il n'est que neuf heures un quart. Nous avons du temps jusqu'à deux heures du matin. Cette jeune fille a peut-être quelque moyen de me faire évader.... En tout cas, je leur vendrai chèrement ma vie. (*Il tire ses pistolets, et les pose sur une commode.*) On vient, ne faisons semblant de rien.

SCÈNE VI.

LE VICOMTE, L'HOTESSE, apportant le souper.
ROSE la suit, tenant une paire de draps.

L'HOTESSE.

Allons, Rose, faites le lit de monsieur; moi, je le servirai à table.

LE VICOMTE.

La table est trop loin du feu; un peu plus par ici, je vous prie.

(*Il la fait poser de manière qu'il puisse voir Rose.*)

L'HOTESSE.

Où sont les assiettes ?

LE VICOMTE.

Je les ai mises à terre pour poser mes pistolets.

L'HOTESSE.

Oh! oh! des pistolets!... Est-ce qu'ils sont chargés?

LE VICOMTE.

Oui, et à balles.

L'HOTESSE.

C'est bien inutile ici.

LE VICOMTE.

Je n'en doute pas; mais c'est mon usage.

L'HOTESSE.

Il n'y a pas de voleurs dans ces cantons.

LE VICOMTE.

Je le sais; d'ailleurs, je ne les crains pas : avec du courage et de bons pistolets, on mettroit en fuite six voleurs.

L'HOTESSE.

Six ? c'est beaucoup.

(Le Vicomte se met à table. L'Hôtesse se place derrière lui pour le servir.)

LE VICOMTE.

Je ne souffrirai pas que vous restiez ainsi debout derrière moi; j'aime à causer quand je mange. Asseyez-vous là, vous boirez un coup avec moi.

L'HOTESSE.

Grand merci ! j'ai soupé.

LE VICOMTE.

Mais asseyez-vous ; je vous demanderai ce qui me sera nécessaire.

L'HÒTESSE

C'est pour vous obéir.

(Elle s'assied, mais de manière qu'elle se trouve avoir les yeux sur Rose.)

LE VICOMTE, à part.

Ceci n'est pas mon compte. (*Il mange.*) Voilà du jambon qui est excellent.

L'HOTESSE, à Rose.

Dépêchez-vous donc, *Landore;* ce lit devroit être fait.

LE VICOMTE, laissant tomber un morceau de pain sous la table.

Ah ! mon pain vient de tomber....

L'HOTESSE.

Je vais le ramasser....

(Elle se penche sous la table. Le Vicomte regarde Rose, qui tire de dessous son tablier un rouleau de cordes, le lui montre d'une main ; de l'autre, lui indique la fenêtre ; ensuite place les cordes sous l'oreiller du lit.)

LE VICOMTE, à l'Hôtesse, qui lui rend son pain.

Pardon, madame... (*Il mange.*) Votre mari est-il jeune, madame ?

L'HOTESSE.

Entre deux âges.

LE VICOMTE.

L'avez-vous épousé par amour ?

L'HOTESSE.

Oh! ma foi, je ne connois pas l'amour.

LE VICOMTE.

Je n'en dis pas autant.

L'HOTESSE.

Les jeunes seigneurs comme vous ont toujours des maîtresses.

LE VICOMTE.

Non, je n'ai point de maîtresse, je suis libre; mais je suis tout prêt à sacrifier ma liberté... (*Il laisse tomber son couteau sous la table.*) Parbleu ! je suis bien maladroit.

(L'Hôtesse cherche sous la table. Pendant ce temps, Rose montre d'une main une clef, et de l'autre la fenêtre, et finit par un geste qui indique que c'est elle qui recevra dans la cour et guidera le Vicomte. Le Vicomte se met à genoux, en appuyant son coude sur le dos de l'Hôtesse qui cherche toujours; et dans cette attitude, il remercie Rose. Rose lève les mains et les yeux vers le ciel, comme pour le prier de bénir son projet.)

L'HOTESSE, sous la table.

Mais que faites-vous donc, monsieur ?.... Vous m'écrasez.

LE VICOMTE, se levant.

Je voulois chercher aussi.

L'HOTESSE.

Et je l'avois trouvé; le voici.

(Elle se relève, et lui rend le couteau.)

LE VICOMTE.

Ne vous ai-je pas fait mal?

L'HOTESSE.

Pardi! je vous en réponds.... Je suis sûre que j'en ai le dos meurtri.

LE VICOMTE mange.

Quelle gaucherie de ma part! Mais l'intention étoit bonne; je voulois vous aider. A votre santé, madame. (*Il boit.*) Vous ne voulez pas me faire raison?

L'HOTESSE.

Je n'ai pas soif.

LE VICOMTE.

Vous avez l'air soucieux?

L'HOTESSE.

De pauvres gens comme nous ont assez de mal pour être soucieux.

LE VICOMTE.

Dans la solitude où vous êtes on vit si innocemment ! une conscience nette et pure console de tout.

L'HOTESSE, avec humeur.

Oh ! je ne comprends pas toutes ces moralités-là.

LE VICOMTE mouche la chandelle et l'éteint.

Je suis furieusement étourdi aujourd'hui....

(L'Hôtesse va vers le feu pour rallumer la chandelle. Le Vicomte la suit, met un genou en terre, se posant de manière à lui cacher Rose. Il tend une main à Rose, qui lui donne la sienne avec timidité. Le Vicomte paroît lui promettre sa foi et prendre le ciel à témoin de son serment.)

L'HOTESSE.

Pour Dieu, monsieur ! ne m'aidez pas. Vous me poussez, vous allez me jeter dans le feu.

LE VICOMTE.

Je voudrois vous donner du papier.

L'HOTESSE.

Voilà la chandelle allumée. (*Elle la rapporte sur la table.*) Je crois que monsieur a soupé. Rose, tirez les rideaux; descendez en bas, et couchez-vous tout de suite.

LE VICOMTE.

Pour moi, je compte veiller deux ou trois heures; il faut que j'écrive....

L'HOTESSE.

Pourtant, vous partirez demain de si grand matin !

LE VICOMTE.

Oh! n'importe; il me faut très-peu de sommeil : d'ailleurs, il faut absolument que j'écrive quelque chose d'important, que je veux laisser demain en passant à la première poste; ainsi, je ne me coucherai que dans trois heures et demie, au plus tôt.

L'HOTESSE, à part.

Cela est bon à savoir. (*Haut.*) Rose, passez devant.

(Rose passe lentement, les yeux baissés.)

LE VICOMTE, suivant des yeux Rose.

Ma montre est dérangée; je voudrois pourtant bien savoir l'heure.

ROSE, se retournant.

Minuit.

L'HOTESSE, à Rose.

De quoi vous mêlez-vous ? Qu'est-ce qui vous parloit, bavarde ?

LE VICOMTE, à part.

Minuit !... J'entends... (*Haut.*) Il n'est sûrement pas encore onze heures ?

L'HOTESSE, à Rose.

Tâchez, une autre fois, de retenir votre langue. Je n'aime pas les caquets, entendez-vous ? Allons, allons, passez votre chemin.

(Rose sort. L'Hôtesse prend une des deux chandelles.)

LE VICOMTE.

Je vous prie, madame, de me laisser deux chandelles, parce que, comme je vous l'ai dit, je ne me coucherai que dans deux ou trois heures.

L'HOTESSE.

Fort bien.

LE VICOMTE.

Bonne nuit, madame.

L'HOTESSE.

Votre servante, monsieur.

(Elle sort.)

SCÈNE VII ET DERNIÈRE.

LE VICOMTE, seul.

Je n'en reviens pas... Quelle finesse ! quelle présence d'esprit à quinze ans !... Comme elle a saisi ma pensée, et su m'indiquer l'heure !... Au milieu des dangers qui m'environnent, je ne puis penser qu'à elle. Quelle expression céleste animoit ses traits, lorsque ses beaux yeux, baignés de pleurs, se sont élevés vers le ciel, et sembloient implorer l'assistance divine ! (*Il se promène en rêvant.*) Eh bien ! Si son âme et son esprit répondent à l'idée que je m'en fais, si ses sentimens s'accordent avec les miens, je suis mon maître, j'ai de la fortune, une parfaite indépendance... (*Il se promène.*) Les ingrats seuls seront surpris, et seuls ils me condamneront..... (*Il se promène.*) Il est donc vrai que l'amour peut naître si subitement ! Quand je ne lui devrois pas la vie, cette figure incomparable, cette grâce, ce maintien m'auroient toujours tourné la tête. (*Il se promène.*) Examinons un peu ce qui se trouve au bas de cette fenêtre. (*Il va examiner la fenêtre.*) Le clair de lune est assez beau. (*Il revient.*) La fenêtre donne sur une cour. J'ai pu distinguer une porte qui doit conduire au bois, la clef que Rose m'a montrée est sans doute celle de cette porte. Rose m'attendra dans la cour, et me fera sortir par cette issue... Intéressante créature ! ce sera mon ange libérateur !... Voyons les cordes qu'elle a placées sous le chevet du lit. (*Il va les prendre, il s'assied et les déroule.*) Elle n'a pas oublié d'y faire des nœuds de distance en distance. Ce sont ses mains délicates qui ont formé ces gros nœuds ! (*Il les baise.*) Ah ciel ! un billet... (*Il le déploie et le lit :*) A minuit. Elle avoit prévu ma demande ! (*Il relit :*) A minuit ! Ces mots resteront à jamais placés sur mon cœur. (*Il met le billet dans son sein...*) Ainsi elle sait écrire ! Quel est donc cet être angélique ? Quel événement bizarre l'a conduit dans cette maison infernale !.... Oh ! qui que tu puisses être, Rose, ma chère Rose, je suis à toi, non pour corrompre la vertu touchante qui m'aura sauvé, mais pour devenir, à mon tour, ton protecteur ;.... je serai ton époux, ou je te servirai de père !... Tu as déjà reçu mes sermens, lorsqu'ici, tombant à genoux, je t'ai donné ma foi.... Oui, puissé-je expirer sous le fer des meurtriers, si je dévois être un jour assez lâche pour tromper ton innocence et trahir ton espoir !..... (*Il regarde sa montre.*) L'heure avance, préparons-nous toujours. (*Il prend ses pistolets, les met dans sa poche.*) Rose me conduira d'abord à la grange où sont mes gens ; mon cocher est un brave garçon, et La France fera nombre. D'ailleurs, les brigands ne s'apercevront vraisemblablement pas de mon évasion, nous partirons sur-le-champ. J'ai de bons chevaux, nous irons regagner la plaine, pour retourner à la dernière ville que j'ai quittée ; nous serons sûrs, alors, de ne pas nous égarer, et là nous ferons nos dispositions... O moment de joie et de ravissement, où, sorti de cet affreux repaire, je presserai contre mon sein l'ingénieuse et sensible Rose ! où, libre d'inquiétude et de crainte, je lui renouvellerai des sermens dictés par l'amour et la reconnoissance !... (*Il regarde à sa montre.*) Minuit moins sept minutes. Allons, il est temps de partir. Ciel, qui lis dans mon cœur, favorise notre fuite, et bénis nos projets ! (*Il va à la fenêtre, passe sous le rideau, et disparoît.*)

J'ai parlé jadis, avec assez de bon sens pour une femme, de la *tolérance philosophique*. Plusieurs écrits, insérés dans les journaux, m'ont fait naître à cet égard quelques idées nouvelles, et je terminerai par ces réflexions ce second volume des *Souvenirs*.

Examen de cette question considérée sous les seuls rapports politiques et moraux : L'intolérance religieuse est-elle plus nuisible ou plus dangereuse que ne peut l'être la tolérance philosophique du dix-huitième siècle ?

Pour jeter du jour sur cette question, il suffira d'examiner deux propositions extrêmes et opposées entre elles sur cette matière :

Un écrivain philosophe a dit : *Soyons tolérans, ne méprisons personne : tout homme et toute opinion a son prix.*

Un écrivain religieux (M. de Bonald) a dit : *L'Être souverainement intelligent doit être, par une nécessité de sa nature, souverainement intolérant (dans le sens absolu), parce qu'à ses yeux aucune opinion ne peut être indifférente,* et qu'il connoît en tout le vrai et le faux des pensées des hommes et toutes leurs conséquences dans l'avenir.

Examinons d'abord la pensée philosophique : Ne méprisons personne. Quoi ! l'on ne pourra mépriser un libelliste, un poltron, un lâche, un fripon avéré ? Non : l'ordre est positif, ne méprisons personne, tout homme et toute opinion a son prix. Ainsi donc l'opinion que le suicide est un acte sublime, les opinions des athées et des matérialistes ont leur prix ! Les opinions de Marat avoient leur prix, quand il proposoit d'égorger la moitié de la France pour diminuer la population ; cette opinion avoit son prix, et Marat lui-même avoit le sien !... Que résulte-t-il de cette tolérance ? sur quel sentiment est-elle fondée, et quelles en sont les conséquences ? Si l'on trouve que chaque opinion a son prix, on n'a certainement nulle idée fixe et déterminée sur la nature des choses, sur la raison et sur la morale ; c'est ce qui s'appelle n'avoir aucun principe, car rien ne rend plus tranchant que les principes bien arrêtés : quand on s'est fait la loi de les suivre, on est convaincu qu'ils sont bons, utiles et fondés ; il est impossible alors de ne pas trouver extravagant et vicieux ceux qui s'en écartent ; il est dans la nature de l'homme de s'attacher passionnément à tout ce qui lui a coûté de grands efforts et une longue étude : n'eût-on recueilli qu'une erreur d'une profonde méditation, cette erreur seroit chère, et formeroit l'opinion la plus obstinée ; mais combien cette opinion seroit plus ferme encore si elle étoit fondée, puisque les événemens et toutes les réflexions nouvelles concourroient à l'affermir! Combien tout ce qui la combattroit paroîtroit déraisonnable et faux! Et quel prix peut avoir ce qui est faux? S'il existe un *bien* ou un *mal* dans toutes les choses importantes, la neutralité d'opinion dans ce cas est insensée ou coupable, et souvent l'un et l'autre ; elle vient, ou du manque de lumières, ou de la plus odieuse lâcheté, ou d'une criminelle indifférence. Si le philosophe qui décide que *toute opinion a son prix*, étoit sur le trône, trouveroit-il que les opinions qui tendent à ébranler le trône et à renverser la monarchie, ont leur prix? ne seroit-il pas forcé de réprimer ces opinions? Faut-il un intérêt direct et personnel pour combattre ce qui est dangereux? Que deviendroient ceux qui gouvernent, si tous les écrivains et presque tous les sujets avoient cette excessive tolérance? Nous le savons, nous l'avons vu : c'est cette hypocrite douceur et ces maximes pernicieuses qui ont produit l'anarchie et les massacres.

Tout homme qui fait imprimer une maxime, propose dans sa pensée une loi, c'est-à-dire, qu'il invite tous ses lecteurs à suivre cette maxime, à la mettre en pratique. Peut-on se représenter rien de plus inepte qu'un souverain et des hommes d'état qui agissent en conséquence de cette maxime : *Ne méprisons personne ; tout homme et toute opinion a son prix ?* Peut-on imaginer rien de plus corrompu qu'une société où cette maxime seroit reçue, puisqu'aucune folie, aucune action n'y pourroit paroître déshonorante ? Qui ôteroit à l'homme la faculté de mépriser, lui ôteroit celle d'admirer : qui ne peut mépriser des sottises dangereuses, est hors d'état d'admirer ce qui est juste, grand et sublime.

Qu'est-ce qu'un gouvernement ferme, et par conséquent respectable ? Ce n'est assurément pas un gouvernement tolérant : car c'est un gouvernement qui veut une exacte obéissance, un gouvernement qui sans cesse contient et réprime, qui punit avec sévérité tout ce qui trouble l'ordre établi, et tout ce qui est contraire aux lois. La religion, base nécessaire de la morale, seul frein véritable du peuple, n'est-elle pas aussi l'une des lois de l'état? Le souverain doit-il et peut-il permettre qu'on l'outrage, lui auquel elle donne un caractère sacré, lui qu'elle commande de révérer et de chérir ?

Qu'est-ce qu'une société distinguée par ses mœurs ? C'est une société essentiellement intolérante, une société d'où l'on exclut, d'où l'on bannit ceux que les lois ne peuvent condamner; ceux qui ne sont que soupçonnés avec vraisemblance de mauvaises actions, ceux même qui peuvent au fond être innocens, mais auxquels le manque de bienséances et l'étourderie donnent une apparence vicieuse. Qu'est-ce que la délicatesse sur le point d'honneur, sur la décence, sur la probité ? C'est une extrême intolérance qui fait qu'on rejette les alliances et les liaisons de ceux qui n'ont pas une bonne réputation, et qu'on s'offense d'un mot qui blesse la sienne. Et c'est cette intolérance qui rend une nation respectable : elle seule constitue les bonnes mœurs. Grâce aux maximes philosophiques, nous ne l'avons plus cette utile intolérance. Suivant les vœux du philosophe que j'ai cité, nous ne *méprisons personne*, et nous avons poussé la tolérance jusqu'à ne pas trouver blâmables les actions mêmes d'où dépendent la sûreté des fortunes particulières et l'intérêt de l'état. La banqueroute, avec de certaines circonstances, n'est plus un déshonneur; et néanmoins, pour le bien public, il faudroit que la plus innocente fût une tache ineffaçable.

Voilà une partie des funestes conséquences de la maxime philosophique : quel mal pouvoit résulter de celle de M. de Bonald, qui a tant révolté certains journalistes ?

L'Être souverainement intelligent doit être, par une nécessité de sa nature, souverainement intolérant. Qui doute en effet que la pureté et la perfection même n'envisagent le vice avec un plus invincible éloignement que des êtres imparfaits, sujets aux passions? Et quel mal cette idée peut-elle faire à la société, quand on sait en même temps que cet être pur et parfait pardonne tout au repentir? Tandis que l'opinion qui fait de Dieu un philosophe encyclopédiste, excusant tout et ne punissant rien, ne peut être que très-funeste. La tolérance philosophique autorise entièrement les mauvaises mœurs, la désobéissance aux lois et au souverain, et la licence en tout genre.

L'intolérance religieuse n'autorise nullement les cruautés, les bûchers de l'inquisition : car l'Évangile réprouve formellement ces barbaries. Mais elle donne à l'intolérance politique un appui nécessaire au maintien de l'ordre; elle consacre, elle fortifie les lois et l'autorité, en imprimant le sceau de la réprobation sur tout ce que le souverain doit désirer qui soit haï et méprisé; elle sanctionne les sévérités et les rigueurs indispensables, appelées *tyrannie* par la philosophie du dernier siècle; enfin elle est si utile, si nécessaire aux rois et à la tranquillité des peuples, que sans elle nul système politique de gouvernement ne sera parfait.

Il faut observer que le peuple, incapable de saisir les nuances, et n'ayant sur tous les objets que des idées absolues, ne voit dans la tolérance qu'une approbation tacite, ou l'impuissance d'empêcher le mal; il croit qu'on approuve ce qu'on excuse, et qu'on ne peut réprimer ce qu'on supporte. Ainsi la tolérance trop étendue, c'est-à-dire, la tolérance philosophique, lui inspire le mépris ou corrompt son jugement. Enfin le gouvernement le plus parfait sera toujours celui où l'on récompensera le mieux les vertus, les travaux utiles et les talens, et où l'on tolérera le moins le vice et les folies imprudentes et dangereuses.

LE MÉDECIN,

ANECDOTE.

Jamais, l'un des plus grands biens de cette vie, la consolatrice espérance, n'est aussi vive et aussi généralement répandue dans une nation, qu'à l'avénement à la couronne d'un nouveau souverain, qui a su d'avance mériter l'estime et l'admiration universelles, par son affabilité, sa piété, son caractère et ses vertus; c'est ce qu'on vit à Vienne, malgré la gloire du dernier règne, quand l'empereur Joseph II monta sur le trône [1].

Ce prince, qui depuis a fait de si beaux établissemens, et dont les voyages ont été si justement célèbres et si utiles à son pays, avoit déjà, lorsqu'il parvint à l'empire, des parti-

---

[1] C'est-à-dire, lorsqu'à la mort de son illustre et vertueuse mère, l'impératrice Marie-Thérèse, il prit possession de ses états héréditaires; car, à cette époque, il étoit déjà empereur.

(Note de l'auteur.)

sans et des amis dans toutes les classes : on citoit de lui mille traits touchans de bonté. Avant de régner, il avoit gagné tous les cœurs, et, comme souverain, il ne lui restoit plus qu'à conserver cette précieuse conquête. Il fut proclamé au milieu des acclamations unanimes de la ville entière : les opprimés respirèrent, les infortunés remercièrent le ciel; le doux espoir suspendit les pleurs, les gémissemens, et fit subitement cesser tous les murmures contre la Providence; à l'abattement et aux supplications de la douleur succédèrent les élans d'une reconnoissance passionnée ! L'enthousiasme exalta la joie des gens heureux, et fit oublier, ou du moins adoucit les maux de tous les êtres souffrans. Nous pouvons facilement nous représenter ce ravissant spectacle, puisque nous venons de le voir renouveler parmi nous!...

Dans un des faubourgs de Vienne languissoit une malheureuse veuve (nommée Maria Sternman) prête à succomber sous le poids du malheur et de la misère : elle avoit joui d'une honnête aisance; mais son mari, en mourant, avoit laissé des dettes qui absorbèrent toute sa fortune. Veuve depuis six mois, l'infortunée Maria avait eu la probité de livrer aux créanciers jusqu'à ses propres bijoux; elle s'étoit réfugiée à un quatrième étage, dans une petite chambre, qui ne contenoit pour tout ameublement qu'une table de bois, des chaises de paille, et deux lits de sangle, l'un pour elle, et l'autre pour son fils unique, enfant charmant, âgé de dix ans. Cet enfant plus aimé que jamais, et plus digne de l'être, avoit fait ses délices; mais, dans cette affreuse détresse, il aggravoit tous ses tourmens par les peines qu'il souffroit lui-même, quoiqu'il eût la délicatesse, étonnante à son âge, d'en dissimuler la plus grande partie.

Maria ne possédoit plus qu'une petite rente alimentaire et viagère, qui ne pouvoit suffire qu'imparfaitement à ses plus pressans besoins et à ceux de son enfant; pour diminuer un peu les privations de William (c'étoit le nom de son fils), elle imagina de se mettre à une diète austère, tant qu'elle pourroit la supporter; et pour en avoir un prétexte, elle feignit un dégoût invincible pour tous les alimens; de cette manière William fut mieux nourri; mais les forces de la pauvre mère s'affoiblissoient chaque jour : William, la croyant bien malade, prit une vive inquiétude; il proposa d'aller chercher un médecin, ce que Maria refusa positivement. William, pensant que le manque d'argent étoit la seule cause de ce refus, ne songea plus qu'aux moyens d'acquérir une petite somme pour payer une visite de médecin : il n'en trouva point d'autre que de s'échapper tous les soirs, à la nuit tombante, pour aller dans la rue demander l'aumône aux passans : cette action lui coûtoit beaucoup, car William avoit l'âme élevée ; mais un enfant bien né n'hésite pas à sacrifier son amour-propre à l'intérêt d'une mère. La première fois que William fit cette humiliante démarche, il étoit si honteux, si tremblant, et parloit si bas, qu'on ne l'entendit point, et que chacun passa son chemin sans lui rien donner ; le malheureux enfant pleura amèrement, et se promit de parler plus haut le lendemain ; en effet, un peu enhardi, il demanda plus distinctement ; il recueillit quelques petites pièces de monnoie ; mais il connut avec douleur que si les passans ne devenoient pas plus généreux, il lui faudroit bien du temps pour amasser l'argent dont il avoit besoin.

Telle étoit la situation déplorable de madame Sternman, à l'époque du couronnement de Joseph II. Maria étoit universellement aimée dans la maison : quoiqu'on n'y connût pas l'excés de sa misère, on savoit qu'elle étoit ruinée, chacun la plaignoit, et l'on rendoit une parfaite justice à la pureté de ses sentimens et de sa conduite. Un matin, une voisine vint avec empressement lui annoncer la grande nouvelle qui occupoit toute la ville. A ce récit, Maria se ranima : « Dieu soit loué, dit-elle, ce moment en est toujours un de faveur et de grâce, avec un prince si populaire, et dont on connoît si bien la bonté !... » et Maria se promit d'écrire le jour même un placet à son nouveau souverain.

Le soir, ainsi que de coutume, William s'échappa pour aller quêter dans la rue. A peine y étoit-il, qu'il aperçut un grand homme de bonne mine, qui s'avançoit de son côté. Cet homme avoit un chapeau rabattu sur les yeux, circonstance qui, jointe à l'obscurité du commencement de la nuit, empêchoit absolument de distinguer ses traits; mais la noblesse de sa figure interdit William, qui s'approcha de lui avec saisissement, et tendant sa petite main, balbutia son humble demande. L'inconnu s'arrêta, et d'un ton plein de douceur : « Mon en-

fant, lui dit-il, vous n'êtes pas accoutumé à ce métier; pourquoi le faites-vous? — Hélas! monsieur, répondit William, ma pauvre mère est bien malade, et je tâche, à son insu, d'amasser de quoi payer une visite de médecin. » A ces mots, l'inconnu réfléchit un instant; ensuite reprenant la parole: « Vous ne pouviez mieux rencontrer, dit-il, car je suis médecin, et je vais gratuitement aller voir votre mère; conduisez-moi vers elle. » Ces paroles transportèrent de joie William; il saisit la main de l'inconnu; il la baisa avec ravissement; il l'inonda de pieuses larmes, et il la sentit tressaillir!...
Il entraîna le généreux médecin dans sa maison, et là, gravissant rapidement avec lui les quatre étages, ils se trouvèrent bientôt dans la chambre de Maria, qui fut étrangement surprise à l'aspect de cet inconnu! Maria étoit assise devant sa petite table, sur laquelle étoit posée une écritoire; elle venoit de finir son placet à l'empereur. Elle voulut se lever, mais sa foiblesse et son émotion ne lui permettant pas de se soutenir sur ses jambes, elle retomba sur sa chaise; William s'élança dans ses bras, et s'écria en sanglotant: « Maman, voilà un médecin qui ne prend point d'argent!... » Ma-

ria, en silence, le serra contre son sein, et son attendrissement fut au comble, en apercevant deux larmes qui couloient doucement sur les joues de l'inconnu, qui, s'approchant d'elle avec un air affectueux, lui fit quelques questions sur sa santé; Maria baissa les yeux, et sans rompre le silence. «Elle ne mange plus, s'écria William en pleurant toujours; voyez comme elle est pâle!...— Ah! monsieur, dit enfin Maria, la profession que vous exercez si noblement vous procure peut-être l'occasion d'aller quelquefois à la cour; ah! si vous pouviez faire parvenir ce placet à l'empereur!.... —Donnez, répondit vivement l'inconnu, je m'en charge; en attendant je vais vous écrire une ordonnance qui rétablira vos forces, car à la seule inspection je connois parfaitement votre mal.» A ces paroles, Maria et son enfant firent éclater tous les transports de la plus vive reconnoissance. Pendant ce temps, l'inconnu écrivoit à la hâte l'ordonnance, qu'il posa sur la table, et il sortit précipitamment. Quel fut l'étonnement et le bonheur de Maria, lorsqu'après le départ de ce magnanime inconnu, elle prit le papier qu'il avoit écrit, et qu'au lieu d'une ordonnance de médecin, elle y trouva un ordre de payer, sur la cassette de l'empereur, le premier quartier d'une pension de quatre-vingts ducats ! L'ordre tracé de la main de l'empereur portoit sa signature. « Grand Dieu ! s'écria Maria en fondant en pleurs, ce prétendu médecin, qui m'inspiroit tant de respect, ce merveilleux inconnu étoit l'empereur lui-même!... » A ces mots, l'heureuse Maria et son enfant se prosternèrent pour adorer le maître éternel et tout-puissant qui commande à ceux de la terre, non-seulement la justice, mais encore la tendre compassion, l'humanité, la bonté prévenante, délicate et persévérante [1].

---

[1] Cette petite histoire n'est point d'invention, elle est en effet une anecdote de la vie de l'empereur Joseph II.
(Note de l'auteur.)

L'ANGLOMANE

ENNEMI DES ANGLOIS.

On n'a jamais poussé plus loin que G*** l'*Anglomanie de fait* : il n'a que des voitures angloises, des chevaux anglois, des jardins anglois : son costume est toujours anglois et souvent même son langage. Cette manie augmentant tous les jours devint d'autant plus remarquable que G*** se piquoit d'une haine irréconciliable contre les Anglois, sans en excepter les Écossois et les Irlandois; néanmoins il avoit au fond beaucoup plus de bonhomie que d'énergie et d'emportement, mais ses prétentions s'accordoient mal avec son caractère, et c'est depuis trente ans surtout ce que nous voyons sans cesse ; d'ailleurs G*** pensoit de très-bonne foi que tout *bon François* doit même en pleine paix détester sans distinction tous les habitans de la *Grande-Bretagne.*

Un matin, à Paris, il se disposoit à monter en voiture pour retourner dans sa terre, où il avoit laissé sa famille, lorsqu'un de ses amis, le chevalier de Rodière, revenant d'un long voyage dans les pays étrangers, entra tout à coup dans sa chambre; G***, charmé de le revoir, le reçut à bras ouverts et voulut absolument l'emmener sur-le-champ dans son château; ils avoient trente-cinq lieues à faire, mais ils ne s'ennuyèrent point durant la route, car la conversation fut toujours très-animée; il ne fut question d'abord que des voyages du chevalier, ensuite on parla de beaucoup d'autres choses, et G*** ne manqua pas de déclamer contre les Anglois, et de se vanter de toute sa haine contre eux. « Tu m'étonnes, lui dit le chevalier, car des gens qui, à la vérité, te connoissent peu, ne me parloient dans leurs lettres que de ton excessive anglomanie. » A ce mot G*** éclata de rire. « Moi, anglomane ! s'écria-t-il, voilà une comique imputation !... — Mais, reprit le chevalier, le peu de lettres que tu m'as écrit m'a confirmé dans cette idée. — Comment ? — Oui, parce que j'ai remarqué que tu avois appris l'écriture angloise. — Oh ! leur écriture ne prouve assurément rien. — C'est que les traits qui la caractérisent ne peuvent l'embellir : ces grandes *piques* toutes droites n'ont rien de joli. — Précisément ces *piques* ont un petit air *belliqueux* qui me plaît, c'est pourquoi j'ai adopté cette écriture. — Réellement tu as de l'antipathie pour les Anglois ? — Je leur ai juré guerre sans trêve, ressentimens implacables, haine sans réconciliation..... — Ah ça, tu leur feras donc la guerre à toi tout seul ? — Que veux-tu, mon ami ! Lorsque je songe à tout le mal qu'ils ont fait à ma patrie, lorsque je réfléchis à leur ambition, à la mauvaise foi de leur gouvernement, je l'avoue, je ne me possède plus, c'est plus fort que moi. — Quand il seroit vrai que leur gouvernement eût eu souvent des torts, ce ne seroit pas la faute de la nation, et, tu as beau dire, cette nation est grande et généreuse. — Elle est ennemie née de la mienne. — On ne s'élève point en cherchant à rabaisser le caractère de ses ennemis; enfin, chez les peuples chrétiens, les traités de paix réparent tout. — Mon cher chevalier, ton caractère est doux et bénin, le mien est irascible et fort, nous ne nous entendrons jamais sur ce point. Le chevalier changea de conversation, et durant la route il évita soigneusement de parler des Anglois.

Le lendemain ils n'arrivèrent qu'au déclin du jour au château; on servit presqu'aussitôt à souper; et le chevalier sourit en s'apercevant que la cuisine étoit entièrement angloise. Ils mangèrent de fort bon appétit les *rostbeefs*, les *beef'stakes*, les *poudings*, *les sauces aux crevettes*, *les légumes à l'eau*, etc.

Après le souper, on servit à la fois le *thé*, le *punch* et le *café*. Le chevalier observa aussi que la maîtresse de la maison étoit de la tête aux pieds vêtue à l'angloise; on se coucha de bonne heure, et G***, dit à *son honorable* ami que, s'il ne trouvoit pas sa chambre *confortable*, il seroit fort *désappointé*.

Le lendemain le chevalier se leva de bonne heure et s'empressa de descendre dans les jardins; il les avoit vus jadis à la françoise; mais leur métamorphose angloise étoit complète, on n'y trouvoit plus vestige d'allées droites et de charmilles; on avoit détruit un beau canal placé en face du château, et on l'avoit artistement divisé en une infinité de petits filets d'eau, serpentant en tous sens dans le parc. La cloche du déjeuner rappela le chevalier au château; le déjeuner fut à l'angloise comme tout le reste, et lorsqu'on rentra dans le salon, on y trouva les enfans qu'on y amenoit toujours à cette heure. L'aînée étoit une fille de huit ans avec les jupons courts et les *caleçons anglois*; son frère, âgé de cinq ans, venoit de recevoir un sabre de fer blanc, il se hâta de le tirer du fourreau, et l'agitant en l'air, il jura d'un air très-martial d'exterminer tous les Anglois avec cette arme redoutable. A cette véhémente déclaration G*** fit éclater des transports inexprimables, il embrassa mille fois l'enfant en s'extasiant sur ses dispositions précoces, étonnement qui parut être partagé par quelques habitués de la maison auxquels G***, en signe de réjouissance, serra fortement les mains (à l'angloise). Pendant cette petite scène le chevalier, sans proférer une seule parole, se tenoit à l'écart; G***, qui le cherchoit des yeux, l'aperçut et courut à lui. « Hé bien ! lui demanda-t-il; que dis-tu de ce petit drôle ? — Il tient de son père.—Cela n'est-il pas surprenant, à cinq ans? — De grâce, reprit le chevalier, ne m'interrogez point, je ne sais ni flatter, ni trahir ma pensée. » A ces mots, le visage de G*** se rembrunit ; il haussa les épaules, et le mot de *pédant* échappa de sa bouche. « La pédanterie, repartit le chevalier, vaut infiniment mieux que la plus ridicule inconséquence. — Qu'appelez-vous inconséquence ? interrompit G***, avec colère ; je suis au contraire très-conséquent. J'aime avec passion mon pays, j'abhorre ses ennemis naturels ; rien assurément n'est plus simple. — Si vous les *abhorrez*, ne les imitez donc pas servilement en toutes choses ; troquez vos meubles, vos bijoux ; rétablissez vos jardins dans leur état primitif, renvoyez votre cuisinier, réformez votre langage et vos manières qui ne sont plus françoises ; changez vos marchands carrossier, sellier, tailleur ; allongez vos étriers en montant à cheval ; enfin, redevenez un François, et l'on pourra croire que vous aimez votre nation. »

Ce discours, qui blessoit toutes les prétentions de G***, porta au comble sa fureur ; les dames venant de sortir du salon pour aller se promener dans le parc, rien ne contraignit son ressentiment ; quatre ou cinq hommes présens à cette querelle voulurent en vain l'apaiser : le calme et le sang-froid du chevalier achevèrent de pousser à bout G***, qui finit par lui demander raison, et sur-le-champ, de ce qu'il appeloit un outrage impardonnable. « Hé bien ! reprit le chevalier, vous êtes l'offensé, vous avez le choix des armes. — Je méprise l'épée, je ne me bats jamais qu'aux pistolets. — Ah ! répondit le chevalier, encore à l'angloise !... » Cette remarque excita un tel éclat de rire, que toute la rancune de G*** en fut déconcertée. « En ceci, du moins, ajouta le chevalier, il est conséquent, car il veut me tuer *à l'angloise !...* » A ce mot G*** ne put s'empêcher de sourire; on saisit ce moment pour l'entourer et pour lui représenter qu'il n'étoit pas naturel qu'un *bon François* se battît contre son ami intime, parce que celui-ci lui reprochoit d'avoir adopté toutes les coutumes angloises. G***, comme on l'a dit, étoit un excellent homme et qui ne manquoit ni de raison, ni de droiture; il sentit son tort, il fit plus, il en convint; il plaisanta même de bonne foi sur le peu d'accord qui se trouvoit entre ses opinions et ses habitudes. Il embrassa cordialement le chevalier ; la réconciliation fut également sincère de part et d'autre, et l'on y mit le sceau en passant dans la salle voisine pour y jouer gaiement au billard à *l'angloise ;* mais le chevalier resta persuadé que, pour être toujours conséquent dans les grandes choses, il faut l'être aussi dans tous les détails de la vie.

DICTIONNAIRE

CRITIQUE ET RAISONNÉ

DES ÉTIQUETTES DE LA COUR,

DES MŒURS,

ET DES USAGES DU MONDE.

PRÉFACE.

L'élégance des manières, la noblesse et la pureté du langage, la connoissance des égards ou du respect que l'on doit avoir, dans le grand monde, pour les gens qu'on y rencontre, suivant le mérite personnel, le sexe, l'âge, le rang, enfin, toutes les bienséances et les grâces sociales forment la politesse, et sont les expressions des qualités les plus aimables; la douceur, la modestie, l'indulgence, la bonté, la délicatesse, opposées aux défauts les plus haïssables, l'aigreur, la rudesse, la grossiéreté, l'arrogance et surtout l'égoïsme; car la politesse est un sacrifice continuel de l'amour-propre et d'une infinité de choses agréables ou commodes. Ainsi cet art de plaire, dans toutes les situations et à tous les âges, n'est pas aussi frivole qu'on affecte aujourd'hui de le croire. Il a, dans tous les temps, contribué à la célébrité des peuples qui l'ont perfectionné. L'urbanité des Athéniens, après tant de siècles écoulés, nous paroît encore un titre de gloire; et l'*atticisme* sera toujours une épithète flatteuse dans un éloge.

La politesse françoise a été combinée dans toutes ses nuances avec tant d'esprit, de goût et de finesse, qu'elle a toujours été citée comme le modèle de la grâce, de la galanterie et de la véritable obligeance.

Mais la gloire d'étonner l'univers par une longue suite de triomphes tellement merveilleux, que l'histoire hésiteroit à les raconter, si la plus grande partie des héros et des témoins n'existoit pas encore; tant de prodiges de valeur ont fait négliger des usages et des espèces de lois sociales inutiles dans les camps. Au milieu de tant de prétentions ambitieuses, on a dû dédaigner celle de pa-

PRÉFACE. 245

roitre aimable; et n'y plus attacher de prix, c'est y renoncer.

Nous avons voulu, dans cet ouvrage, non-seulement rappeler quelques-uns de ces usages oubliés, mais en expliquer l'*esprit*, en tâchant de prouver que ce qu'on appeloit jadis un *bon* ou un *mauvais ton*, et la *bonne compagnie*, n'étoient pas des choses purement arbitraires, comme l'ont prétendu si souvent ceux qui n'ont jamais vécu dans le grand monde et à la cour. Sans mettre beaucoup d'importance à ce petit système, nous avons pensé que cet ouvrage serviroit à donner une idée complète des mœurs anciennes, sur lesquelles les étiquettes, les bienséances reçues, les coutumes, les usages et même les modes ont tant d'influence, et que ce Dictionnaire pourroit être utile à la jeunesse, qui se trouve éloignée des années du règne de Louis XV par tant d'événemens et de révolutions, qu'il semble qu'elle en soit séparée par des siècles. En effet, ces traditions si récentes encore sont tellement effacées, que les vieillards qui ont conservé de la mémoire, lorsqu'ils racontent aux jeunes gens ce qu'ils ont vu dans leurs beaux jours, peuvent être comparés à l'histoire qui parle à la postérité.

DICTIONNAIRE

CRITIQUE ET RAISONNÉ

DES ÉTIQUETTES DE LA COUR,

DES MOEURS,

ET DES USAGES DU MONDE.

ACADÉMIE FRANÇOISE. — Les écrivains qui ont du talent sont sans cesse attaqués par ceux qui n'en ont pas ; les gens de lettres repoussés par l'Académie se vengent souvent par des épigrammes ; toutes ces choses sont dans l'ordre ; les révolutions n'y changent rien, elles n'anéantiront jamais l'envie, les dépits de l'amour-propre, et la méchanceté. Quand Piron a dit, en parlant de l'Académie, *Ils sont là quarante qui ont de l'esprit comme quatre*, c'étoit, comme on le fait toujours dans les bons mots satiriques, se permettre une prodigieuse exagération. Pour être équitable, Piron peut-être auroit dû *doubler* ce nombre *quatre* ; car aujourd'hui même il ne seroit pas impossible, en cherchant bien, de trouver dans la foule des académiciens sept ou huit gens de lettres d'un mérite distingué. Le fait est que tous les grands talens ont toujours été reçus tôt ou tard à l'Académie, et que jamais un homme, à la fois complétement ignorant et sot, n'y a été admis, à l'exception de quelques grands seigneurs ; mais c'étoit un des priviléges de la noblesse et du rang élevé : les courtisans, les favoris et les princes en ont toujours joui modestement, puisqu'ils ne l'ont jamais attribué à leur naissance ou à la faveur. Long-temps avant le cardinal de Richelieu, des gens de lettres eurent l'idée d'établir une Académie, dont le but devoit être de perfectionner et de fixer la langue françoise. Le poëte Ronsard forma à Saint-Victor des assemblées de beaux-esprits, protégées par Charles IX, qui les honora souvent de sa présence. On sait que ce prince aimoit les vers, et qu'il en faisoit de très-bons pour son temps [1]; mais les cruautés et les massacres ont dans tous les siècles fait fuir les Muses épouvantées, et les jours affreux de la Saint-Barthélemi effacèrent jusqu'au souvenir de cette première tentative. Baïf, poëte qui vivoit sous Henri III, établit aussi une Académie françoise ; les guerres civiles la firent tomber : mais la langue nationale n'y perdit rien ; Malherbe parut peu d'années après [2].

---

[1] Voici les meilleurs qui nous restent de ce prince infortuné, dont les talens eussent honoré les lettres, si sa vie n'eût pas été souillée par un crime exécrable. Ces vers s'adressent au poete Ronsard.

L'art de faire des vers, dût-on s'en indigner,
Doit être à plus haut prix que celui de régner.
Tous deux également nous portons des couronnes,
Mais roi, je les reçois; poete, tu les donnes.
Ton esprit enflammé d'une céleste ardeur
Éclate par soi-même, et moi par ma grandeur.
Si du côté des dieux je cherche l'avantage,
Ronsard est leur mignon, et je suis leur image.
Ta lyre, qui ravit par de si doux accords,
S'asservit les esprits dont je n'ai que les corps ;
Elle t'en rend le maître, et te sait introduire
Où le plus fier tyran ne peut avoir d'empire.

[2] Nos rois, dans les temps mêmes les plus reculés de la monarchie, ont toujours aimé la littérature. Dans la pre-

L'Académie françoise, fut enfin fondée en 1655. L'abbé de Bois-Robert, favori de Richelieu, engagea ce ministre à l'établir, et même pendant quelque temps l'Académie tint ses séances chez Bois-Robert. On s'occupa d'abord du soin important de composer un bon dictionnaire de la langue. Voici ce que dit Bois-Robert de ce travail dans une de ses épîtres :

> Pour dire tout enfin dans cette épître,
> L'Académie est comme un vrai chapitre ;
> Chacun à part promet d'y faire bien,
> Mais tous ensemble ils ne tiennent plus rien,
> Mais tous ensemble ils ne font rien qui vaille.
> Depuis six ans dessus l'*F* on travaille ;
> Et le destin m'auroit fort obligé
> S'il m'avoit dit : Tu vivras jusqu'au *G*.

Ce fut une femme, mademoiselle de Scudéry, qui remporta le premier prix d'éloquence, fondé par l'Académie ; le sujet donné étoit sur la gloire.

Bossuet, Pascal, Corneille, Racine, Molière, Boileau, La Fontaine, Fénélon, Massillon, Buffon, ont seuls fixé la langue françoise ; et ce n'est qu'en méditant profondément sur leurs immortels ouvrages, que l'on pourra parvenir à faire un excellent dictionnaire

---

mière race, Chilpéric, mari de Frédégonde, voulut perfectionner l'orthographe, et ajouter des lettres grecques a l'alphabet : il envoya l'ordre dans les provinces de se conformer à son orthographe, ce qui excita une grande rumeur parmi les pédagogues que cet ordre remettoit à l'école. Il y en eut deux, à ce que dit l'histoire, qui aimèrent mieux se laisser *essoriller* (couper les oreilles) que d'obéir. Cette orthographe n'eut lieu que pendant la vie du prince.

[1] On trouve dans un *Essai sur le goût* (par M. de Marmontel), page 402, le passage suivant : « *Pascal étoit l'apôtre*

cependant la fondation de l'Académie, en excitant une noble émulation, fut très-utile à la littérature françoise; mais elle cessa de l'être quand les principes qui dirigèrent les auteurs du siècle de Louis le Grand commencèrent à s'altérer. Comme si ces auteurs eussent épuisé les plus grandes images et les plus nobles pensées de l'imagination et du génie, et en même temps les tours les plus heureux et les plus belles expressions de la langue qu'ils avoient formée, enrichie et fixée, presque tous leurs successeurs ne songèrent qu'à créer des mots nouveaux, des tournures et des doctrines nouvelles. Fontenelle commença; il fut dans ses écrits plus

» *du goût...* il sembloit fait pour être le symbole, l'image vi-
» vante du goût. Ce fut de lui que son siècle apprit à cribler,
» si j'ose le dire, et à purger la langue écrite des impuretés
» de la langue usuelle, et à trier non-seulement ce qui con-
» venoit au langage de la satire et de la comédie, mais au
» langage de la haute éloquence, mais au style plus tem-
» péré de la saine philosophie. »

On ne trouvera pas dans ce morceau *le langage de la haute éloquence;* mais c'est un échantillon précieux *du style tempéré* de la philosophie moderne. Au reste, quoiqu'il soit bien glorieux pour Pascal qu'un philosophe du dix-huitième siècle ait déclaré que ce grand écrivain fut l'*apôtre*, *le symbole et l'image vivante du goût*, et qu'*il apprit à son siècle à cribler, à trier, à purger la langue de ses impuretés*, nous croyons que Pascal a été mieux défini dans ces deux beaux vers, si dignes d'être placés dans un *Essai sur le sublime*, et qui expriment si parfaitement la piété de Pascal, l'étendue, la flexibilité de son génie précoce et prodigieux, et la brièveté de sa vie :

Du sein de l'Éternel il sort, il prend sa course,
Embrasse l'univers et remonte à sa source.

Par M. DE CHARBONNIERES.

précieux que délicat ; il eut plus d'obscurité que de finesse. Spirituel, souple, adroit, circonspect, il manqua de naturel sans tomber dans une affectation grossière, et, après avoir fait, sur la fin du règne de Louis XIV, des discours pleins de piété [1], il attaqua la religion sous la régence (dans l'Histoire des Oracles), mais avec prudence et ménagement. Lamothe, son admirateur, avec une morale plus pure, s'appliqua comme lui à changer ou à étendre l'emploi et la signification des mots connus : c'est ainsi que, dans sa traduction de l'*Iliade*, il dit :

La nuit se passe au camp, où cependant les troupes
Boivent dans les festins *l'espoir* à pleines coupes.

Aujourd'hui, on trouveroit, avec raison, que ces vers sont fort mauvais ; mais l'expression qui parut si ridicule alors, *boire l'espoir*, ne choqueroit qu'un bien petit nombre de personnes. On nous a familiarisés avec des locutions plus étranges encore.

De gloire et de butin faisons bourse commune ;

est encore un vers de Lamothe, qui en a fait beaucoup dans ce genre. M. de Voltaire, toujours naturel lorsqu'il écrit en prose, n'est pas entièrement exempt de ce mauvais goût dans ses vers. Dans sa tragédie de *Marianne*, Hérode dit :

Ma rigueur implacable,
En me faisant *plus craint*, m'a fait plus misérable.

On trouve quelquefois, dans ses meilleures poésies, des tours aussi défectueux. Il a composé plusieurs mots,

---

[1] Entre autres un discours sur la *Patience chrétienne*, dans lequel il tonne contre la philosophie irréligieuse, et apostrophe avec la dévotion la plus édifiante le *Verbe incarné*.... Mais Louis XIV, vieux et dévot, vivoit.... et les mêmes écrivains ont accusé leurs adversaires d'hypocrisie !...

entre autres, *mêmeté* et *impasse*, qui n'ont point été admis [1].

Les novateurs, vers le milieu du dix-huitième siècle, formèrent une grande association sous le nom d'*encyclopédistes* et de *philosophes*. Ils s'emparèrent, non des sommets du Parnasse, mais de toutes les avenues qui peuvent y conduire ; ils les *fortifièrent* de manière à en repousser toujours victorieusement tous ceux qui n'étoient pas de leur parti. Souverains et tyrans de l'Académie, les places ne furent plus données qu'à leurs admirateurs ; il fallut, pour être admis dans ce corps, embrasser leur doctrine, ou du moins ne l'avoir jamais combattue. On acheta les *réputations*, mais on se passa de la gloire : on n'en acquerra jamais en asservissant aux volontés impérieuses des chefs d'une cabale, ses opinions, son génie et sa plume. Maintenant que tous les gens de lettres sont convertis, on encouragera, on récompensera les auteurs dont les intentions seront véritablement pures et morales ; les académiciens, dans leurs suffrages, seront *sourds à la brigue*, et croiront *la renommée*. Nous verrons naître l'âge d'or de la littérature ; et ce siècle expiera toutes les erreurs du précédent. Pour y parvenir en quatre-vingts ans, il faut se mettre à l'œuvre sans délai, se réunir, se bien entendre (ce qui est si facile !), et travailler sans relâche avec autant d'harmonie que de courage et de ténacité.

ACIER. — Plusieurs années avant la révolution les diamans n'étoient plus à la mode ; mais on dépensoit en

---

[1] Le mot *entraînement* fut fait sous la régence ; on l'employa pour la première fois dans un ouvrage religieux. « La » Providence expliquée par les pharisiens étoit un entraîne- » ment invincible. » (*La Religion prouvée par les faits.*)

couloient jadis des pierres précieuses, qui, ayant une valeur intrinsèque, restoient dans les familles et faisoient partie de l'héritage des enfans. Un égoïsme effrayant, un goût passionné pour des bagatelles, une frivolité presque universelle, une inconstance remarquable, précédèrent les orages et les crimes de la révolution. On verra toujours dans l'histoire que ces grandes crises nationales sont beaucoup moins le fruit amer du mécontentement général que le résultat de la légèreté des esprits, réunie aux mauvaises mœurs et à l'amour du changement et de la nouveauté.

AIR (BON). — Avant la révolution on appeloit *avoir bon air* la noblesse et l'élégance dans le maintien, dans la manière de s'habiller, de meubler sa maison, de recevoir chez soi, etc. Pour *être de bon air*, il falloit aussi être difficile dans le choix de ses liaisons, et jouir soi-même d'une espèce de considération personnelle. On ne pouvoit avoir *bon air* sans un peu de fortune; néanmoins la richesse, et même le faste le plus éblouissant, ne constituoient nullement le *bon air*; souvent alors on rencontroit des gens d'une extrême magnificence, et qui n'étoient pas de *bon air*. On n'a jamais dit d'un sot, reconnu pour tel, ou d'un homme méprisable, qu'il fût de *bon air*, quelle que fût sa fortune, l'éclat de sa dépense et de son luxe : et ceci seul est un éloge et des mœurs et du goût. Il étoit de mauvais air, surtout pour les femmes, de se montrer trop souvent en public, par exemple aux spectacles. Le *bon air*, composé de mille choses frivoles, avoit cependant toujours pour base un fonds digne d'estime.

Un bon ton étoit une partie indispensable du *bon air*. nuer le prix. On a moins de *générosité*; un état de choses

Le bon ton consistoit à s'exprimer toujours avec simplicité, réserve, décence, naturel et clarté, et par conséquent à n'employer jamais des manières de parler basses, triviales, libres, proverbiales ou pédantesques.

Après la révolution, lorsqu'une société *toute neuve* commença à se rassembler, le bon air dont on vient de parler étoit tout-à-fait oublié, ou, pour mieux dire, la plus grande partie de ceux qui alloient ouvrir de grandes maisons, n'avoient jamais pu le connoître; ils savoient seulement qu'il faut qu'un beau salon soit bien doré et bien éclairé. Ils refirent un *bon air françois* très-simplifié. La seule richesse, à cette époque, fit *le bon air*; et le charme invisible, mais magique, des schalls de cachemire, leur nombre, leur grandeur, leur couleur, décidèrent seuls *le bon air parmi les femmes.*

ALLAITEMENT. — Dans tous les temps les médecins et les moralistes se sont accordés à dire que les mères doivent nourrir leurs enfans; ils le *conseilloient*, J.-J. Rousseau le *commanda*, et il fut obéi. Mais l'eût-il été de même en ordonnant de *bien nourrir* son enfant? c'est-à-dire, en prescrivant aux jeunes mères de renoncer au monde, aux fêtes, aux spectacles, et même à la ville, tout le temps de l'allaitement? S'il eût bien expliqué les devoirs indispensables des nourrices, il est permis de croire que la mode de l'allaitement maternel ne seroit pas devenue tout à coup si générale sur la fin du dix-huitième siècle.

ALTESSE SÉRÉNISSIME (titre d'). — Ce titre, jadis, n'étoit donné qu'aux princes du sang; on l'a étrangement prodigué depuis, ainsi que celui de *monseigneur*, que les femmes n'ont jamais donné autrefois; ni par écrit, ni de vive voix à un ministre, à moins qu'il ne fût cardinal ou évêque.

Après la chute du trône, on établit les étiquettes et les usages de la cour sur ce qu'on avoit pu remarquer, en traversant et dévastant d'autres royaumes ; les titres d'*altesse*, d'*excellence* et *les chambellans* devinrent aussi communs parmi nous qu'en Allemagne et qu'en Italie. Comme les Tartares, qui, en conquérant la Chine, prirent les lois de cette vaste contrée, on vit en France les vainqueurs adopter une partie des coutumes des vaincus. On vit aux Tuileries un mélange singulier d'étiquettes étrangères. On compléta ce cérémonial de cour en y ajoutant encore beaucoup d'usages de théâtre. Un homme d'esprit remarqua dans ce temps que les présentations à la cour étoient une imitation exacte de celle d'Énée à la reine de Carthage, dans l'opera de *Didon*. On sait qu'un acteur célèbre fut souvent consulté sur le costume qu'on inventa pour les jours solennels.

AMATEUR DE PEINTURE ET DE MUSIQUE. — Les amateurs, c'est-à-dire les vrais connoisseurs en ce genre parmi les hommes du monde, étoient extrêmement rares autrefois ; beaucoup de gens avoient la prétention d'aimer les arts ; mais ce n'étoit en général qu'une prétention, qui cependant produisit un bien : ces *amateurs* protégeoient du moins les grands artistes et formoient de belles collections. Les grands peintres n'etoient pas réduits à ne faire que des portraits ; on achetoit leurs tableaux. Aujourd'hui il y a beaucoup plus de vrais connoisseurs, et néanmoins depuis vingt ans les meilleurs tableaux de l'école françoise se vendent difficilement. Les richesses conquises sur l'Italie sembloient en dimi- achats de petits grains d'acier et de verre, l'argent que si long-temps incertain a dû naturellement produire cet effet. D'ailleurs les grandes richesses n'étoient pas tombées entre les mains des amis des arts; ceux qui possédoient d'immenses fortunes faisoient beaucoup plus de cas d'une bonne table que d'un beau tableau, ou d'une musique agréable.

Il y a aujourd'hui plusieurs *amateurs* qui, par la supériorité de leurs talens, honoreroient l'état d'artiste; ce qu'on n'a vu, avant la révolution, que parmi les femmes [1]. Mais il est une classe, celle des gens de lettres, qui s'est toujours piquée d'aimer les arts, et qui ne les a jamais véritablement cultivés. Voltaire, Marmontel et Diderot en ont parlé sans connoissance et sans goût, et souvent même ridiculement, ainsi que tous les littérateurs *gluckistes* ou *piccinistes*, et peut-être que maintenant il n'existe pas un seul homme de lettres qui sache dessiner un paysage, ou jouer passablement d'un instrument. Cependant ces arts enchanteurs sont les plus doux délassemens des travaux littéraires; une harpe (quand on en sait bien jouer) est une compagne fidèle qui, dans la solitude d'un cabinet, toujours prête à nous répondre, peut à la fois nous inspirer, nous adoucir et nous consoler. Sa forme élégante, sa vue seule retrace des souvenirs antiques et religieux; on se rappelle que les prophètes menoient avec eux des joueurs de harpe, qu'ils faisoient préluder lorsqu'ils vouloient se disposer à recevoir les inspirations divines; et que le plus saint, le plus éloquent des rois de l'antiquité, pour mieux toucher la bonté suprême, l'imploroit en jouant de la harpe, et, pour célébrer dignement les louanges

---

[1] Mais alors le nombre n'en étoit pas aussi considérable qu'il l'est aujourd'hui.

de l'Éternel, les chantoit sur cet instrument si noble, si mélodieux, qu'il est le seul qu'on ait osé mettre dans le ciel et placer dans les mains des anges.

L'étude constante et bien dirigée des beaux-arts est une source inépuisable d'idées ingénieuses, et d'émotions aussi douces qu'innocentes ; enfin elle entretient, jusqu'aux bornes de la vie, ce feu céleste qu'on appelle *imagination*. On exhorte les jeunes littérateurs à se livrer à cette étude délicieuse, ou, s'ils persévèrent à la dédaigner, on leur conseille de ne point parler des beaux-arts dans leurs ouvrages, et de ne point fatiguer le public par une multitude de lieux communs et d'idées baroques sur la peinture, la sculpture, la musique, et de faux jugemens sur les artistes.

ANGLOMANIE. — Ce furent les philosophistes, et surtout M. de Voltaire, qui répandirent en France l'anglomanie, qui devint si générale sur la fin du dernier siècle. M. de Voltaire, à la vérité, critiquoit avec beaucoup d'injustice Shakspeare et les autres grands littérateurs anglois, dont il empruntoit les principales beautés sans les citer ; mais, d'un autre côté, il répétoit dans tous ses pamphlets, et dans son *Dictionnaire philosophique*, que les François étoient des *Welches*, que ce siècle *étoit dans la boue*, etc. ; et il vantoit avec emphase la constitution, la liberté, les mœurs angloises. Les encyclopédistes et tous les jeunes auteurs copioient ces pompeux éloges ; et, tandis qu'on se moquoit de nous sur tous les théâtres de l'Angleterre, nous faisions sur les nôtres le panégyrique des Anglois. Les femmes ne portoient plus que des robes à l'angloise, des papelines, des moires, des toiles, du linon d'Angleterre ; elles vendoient leurs diamans pour acheter des petits grains d'acier et des verreries angloises ; la poterie angloise faisoit dédaigner la porcelaine de Sèvres; on reléguoit dans les garde-meubles les magnifiques tapisseries des Gobelins pour y substituer du papier bleu anglois; on renonçoit à toute conversation pour passer les soirées à prendre du thé et à manger des tartines de beurre; on culbutoit les beaux jardins de Le Nôtre; on contournoit nos majestueuses allées *à perte de vue*, on détruisoit nos bassins et nos jets d'eau ; on creusoit de petits ruisseaux bourbeux, honorés du nom de rivières; on surchargeoit nos parcs de ponts, d'ermitages, de ruines, de tombeaux; nos jeunes gens alloient passer huit jours à Londres pour y *apprendre à penser*. Le résultat de cette étude étoit de raccourcir les étriers de leurs chevaux, de hausser le siége de leurs cochers, et, dans la société, de terminer toutes les discussions par *un pari*. Enfin, on métamorphosa des champs de verdure en tapis de jeu; on établit des courses de chevaux; on se ruina, on perdit toutes les habitudes nationales. c'étoit perdre une grande partie de l'attachement qu'on a naturellement pour son pays. On se moqua de l'antique galanterie, de l'ancienne politesse; on cessa d'être François.... L'esprit d'innovation devint général, et cet esprit, uni aux idées *philosophiques*, devoit produire tout ce qu'on a vu. On en étoit là au commencement de l'année 1789 !...

APPARTEMENT (GRAND). — On appeloit ainsi, avant la révolution, une assemblée solennelle et générale, de toute la famille royale, des princes du sang et de toute la cour, à l'occasion d'un événement mémorable, comme par exemple d'un traité de paix, ou de la naissance ou du mariage d'un prince de la famille royale. Cette cérémonie se réduisoit à faire sa cour au roi, établi à une table de jeu dans un immense salon ou dans une galerie. Toutes les personnes présentées y étoient admises ; on jouoit, et les femmes qui ne jouoient pas faisoient leur cour, assises sur des plians Dans ces occasions, ainsi qu'habituellement au jeu du roi et de la reine, toutes les femmes présentées, qu'elles eussent ou non les *honneurs du Louvre*, étoient assises, même sans être à la grande table de jeu, ou aux petites tables de jeu particulier des princesses.

Depuis la révolution, quelques journalistes paroissent croire qu'il est plus noble et plus respectueux de mettre toujours au pluriel l'appartement du souverain et des princes. Ainsi, ils disent que le roi sort de *ses appartemens*, qu'il rentre dans *ses appartemens*, ce qui ne s'est jamais dit avant la révolution, parce qu'alors on parloit bien. Le plus grand monarque de l'univers n'occupera jamais qu'un seul palais dans une de ses villes; et dans l'un de ses palais, il ne loge que dans l'appartement qu'il s'est réservé. Le mot *appartement* signifie l'assemblage de plusieurs pièces réunies pour former un seul logement. On a quelquefois la magnificence d'en avoir deux, l'un d'hiver, l'autre d'été ; mais on n'en occupe qu'un à la fois. Ainsi, dire que le roi rentre dans *ses appartemens*, c'est à peu près comme si l'on disoit qu'il rentre dans *ses palais* pour aller se reposer dans *ses chambres à coucher*. L'intention de ces manières de parler pourroit être fort respectueuse, mais les phrases n'en seroient pas moins ridicules, et celle que nous critiquons est tout aussi étrange.

On disoit, *les petits appartemens* de M. le Régent ; parce que c'étoit une espèce de petite maison dont souvent des fa-

17.

ASSEMBLÉES. — Dans quelques sociétés, et surtout dans les feuilles publiques, on a fort mal à propos substitué à ce mot, celui de *réunion;* car le mot de réunion, dans ce sens, exprime seulement que des personnes qui se connoissent intimement se donnent rendez-vous et se retrouvent ensemble. Ainsi, on peut dire *une réunion de famille*, *une réunion d'amis*. Mais il est ridicule d'appeler *réunion* le rassemblement de deux ou trois mille personnes à un spectacle, à une fête, et il faut dire alors une *assemblée*, comme on disoit autrefois. On ne pensoit peut-être pas, dans ce temps, avec cette *profondeur* devenue maintenant presque universelle; mais on n'employoit pas (du moins généralement) des expressions impropres.

BALS PARÉS ET BALS MASQUÉS. — On appeloit *bals parés*, dans le dernier siècle, ceux qui se donnoient à la cour dans les occasions solennelles; il y en avoit très-rarement, et l'étiquette les rendoit plus magnifiques qu'agréables. Les dames de la cour n'y dansoient qu'en grands habits, avec d'énormes paniers; des grands corps dont les épaulettes, découvrant les épaules, permettoient à peine de lever les bras; des chaussures étroites et pointues, portées sur de hauts talons; des bas de robes d'une longueur immense; un habit d'une épaisse et riche étoffe brodée d'or; une coiffure d'une prodigieuse élévation et surchargée de pierreries; de lourdes girandoles de diamans suspendues aux oreilles complétoient ce costume, avec lequel il étoit difficile de danser lestement. Les hommes portoient des habits à grands paremens, brodés sur toutes les tailles, une écharpe; les cheveux abattus et en longues tresses. Aux bals ordinaires de la cour les femmes étoient en *dominos* à plis par derrière, comme les robes de ville. Ces dominos étoient sur de petits paniers; ils avoient des amadis, de très-longues manches flottantes et des queues, mais petites. Nos rois, qui ont toujours eu de la grâce et de l'affabilité, ne manquoient jamais de donner dans les grandes occasions des bals masqués, afin que les personnes qui n'étoient pas présentées pussent y venir.

« Avant la révolution, les bals masqués de l'Opéra furent très à la mode; le temps de leur plus grande vogue a été sur la fin du règne de Louis XV et sous celui de son successeur. Durant cet espace de temps, il n'y a point eu d'années où les bals de l'Opéra n'aient produit quelque scène ou quelque aventure scandaleuse. Ce qu'on appelle *esprit de bal*, étoit un jargon extravagant, qui, pour amuser, pouvoit se passer d'esprit, quand la méchanceté ne le rendoit pas odieux, et quand sa vivacité ressembloit à l'enjouement; mais en général cette gaieté folle et grimacière avoit toujours quelque chose de faux et de fatigant. De tous les amusemens du grand monde, le bal masqué est le moins noble, le moins décent et le plus dangereux. Le seul bien que les dissensions politiques aient produit, c'est d'avoir fait tomber le bal de l'Opéra. L'*esprit de parti*, formant l'*esprit du bal*, auroit bientôt fait de la salle un champ de bataille : nous n'avons même pas assez de raison pour déraisonner sans conséquence. Il y avoit, avant la révolution, des *bals d'enfans*, dont Lemière a fait une charmante description dans son poème des *Fastes*. Ces bals commençoient à cinq heures et finissoient à dix. Outre les enfans, on y invitoit les jeunes personnes nouvellement mariées ; qui, n'allant pas seules dans le monde, ne veilloient pas encore. Aujourd'hui, les jeunes personnes non mariées sont invitées aux bals de nuit ; le lendemain, l'étude et les leçons n'en vont pas mieux ; mais qu'importe, puisqu'on paie des maîtres ? Tant de mères sont persuadées que c'est à quoi se réduit toute bonne éducation !

Avant la révolution, les hommes dansoient avec leurs chapeaux sur la tête ; aujourd'hui ils dansent sans chapeaux.

BALLET [1]. — Les ballets-pantomimes n'ont commencé à être à la mode, en France, que vers la fin du règne de Louis XV. Le goût en fut répandu, dans toute l'Europe, par les belles compositions en ce genre du fameux Noverre. Un ballet-pantomime bien composé et bien exécuté est peut-être, de toutes les compositions théâtrales, celle qui agit le plus puissamment sur l'imagination. Si l'expression de ces personnages muets est vraie, rien n'en affoiblit l'effet ; chacun, dans sa pensée, leur suppose le langage qui lui convient. On ne fera jamais de plus beaux ballets que ceux de Noverre ; et, dans l'art de jouer la pantomime, on doute qu'on ait encore égalé mesdemoiselles Heinel, Guimar et d'Auberval. Dans presque tous les carrousels, il y avoit jadis des ballets de chevaux. Pluvinel, écuyer du roi, en fit exécuter un fort beau dans le fameux carrousel de Louis XIII [2]. On a vu autrefois des

[1] Ce mot vient, dit l'Encyclopédie, de ce qu'originairement on dansoit en jouant à la paume.

[2] On lit dans Pline que c'est aux Sybarites que l'on doit

ballets religieux ; on en a fait aussi de moraux. En 1670, sur le théâtre du collège de Clermont, que depuis on nomma Louis-le-Grand, on donna un ballet moral, qui représentoit la Curiosité, dont le bon ou mauvais usage peut contribuer à perfectionner les esprits ou à les gâter. Les quatre parties du ballet étoient divisées en autant d'espèces de curiosités. La première, une curiosité inutile qui court après toutes sortes de bagatelles ; la deuxième, une curiosité pernicieuse qui recherche tout ce qui est défendu ; la troisième, une curiosité raisonnable qui étudie tous les secrets de la nature et perfectionne les sciences ; la quatrième, une curiosité nécessaire, qui examine les divers usages de chaque chose et qui a inventé tous les arts. Ce ballet instructif eut un grand succès : cette maxime de La Rochefoucauld en donna, dit-on, l'idée : *Il y a diverses sortes de curiosités ; l'une, d'intérêt, qui nous porte à désirer d'apprendre et qui nous peut être utile ; et l'autre, d'orgueil, qui vient du désir de savoir ce que les autres ignorent.*

BANQUET (ROYAL). — C'étoit, dans les grandes occasions de fêtes dans la famille royale, un festin solennel fait en public, avec non-seulement toute la famille

---

l'invention de la danse des chevaux. Athénée conte que les Crotoniates, qui faisoient la guerre à ce peuple, firent secrètement apprendre à leurs trompettes les airs de ballets que les Sybarites faisoient danser à leurs chevaux. Au moment de la charge, les Crotoniates firent sonner tous ces airs différens ; alors les chevaux des Sybarites, au lieu de suivre les mouvemens que vouloient leur donner les cavaliers, se mirent à danser leurs entrées de ballets, et les Crotoniates taillèrent en pièces les Sybarites.

royale, mais aussi tous les princes du sang. Ce banquet, qui avoit toujours lieu au mariage d'un prince, étoit suivi d'un *grand appartement* et d'un bal.

Au *grand couvert* des dimanches, qui étoit le souper du roi en public, il n'y avoit que les princes de la famille royale, et non les princes du sang.

BAPTÊME. — Avant la révolution, les princes du sang étoient ondoyés au moment de leur naissance, dans la chambre même où ils venoient de recevoir le jour. Ils n'étoient baptisés qu'à douze ans, et toujours dans la chapelle de Versailles. Comme le roi et la reine étoient toujours parrains et marraines des princes de leur sang, on retardoit apparemment leur baptême jusqu'à l'âge de raison, afin qu'ils fussent en état de sentir que cet honneur qu'ils recevoient étoit un lien de plus qui devoit les attacher davantage encore à leur souverain.

BÉNÉDICTIONS PATERNELLES ET MATERNELLES. — Jadis tous les enfans, sous l'autorité paternelle, n'alloient jamais se mettre au lit sans demander à genoux cette bénédiction; pieuse coutume conservée en Espagne jusqu'à nos jours. Ainsi, pour un père, le dernier acte de sa journée étoit un pardon s'il y avoit eu des fautes; et pour l'enfant, un témoignage de repentir, de soumission et de reconnoissance. Il n'existe pas un seul usage religieux dont l'esprit ne soit admirablement utile.

« Dans tous les temps, le prix que les hommes ont
» attaché à la *bénédiction paternelle* a toujours été en
» proportion de la pureté de leurs mœurs. Cette bé-
» nédiction étoit, pour les patriarches, le premier de
» tous les biens. Nos aïeux attachoient encore une

» grande importance à cette sainte bénédiction... En-
» suite il n'est resté que la crainte de la *malédiction*,
» qui a duré long-temps ; c'étoit du moins un frein !
» Mais la crainte n'est véritablement salutaire que lors-
» qu'elle est fondée sur l'amour..... »

(Note du poeme des Bergères de Madian, du même auteur)

Dans le temps où tout le monde abandonnoit le roi d'Angleterre Jacques II, détrôné par sa fille, l'archevêque de Cantorbéry et six autres évêques lui restèrent fidèles. Dès que la princesse d'Orange fut arrivée à White-Hall, elle envoya à l'archevêque un gentilhomme pour lui demander sa *bénédiction*. Il répondit : *Quand elle aura reçu celle du roi son père, je lui donnerai volontiers la mienne.*

La *bénédiction des drapeaux* et celle des cloches sont rétablies ; celle des vaisseaux, si elle ne l'est pas, le sera sans doute. Un prêtre, en versant dans un vaisseau de l'eau bénite, y jetoit aussi du sel et du blé, symboles de l'abondance ; une prière à haute voix, pour l'équipage qui alloit s'exposer à tant de dangers, une courte exhortation et une bénédiction générale terminoient cette auguste et frappante cérémonie.

BIBLIOTHÈQUE. — La Bibliothèque du Roi est la plus belle de l'univers, en livres rares, en manuscrits et en médailles ; mais elle s'accroît tellement de jour en jour, que l'on manquera bientôt de place pour y mettre les livres nouveaux. Elle deviendra bientôt semblable au champ malheureux où l'ivraie étouffe le bon grain. La multitude inépuisable des mauvais ouvrages surpassera de beaucoup le nombre des bons livres. On oblige tous les auteurs à déposer un exemplaire de leurs productions dans toutes les bibliothéques royales ; c'est le plus triste impôt qu'on ait jamais établi. L'admission d'un ouvrage dans ces grandes bibliothéques devroit être une faveur, une distinction honorable, et non une imposition. Sans gêner la *liberté illimitée de la presse*, le souverain seroit assurément bien le maître, ainsi que tous les particuliers, de n'admettre dans ses bibliothéques que les livres qui lui conviendroient, et par conséquent de nommer des censeurs pour juger ceux qui lui seroient présentés. Alors les ouvrages mal écrits ou dangereux seroient rejetés ; on n'admettroit que des productions estimables, et de long-temps on ne seroit obligé d'agrandir les salles, surtout si dans ces bibliothéques, ouvertes à la jeunesse studieuse et au public, on faisoit un épurage très-nécessaire ; c'est-à-dire, si l'on en bannissoit tous les écrits pernicieux ou dénués de talent. Jadis, dans l'antiquité, on fit dans Syracuse le procès à toutes les statues des anciens rois, et l'on n'en conserva qu'une seule [1]. Si l'on faisoit le procès aux livres de la Bibliothéque du Roi, combien, après un jugement équitable, elle auroit de tablettes vides ! Il seroit à désirer que l'on pût placer, dans toutes les bibliothéques publiques, cette inscription qu'Osimandias, roi d'Égypte, fit graver sur les portes de la sienne : *Trésor des remèdes de l'âme*. Nous sommes asez riches pour former ce *trésor*; mais il ne faudroit pas mêler des poisons à ces précieux remèdes [2].

---

[1] Celle de Gélon.

[2] La Bibliothéque du Roi, à Paris, contenoit, il y a treize ans, 300,000 volumes imprimés; 70,000 manuscrits, 200,000 estampes; 400,000 médailles de bronze; 300,000 médailles d'or.

BIENSÉANCES. — Elles furent tout-à-fait abolies depuis l'année 1792 jusqu'à l'an 1800, où l'on commença à en reprendre quelques-unes. On a vu, en France, de jeunes femmes de très-bon air se présenter en public, presque toutes nues comme les *Lacédémoniennes*, tutoyer les jeunes gens, se montrer aux spectacles et aller au bal peu de jours après la mort de leurs plus proches parens, dont on ne portoit plus le deuil. On a vu à l'Athénée, dans des séances publiques, des femmes monter dans les tribunes pour y faire la lecture d'ouvrages de leur composition, tandis que dans les pensions on couronnoit, pour leurs talens, des jeunes filles de quinze ans dans des assemblées de trois cents personnes. On a vu, dans les promenades publiques, des pensions entières de jeunes filles attirer la foule autour d'elles, en dansant des rondes et en chantant des chansons d'amour. On a vu des femmes donner au public, sous leurs noms, des pièces de vers érotiques, qui n'auroient dû être signées que par des hommes. On a vu manquer publiquement à la reconnoissance, à l'amitié, à la foi conjugale, à la probité, sans être banni de la société, ou même sans y être mal reçu. Dans le monde, autrefois, la bonne compagnie exerçoit une justice sévère; elle jugeoit les procédés; elle bannissoit de son sein tous ceux qui en avoient publiquement de mauvais, et tous ceux qui manquoient aux bienséances; les ingrats grossiers, avec une parfaite franchise, n'appartiennent qu'à ce siècle. La société actuelle ne fait plus la police; elle en a même oublié les lois. La bienséance n'est point de l'hypocrisie; elle est un respect nécessaire, indispensable, pour tout ce qui est honnête. Elle n'exige point de belles actions, elle interdit seulement la publicité des mauvaises, ou le mépris apparent et scandaleux de tout ce qu'on doit estimer.

BILLETS. — La manie du bel-esprit a gâté depuis long-temps en France le style épistolaire. On mettoit de la prétention, non-seulement dans une lettre, mais dans un billet de quelques lignes; et le jacobinisme porta au comble ce ridicule, en mêlant à l'affectation la familiarité sans mesure et l'impolitesse. On a maintenant un meilleur ton; mais les grâces sont délicates et timides; lorsqu'on les a forcées de prendre la fuite, elles reviennent difficilement.

Pour les lettres, le protocole ancien est aboli; on ne sait même pas comment il faut écrire aux ministres et aux gens en place; et si l'urbanité françoise dispense comme autrefois les femmes de certaines formules respectueuses, qu'elles n'employoient avant la révolution qu'avec les *princes du sang*. Depuis vingt-cinq ans, on s'est exclusivement occupé de la *dignité de l'homme*, et l'on a tout-à-fait oublié celle des femmes. Elles reprendront sans doute cette dignité, sans laquelle il n'y a pour elles ni grâce ni véritable élégance, puisqu'il leur suffit, pour retrouver tous leurs droits, de savoir se respecter elles-mêmes.

Dans le siècle de Henri IV, et sous le règne de Louis XIII, on terminoit les lettres respectueuses par cette formule *Je suis avec passion*, etc. (Voyez *Lettres de Balzac*.) On a réformé cette formule dans le siècle de Louis XIV, où le bon goût a tout fixé dans tous les genres.

Pour écrire à ses égaux, on avoit *l'honneur d'être*, à ses inférieurs, on étoit avec une *parfaite considération* On savoit positivement comment on devoit placer ces formules, on n'étoit jamais embarrassé Aujourd'hui, on a substitué à ce protocole les *sentimens distingués*, la *haute considération*, les *civilités respectueuses*, les *salutations*, etc. On ne sait trop comment placer tous ces complimens ; et comme ils eussent jadis été de fort mauvais ton, les vieilles personnes de l'ancien temps répugnent à s'en servir.

BLANC (rand). — Mettre du blanc est un artifice honteux, parce qu'on ne l'avoue jamais. Il étoit fort commun, il y a quarante ans. Cette espèce de supercherie, qui n'a jamais trompé personne, est devenue très-rare depuis qu'on ne porte presque plus de rouge. Il étoit de mauvais goût autrefois de mettre du rouge le matin, excepté en habit de cour ; mais on s'en dédommageoit amplement le soir ; lorsqu'on étoit parée, on en mettoit avec excès. Il faut applaudir à la suppression du rouge, du blanc, des mouches, de la poudre, des hauts talons et des paniers. Les modes actuelles, quand elles ne blessent pas la décence, sont infiniment plus jolies, plus commodes et plus raisonnables ; il n'y manque plus qu'un costume pour les vieilles femmes. Il y avoit autrefois celui de la jeunesse, ceux de l'âge mûr et de la vieillesse. On quittoit les fleurs avant l'âge de trente-quatre ou trente-cinq ans ; on prenoit une coiffe noire à cinquante. On se résignoit à n'être plus jeune ; aujourd'hui on ne peut plus s'y résoudre, on se couronne de fleurs à soixante ans. Les vieilles femmes les plus raisonnables veulent bien penser qu'elles doivent seulement s'interdire les roses ; comme si toutes les fleurs n'étoient pas l'emblème naturel de la fraîcheur et de l'éclat de la jeunesse.

BOUGEOIR. — Quand le roi, à son coucher, *donnoit*

le bougeoir à un seigneur de la cour, c'étoit une faveur très-distinguée.

BOURRELETS D'ENFANS. — La conjuration générale contre les coutumes de l'ancien temps avoit fait supprimer les bourrelets d'enfans; on les reprend avec raison, ce qui préserve les enfans d'une infinité d'accidens inévitables sans cette précaution. Les enfans des princes du sang royal ne portoient jamais de bourrelets; mais leurs chambres et tous les meubles de leurs appartemens étoient fortement rembourrés tant qu'ils étoient entre les mains des femmes, c'est-à-dire jusqu'à sept ans[1].

CONSIDÉRATION. — On a trop répété qu'une bonne maison et un bon dîner suffisent pour obtenir dans le monde de la considération; car on peut avoir beaucoup de considération sans bonne maison et sans donner à dîner. La richesse attire les parasites et un grand nombre de désœuvrés; elle obtient des flatteries ridicules ou sans esprit; voilà tout son empire, quand elle est dénuée de pouvoir ou de mérite.

L'estime est le fruit d'un jugement honorable et public, fondé sur la tradition de la vie entière d'une personne, ou sur des actions connues, qui ont pu développer en elle un beau caractère.

La considération n'est qu'un suffrage universel qui ne se rapporte qu'au ton, à l'esprit, aux manières et à la décence extérieure de la conduite. La vertu n'est pas absolument nécessaire à la considération; mais le vice sans pudeur ou son apparence l'exclut toujours. Les

---

[1] On dit que les bourreliers sont nommés ainsi du collet des harnois de chevaux, qu'on appeloit jadis *bourrelets*.

choses qui s'allient le moins avec la considération sont un mauvais ton, l'indiscrétion, l'impolitesse, l'inexactitude à remplir ses engagemens même les plus frivoles, les mensonges, la fatuité et le dénûment absolu d'esprit. On n'a jamais vu dans le grand monde les sots dépourvus d'instruction, les fats, les menteurs et les bavards, acquérir une véritable considération. Le monde, léger dans les entretiens de la société, est toujours sévère, délicat, équitable et moral dans toutes les lois qu'il a lui-même établies; et c'est une utile vérité que les amis de la jeunesse doivent lui répéter sous toutes les formes.

Autrefois, on mettoit un grand prix à la considération. Dans ce siècle-ci, chacun aspiroit à la gloire; tout écrivain prétendoit au génie; tous les ambitieux vouloient des royaumes. Au milieu de ces hautes prétentions, la considération paroissoit bien peu de chose; on ne l'a guère desirée, et un bien petit nombre de personnes en ont eu.

CONTER (LE TALENT DE), CONTEUR. — Mauvais caractère, a dit La Bruyère. Rien n'est plus vrai en général pour les conteurs de profession; mais savoir conter avec grâce, est un talent charmant (quand il n'est pas prodigué), et particulièrement françois. Il faut pardonner aux vieillards actuels d'être plus conteurs qu'on ne l'a jamais été; ils ont vu plus de choses qu'on n'en a jamais vu en soixante-dix ans.

COLLIERS. — Toutes les femmes, il y a trente-cinq ans, portoient les colliers très-serrés sous le menton, ce qui devoit rendre les apoplexies plus fréquentes. Aujourd'hui les hommes seuls se serrent le cou, aussi les coups de sang sont-ils plus communs parmi eux que parmi les femmes. Les hommes ont encore une mode très-pernicieuse pour la santé, ce sont les bretelles, quand elles sont croisées sur l'estomac, elles rétrécissent la poitrine, gênent les fonctions de l'estomac, arrondissent les épaules, donnent mauvaise grâce et nuisent à la santé. Il y a une manière de les porter de côté, sans les croiser, que l'on devroit du moins adopter pour les enfans.

CORPS BALEINÉS. — On a beaucoup déclamé contre les corps, qui sont en effet très-dangereux lorsqu'ils sont trop étroits; mais quand ils ne gênoient pas, ils élargissoient prodigieusement la poitrine en jetant les épaules en arrière. On a remarqué que, depuis qu'on n'en porte plus, les maladies de poitrine sont infiniment plus communes parmi les femmes. Enfin les corps baleinés avoient un grand avantage, celui de préserver les enfans du danger de presque toutes les chutes.

COSTUME THÉATRAL. — On doit à M. le comte de Lauragais d'avoir débarrassé la scène françoise des balcons qui obstruoient ridiculement le théâtre, et l'on doit à mademoiselle Clairon d'avoir perfectionné le costume théâtral; elle supprima les paniers, les gants, et elle prit les costumes de ses rôles. Jusque-là, au mépris de l'antiquité, on n'avoit porté au théâtre que l'habit de cour françois; le respect pour nos rois faisoit penser que nul costume ne pouvoit être plus majestueux et plus beau.

COUCHES (PRINCESSES ET FEMMES EN). — Nos grand'-mères etoient accouchées par des sages-femmes; celle de l'Hôtel-Dieu avoit une grande vogue. Aujourd'hui on n'en veut plus; dans les villages mêmes on préfère des chirurgiens.

Au moment où les princesses du sang accouchoient, toutes les portes de l'appartement étoient ouvertes, et tout le monde, sans exception, pouvoit entrer. Quand la princesse étoit dans sa chambre à coucher, c'étoit sa première femme, et non sa dame d'honneur, qui faisoit le service de la chambre ; toutes les fonctions de la dame d'honneur et des dames se bornoient à reconduire. Au bout de six semaines, la princesse, sur une chaise longue, recevoit pendant trois jours toutes les personnes présentées. Les femmes des particuliers, après leurs couches, recevoient aussi leurs visites sur une chaise longue [1]. (Voyez *Baptême*.) Les princes du sang honoroient toujours d'une visite toutes celles qui étoient présentées.

COUR. — La cour de France étoit autrefois par sa politesse, son élégance et sa galanterie, le modèle de toutes les cours de l'Europe. Une favorite d'une autre classe (madame de Pompadour) altéra un peu le ton de la cour [2], et depuis, une dernière favorite, tirée de la fange (madame du Barri), ne contribua pas à le relever ; mais cependant, par la force des traditions, il resta toujours à la cour une grâce et une noblesse extérieures qu'on ne trouvoit dans aucune autre.

Les gens de lettres qui n'ont jamais connu la cour,

---

[1] Alors, quoiqu'on fût habillée sur une chaise longue, on avoit toujours un couvre-pieds. La décence l'exigeoit ; car, ainsi couchée, le moindre mouvement peut découvrir les pieds et même les jambes. D'ailleurs un beau couvre-pieds étoit une sorte de parure très-élégante : on s'en passe communément aujourd'hui, et rien n'a plus mauvaise grâce.

[2] Mais madame de Pompadour avoit aimé les arts et cultivé avec succès plusieurs talens ; elle laissa ce goût à la cour, c'étoit un bienfait, et elle ne changea rien aux étiquettes.

l'ont peinte beaucoup trop en noir. D'Alembert a parlé de tous les courtisans avec le dernier mépris, et dans ses lettres au roi de Prusse, il prodiguoit la flatterie, et il ne négligeoit rien pour attirer chez lui de grands seigneurs. M. de Voltaire, en écrivant au maréchal de Richelieu, l'appeloit *mon héros et mon protecteur*, et dans d'autres lettres des mêmes dates à ses amis, il ne le désignoit que sous le nom *du tyran du Tripot*. Malgré toutes ces inconséquences et toutes ces bassesses, ces écrivains déshonoroient la cour dans leurs ouvrages ; on les croyoit dans les classes inférieures et dans les provinces, et leurs satires sur les prêtres, sur les rois et sur la cour, préparoient parfaitement la révolution : néanmoins, dans ce même temps on vit à la cour, en hommes et en femmes, des personnages d'une éminente vertu ; ce fut dans ce temps que vécurent ces prélats d'une héroïque charité : M. de Bec-de-Lièvre, évêque de Nîmes, qui établit tant de manufactures, et qui se voua à la pauvreté pour ne point laisser de pauvres dans son diocèse ; M. de Beaumont, archevêque de Paris, qui, tandis que J.-J. Rousseau le tournoit en ridicule, donnoit constamment tous ses revenus aux pauvres, et ne se réservoit pas même de quoi faire recouvrir les meubles déchirés de son palais ; l'évêque de Soissons offrant les mêmes exemples ! les vertueux et savant La Mothe d'Orléans, évêque d'Amiens ; d'Argentré, évêque de Tulles ; Pompignan, évêque du Puy, et tant d'autres ; et les abbés de Fleury, de Besplas, de l'Épée et son digne successeur ; et les curés de Saint-Sulpice, etc. A ces mêmes époques, les courtisans, dans les occasions les plus importantes, montrèrent en général un grand caractère ; on vit à la cour beaucoup plus de fidélité en amitié que dans une infinité de sociétés de beaux-esprits : la disgrâce et l'exil ne firent pas perdre un seul ami, ni même une seule liaison à messieurs de Maurepas, d'Argenson et de Choiseul. La cour n'autorisa point par de basses flatteries les foiblesses et les fautes de Louis XV ; elle osa blâmer hautement la scandaleuse faveur de madame du Barri, ainsi que les violences exercées contre l'ancien parlement, et la ridicule formation du nouveau. Enfin, les bassesses et les actions viles étoient jugées à la cour plus sévèrement qu'ailleurs.

COUREURS. — C'étoit un odieux usage que celui de faire courir devant sa voiture des hommes et des chiens : les coureurs mouroient tous fort jeunes, asthmatiques ou hydropiques ; leur entretien étoit ruineux ; leur parure efféminée en argenterie, clinquant et fleurs artificielles coûtoit au moins mille écus par an. Les chiens danois, en courant dans les rues, renversoient les vieillards et les enfans ; mais le grand seigneur, ainsi précédé dans sa *voiture angloise*, croyoit avoir le meilleur air du monde, comme si l'élégance pouvoit s'allier avec l'extravagance et l'inhumanité.

La révolution abolit cette révoltante coutume ; il étoit, en effet, très-contraire *à la dignité de l'homme* de se laisser estropier ou tuer par respect pour l'ornement du char de triomphe d'un étourdi. Les républicains auroient dû abolir en même temps les cabriolets, mais ils vouloient aller vite.

COURSES DES CHEVAUX. — Nous devons aux Anglois de nous avoir appris à changer les gazons ; les pelouses émaillées de fleurs en tapis de jeux : triste métamorphose qui n'est rien moins que poétique. Nos pères donnoient des tournois dans lesquels ils faisoient une énorme dépense ; leurs chevaux étoient toujours de fiers coursiers qui, dans les jeux mêmes, combattoient pour la gloire. Les nôtres ne courent que pour gagner de l'argent ; on les voit à leur figure efflanquée ! ils n'ont plus cette superbe encolure, et cet air belliqueux qu'on admiroit jadis dans les chevaux de carrousel et de bataille ; la cupidité enlaidit tout, parce qu'elle est essentiellement ignoble. Au reste, les courses de chevaux, que l'on essaya de mettre à la mode peu de temps avant la révolution, n'ont pas pris en France, et l'on espère qu'on ne reprendra point la funeste manie d'introduire parmi nous un jeu également ruineux et dangereux.

CURIEUX. — On appeloit ainsi de riches amateurs de tableaux, d'histoire naturelle, de médailles d'antiquité et de raretés des pays étrangers. Il y avoit à Paris, avant la révolution, une infinité de cabinets de ce genre [1]. Aujourd'hui, presque tous les curieux sont transformés en brocanteurs ; ce qui étoit un goût est devenu, comme tant d'autres choses, une spéculation.

DAME. — Le titre de *dame* ne se donnoit jadis qu'aux nobles ; non-seulement le peuple, mais la bourgeoisie ne le prenoit pas. Une roturière mariée n'étoit désignée que sous le titre de *mademoiselle*. Cet usage subsistoit encore il y a cinquante ans. Il étoit choquant de plus d'une manière, et surtout parce qu'il blessoit la dignité du

---

[1] Entre autres celui de M. Bertin, ex-ministre des affaires étrangères. Ce cabinet étoit le plus beau que j'aie vu, surtout en curiosités de la Chine.

mariage. Au reste, la roture a pris depuis sa revanche : on a dit dans les tribunaux, et l'on a lu dans tous les papiers publics : *la femme Montmorency*, et *les dames de la halle*, etc.

La reine, madame la dauphine, et les princesses de la famille royale avoient chacune une dame d'honneur et une dame d'atours ; les autres dames des princesses s'appeloient *dames de compagnie;* celles de la reine se nommoient *dames du palais.* Les reines ont aussi quelquefois des surintendantes de leur maison, places qu'on a vues occupées par des princesses du sang. Les dames d'honneur et d'atours de la reine et des princesses de la famille royale étoient toujours titrées, c'est-à-dire qu'elles avoient les honneurs du Louvre ; les autres dames étoient aussi souvent titrées ; mais cet honneur n'étoit point attaché à leurs places. Les princesses du sang n'avoient point de *dames d'atours ;* elles avoient une dame d'honneur et des dames de compagnie · la place de dame d'honneur ne se donnoit chez elles qu'à l'ancienneté de service. Il falloit que leurs dames fussent en état de faire les preuves exigées pour être présentées à la cour. (Voyez *Présentations.*) Quand les princesses écrivoient à la reine, elles mettoient ainsi l'adresse : *A la reine, ma souveraine dame.* Lorsque le roi appeloit *madame* une personne non mariée, il lui donnoit le droit de porter ce titre dans la société : cela s'appeloit être *damée.*

DÉLICATESSE. — L'élévation d'âme, la fierté de caractère, la sensibilité et la finesse d'esprit forment la délicatesse de sentimens ; elle tient à l'élégance d'une parfaite civilisation ; un peuple agriculteur est trop simple pour en connoître les raffinemens ; elle peut s'allier avec le tumulte des armes comme on le vit dans les siècles belliqueux de la chevalerie, le seul amour de la gloire peut la produire; mais rien n'est plus opposé à *la délicatesse* que l'esprit mercantile, alors même qu'il est uni à la plus exacte probité. Une nation commerçante peut être généreuse; mais les grandes spéculations pécuniaires s'accordent mal avec la délicatesse, du moins avec celle qui n'a pas un rapport immédiat avec l'argent, et il en est tant d'autres!

Une chose qui doit nécessairement ôter beaucoup de délicatesse à une nation, c'est la liberté indéfinie de la presse, qui produit tant de libelles et de pamphlets injurieux; leur multiplicité finit bientôt par rendre insensible à la calomnie, et alors tous les sentimens d'honneur deviennent moins délicats.

L'urbanité françoise, en établissant la liberté de la presse, auroit dû en excepter toute personnalité contre les femmes, car il est surtout à désirer, pour l'intérêt des mœurs publiques, qu'elles ne perdent rien de leur sensibilité sur toutes les choses qui intéressent leur réputation; lorsqu'elles sont auteurs, il est fort simple, il est même souvent très-bien fait de critiquer leurs ouvrages, mais on doit toujours respecter leurs personnes, il est doublement odieux de les attaquer, puisqu'elles ne peuvent demander raison d'un outrage Un règlement particulier à cet égard auroit eu l'approbation des amis mêmes les plus enthousiastes de la liberté; les François applaudiront toujours à une loi qui interdira la lâcheté.

DEMOISELLE DE COMPAGNIE — Les femmes qui vivoient dans leurs terres avoient des demoiselles de compagnie, pour avoir véritablement une *compagne* dans la solitude d'un château; on les avoit à Paris par décence ; avec de bonnes mœurs, on désire des témoins de ses actions.

Vers la fin du dix-huitième siècle, les particulières, à Paris, n'avoient plus de demoiselles de compagnie, les dames des châteaux en avoient encore, mais le nombre en étoit fort diminué ; il est fâcheux qu'on ait supprimé cette espèce de représentation ; c'étoit une ressource honorable pour les jeunes personnes bien élevées qui n'avoient point de fortune.

On trouve des demoiselles de compagnie dans les comédies angloises ; les auteurs françois ne les ont point représentées sur le théâtre, cependant elles pourroient y jouer un rôle beaucoup plus naturel que celui de nos soubrettes.

DÉSHONNEUR. — On confond très-mal à propos avec les gens *déshonorés*, ceux que de fausses démarches ou un blâme accrédité par une rumeur générale ont fait bannir de la bonne compagnie ; un homme véritablement *déshonoré* ne peut jamais reparoître dans le monde, et mille circonstances peuvent y ramener l'homme de mauvaise compagnie. Le monde n'a pas le droit de *déshonorer* un des membres de la société, parce qu'il n'est point un tribunal en forme, et qu'il ne peut juger que sur les probabilités, sur des ouï-dire et des apparences. Mais enfin les accusations peuvent être mensongères, et les apparences trompeuses, et lorsque rien n'est formellement prouvé contre *l'honneur*, le jugement n'est que provisoire. Néanmoins, une forte vraisemblance suffit pour faire prononcer cette espèce de sentence, et c'est un bien moral. Si le monde ne pouvoit exercer cette rigueur que sur des preuves positives, on prendroit beaucoup moins de soins de sa réputation ; mais on n'est *déshonoré* que par une action publique, avérée, incontestable, ou par un arrêt prononcé par un tribunal judiciaire; alors l'arrêt est irrévocable. Toutes ces choses sont fort sagement réglées pour l'intérêt de la morale et des mœurs.

DEUILS. — Le deuil est l'image d'une douleur légitime et respectable; les longs deuils ont toujours été l'une des preuves de la bonté des mœurs publiques. On les a prodigieusement abrégés depuis cinquante ans.

Jadis les veuves, tant qu'elles ne se remarioient point, portoient à la cour un petit voile noir, dans les jours de cérémonie, usage qui a subsisté jusqu'à la révolution, ainsi que celui de tendre en gris la chambre à coucher des veuves, durant toute l'année du veuvage.

DOMESTIQUES. — La révolution a dénoué tous les liens religieux; le peuple tout à coup s'est trouvé aussi savant en impiété que ses maîtres : en est-il plus éclairé? Non. Il souscrit à l'édition *complète* des œuvres de Voltaire, qu'on a eu la popularité de mettre à sa portée; mais il consulte avec une foi parfaite toutes les sorcières qu'il peut decouvrir. En est-il plus vertueux? Examinez les mémoires de votre cuisinier, de votre cuisinière; suivez les tribunaux, et vous frémirez de cette effrayante corruption.... Enfin, est-il plus heureux? Il n'a jamais été si malheureux dans son ménage, par sa famille et par ses propres vices. La religion qu'on lui a ôtée lui etoit donc utile.... Elle vous l'etoit puissamment aussi, cette religion si sainte, dans vos rapports infinis avec le peuple. Autrefois la religion se plaçoit entre vous et votre domestique pour adoucir votre domination et épurer son obéissance [1]. Que mettrez-vous entre vous deux maintenant? Ce ne sera pas son confesseur; sera-ce Rousseau, Raynal, d'Alembert, Diderot, Voltaire? eux qui lui apprendront à vous mépriser, à vous haïr et à se révolter contre vous. Enfin, depuis qu'on lui a persuadé qu'il est votre égal, et que même il vaut mieux que vous, a-t-il des sentimens plus élevés?.... Supposez que, dans ce moment où les besoins de l'état sont si réels, on établît sur toute la France un nouvel impôt très-onéreux, dont on exemptât seulement les domestiques; pensez-vous que les domestiques fussent humiliés, désespérés de cette exemption? Croyez-vous qu'on les vît aussitôt s'assembler *en corps* pour dresser une requête, pour représenter avec énergie qu'ils sont *citoyens françois*, et qu'ils doivent être traités comme les autres? Vous êtes au contraire bien assurés qu'ils se soumettroient *sans murmure* à l'exemption. Cependant ce que je viens de détailler comme une supposition est un fait historique : voilà ce que firent les domestiques françois il y a un peu plus de cent ans, sur la fin du règne de LOUIS XIV [2]. Ah! la subordination qui s'allie à de si nobles sentimens, ne sauroit être une honteuse servitude!

---

[1] L'Écriture Sainte prescrit la soumission et l'attachement au serviteur. Elle dit au maître : *que le serviteur fidèle vous soit cher comme votre âme*. Partout et toujours la religion tient cette balance d'une céleste justice entre toutes les créatures humaines. Elle parle ce langage de paix et d'amour aux hommes de toutes les classes; comment le seul intérêt de la société, comment la seule philanthropie n'a-t-elle pas fait désirer que ces préceptes divins conservassent à jamais toute leur autorité!

[2] Pour la capitation. *Voyez* les Mémoires de Dangeau.

DOUCEUR. — Il y a des personnes qui n'ont de douceur que ce qu'il en faut précisément pour pousser à bout les gens, qui, sans en manquer eux-mêmes, ont aussi beaucoup de franchise et de vivacité. Mais la douceur est presque toujours feinte quand elle n'apaise pas; qu'est-elle donc lorsqu'elle aigrit? On peut avoir de la bonté sans douceur, il est impossible d'avoir une véritable douceur sans une grande bonté. L'orgueil exclut toujours la douceur; il est trop pointilleux, trop irritable, pour pouvoir s'allier avec l'indulgence.

Il y a quarante ans que l'on regardoit la douceur comme l'attribut naturel et nécessaire d'une femme [1]; ensuite peu à peu la manie du bel-esprit donna aux femmes la prétention d'être *piquantes;* c'est un petit mérite dans un ménage, mais on commençoit à croire que la vie n'est faite que pour briller dans un cercle. Déjà la bonté n'étoit plus que de la *bêtise;* on n'eut pas de peine à se persuader que la douceur n'étoit que de l'insipidité. Ainsi l'on crut ne l'abandonner qu'aux personnes les plus ennuyeuses ou les plus bornées; on se trompa: celles qui conservèrent ce beau caractère furent les plus réfléchies, et en général les plus spirituelles. Presque toutes les femmes devinrent donc *piquantes*, mais chacune à sa manière, et suivant l'idée qu'elle attachoit à ce mot. Les unes, par des caprices affectés, de l'humeur que l'on appela de la *mélancolie*, ou bien une gaieté outrée; les autres, par des moyens moins innocens, la médisance et la malignité. Aucune d'elles ne s'avisa de penser que l'on peut être à la fois douce et piquante, et que même c'est la seule manière de l'être véritablement.

---

[1] Aussi l'Écriture dit-elle que la colère n'est point née avec le sexe des femmes.

On ne désira plus, on n'entendit plus que cette louange, *elle est piquante;* ce qui finit par signifier, *elle est fantasque,* ou *elle est méchante.* Il valoit mieux faire dire, comme autrefois : *elle a de la grâce; elle a du charme.*

DUEL. — Aucune des nations modernes n'a surpassé les anciens en courage; il semble même que les anciens avoient des idées plus pures et plus justes de la véritable vaillance : ils vouloient qu'elle fût utile. Ils n'ont point connu le duel, et les généraux ne faisoient pas distribuer du vin et de l'eau-de-vie à leurs soldats pour les animer. Au contraire, on voit dans Xénophon qu'une loi expresse défendoit aux soldats carthaginois de boire du vin pendant les campagnes de guerre. La même loi imposoit la même privation aux magistrats durant l'exercice de leur charge. Parmi nous, depuis l'entière civilisation, tous nos grands hommes ont méprisé le duel, entre autres, le grand Condé, le grand Turenne, qui, dans sa jeunesse, refusa positivement de se battre. Jamais la manie brutale du duel n'a donné la réputation de bravoure, et l'on a vu beaucoup de fameux duellistes passer pour en manquer. C'est que toujours ceux qui se battent si facilement ont ou croient avoir, sur les autres, de grands avantages par leur adresse, leur force ou leur habileté à faire des armes et à tirer au pistolet, et certainement, de toutes les lâchetés, la plus méprisable et la plus infâme est celle de se prévaloir de ces avantages pour ôter la vie à son semblable. Ce n'est pas se battre, c'est assassiner. On ne peut calculer ses forces dans une rencontre, mais on le devroit dans un rendez-vous Il est vrai qu'il est impossible de les égaliser parfaitement. Il y a toujours un côté plus foible ou moins adroit que l'autre. Comment cette seule réflexion n'inspire-t-elle pas aux âmes généreuses le mépris du duel, quand il est reçu, et avec raison, que l'on manque à la délicatesse, et par conséquent à l'honneur, en jouant avec avantage au billard ou à quelque jeu que ce puisse être ?

La peine de mort contre le duel est une loi bien peu réfléchie : il y a long-temps que les gens sages ont pensé qu'il faudroit punir ce crime par une forte amende, et en privant de tout emploi le coupable, le cassant s'il étoit militaire, et le déclarant incapable de jamais servir l'état.

Nos rois, à leur sacre, jurent sur l'Évangile de ne point faire grâce aux duellistes.

ENTERREMENS. — Le plus beau convoi, dans le dernier siècle, avant la révolution, étoit celui où l'on voyoit rassemblé le plus de pauvres que l'on habilloit, et auxquels on distribuoit des cierges et de l'argent. Il étoit fort commun alors de voir défiler dans les rues un convoi escorté par plus de deux cents pauvres; on en voyoit souvent quatre cents et davantage : c'étoit avoir une belle et juste idée d'une pompe funèbre. Dans cette occasion, la magnificence qui n'est pas bienfaisante est à la fois extravagante et scandaleuse.

ENTRÉES D'AMBASSADEURS. — Les ambassadeurs envoyés en France par les princes étrangers faisoient à Paris une entrée pompeuse et solennelle. Cet usage a subsisté jusque vers le milieu du dernier siècle; on ignore pourquoi il a été aboli.

ESPIONS. — Nous comprendrons sous ce titre les délateurs, car la délation est le but et le résultat de l'espionnage. Dans tous les temps les bons princes ont détesté les délateurs. Chez les Romains, Galba fit punir les délateurs esclaves ou libres. Caïus avoit permis aux esclaves d'accuser leurs maîtres : Constantin le Grand, par des lois expresses, défendit de les écouter, et ordonna de punir du dernier supplice les calomniateurs.

Dans le temps où la différence d'opinions divise les esprits, les délations sont d'autant plus odieuses qu'elles sont des vengeances.

Une médisance faite en présence d'un souverain est une espèce de délation.

ÉTIQUETTES. — A la cour, après la présentation, on retournoit à Versailles faire sa cour, le matin après la messe, et le soir au jeu, à peu près tous les dimanches.

Toutes les femmes présentées étoient sur la liste des bals de la reine, et, sur une seule invitation faite par la dame d'honneur, elles pouvoient y aller tous les samedis.

Au bal, la reine et toutes les princesses de la famille royale et du sang nommoient leurs danseurs ; ce qui obligeoit ces princesses à nommer, non les plus brillans danseurs, mais au contraire les hommes les plus sans conséquence, ou ceux qui jouissoient de la meilleure réputation. Dans la danse, le danseur ne tendoit jamais la main pour recevoir celle d'une princesse, il attendoit que la princesse lui tendît la sienne, parce que le signe de demander marque une attente qui a quelque chose de présomptueux ; mais donner la main sur une invitation, c'est seulement obéir à un ordre.

Les femmes qui dansoient aux bals de la reine étoient vêtues uniformément en *dominos* de taffetas blanc, avec de petites queues et sur de petits paniers.

La reine ne mangeoit jamais avec des hommes sans le roi : Les princesses de la famille royale observoient la même décence. Les princesses du sang ont long-temps suivi cet usage, qui fut aboli par la duchesse d'Orléans, belle-mère de feue madame la duchesse d'Orléans, douairière d'aujourd'hui. Quand la reine faisoit des parties de traîneaux, elle invitoit à déjeuner [1] les dames et les seigneurs qui devoient en être; elle admettoit toutes les femmes à sa table; les hommes dînoient ensemble dans une autre pièce. Dans ces courses de traîneaux, c'étoient les hommes de la cour qui menoient toutes les dames. La reine et les princesses nommoient ceux qui devoient les mener; les dames tiroient au sort; moyen très-simple de prévenir les conjectures et les dépits que les choix auroient pu causer.

Si l'on avoit quelque chose à présenter à une princesse, et que l'on eût un gant, il falloit se déganter. On ne se donnoit point de petits noms et l'on ne s'embrassoit point en présence des princes du sang. Il va sans dire que les hommes ne se tutoyoient point devant eux, et même ils ne se tutoyoient point devant les femmes.

Quand on jouoit aux cartes avec la reine et les princes et les princesses, l'étiquette se bornoit à faire, en donnant les cartes à la princesse, le salut de la main, non pas seulement en commençant et en finissant, mais à le répéter jusqu'à ce qu'il fût défendu, et à se soulever un peu sur sa chaise en s'inclinant.

---

[1] Jamais on ne disoit que la reine et les princes *prioient* au bal, à dîner, etc.; on se servoit toujours du mot *invitation*; lorsqu'on alloit d'un lieu a un autre avec une princesse du sang, on ne disoit point qu'on avoit eu l'honneur de l'*accompagner*, il falloit dire qu'on avoit eu l'honneur de la *suivre*.

Voici les étiquettes qui s'observoient dans les maisons des princes du sang. Il y avoit dans leur salon une grande quantité de chaises d'étoffes rembourrées, galonnées, à long dos, et très-commodes; on ne s'asseyoit que sur ces chaises, et non sur les canapés ou dans les fauteuils, qui n'étoient que meublans et rangés autour des lambris où ils restoient toujours, à moins de la présentation d'une femme titrée, à laquelle, mais ce seul jour-là, on donnoit un fauteuil. Le seul fauteuil de la princesse étoit à demeure au coin de la cheminée, et la princesse avoit la politesse de ne le prendre que pour les présentations des femmes titrées; tous les autres jours elle étoit sur une chaise, comme toutes les autres dames.

Quand, dans le salon, on apportoit à boire à la princesse, le valet de chambre présentoit le verre d'eau à la dame d'honneur, ou, si elle n'y étoit pas, à la plus ancienne dame, qui le portoit à la princesse, et toutes les dames qui étoient dans le salon se levoient.

Les princes du sang et de la famille royale entre eux s'appeloient *Monsieur*, et non Monseigneur. Les évêques donnoient aux princes le titre de Monseigneur, et les princes ne les appeloient que Monsieur, et même, en leur présence, tout le monde les appeloit seulement ainsi. C'étoit une inconséquence; car ce titre de Monseigneur, donné aux évêques, n'étoit qu'un respect pour l'église, et la présence des princes n'auroit pas dû dispenser de ce respect. Les princes donnoient aux cardinaux le titre d'*Éminence*, mais les princesses ne recevoient leurs visites que sur leurs lits afin de se dispenser de les reconduire. Le cardinal ne s'en alloit qu'après avoir reçu deux fois de la princesse le titre d'éminence.

Les ambassadeurs des princes étrangers n'alloient jamais chez les princes du sang, parce qu'ils avoient des prétentions d'étiquette auxquelles les princes se refusoient positivement.

Le prince et la princesse, chez eux, passoient toujours les premiers, le prince d'abord, et ensuite la princesse ; car, chez les princes, le respect conjugal l'emportoit toujours sur la galanterie.

La maison du Palais-Royal étoit ainsi composée. Les grandes places de la maison étoient : un premier gentilhomme de la chambre, un premier écuyer, un premier maître d'hôtel, un capitaine des gardes, un lieutenant des gardes, des chambellans [1], une dame d'honneur, quatre dames de compagnie, les gouverneurs et gouvernantes des enfans ; c'étoient là toutes les grandes places et les seules qui exigeassent la présentation à la cour ; les autres ne donnoient pas le droit de manger à Paris avec les princesses. Cependant les écuyers ordinaires, que l'on appeloit aussi les *gentilshommes*, l'étoient en effet ; mais ils n'étoient pas présentés à la cour. Les autres places étoient : les aumôniers, le gouverneur des pages, des secrétaires des commandemens, des lecteurs, un bibliothécaire, un premier médecin, un premier chirurgien, deux maîtres d'hôtel ordinaires, dont toutes les fonctions consistoient à surveiller les dépenses de bouche, et à venir, l'épée au côté, et suivis du contrôleur, annoncer au prince qu'il étoit servi ; ensuite ils s'en alloient : c'étoit le contrôleur qui mettoit sur table. Ces maîtres d'hôtel ordinaires servoient tour à tour par quartier. Le

---

[1] Ils étoient payés par le roi.

[2] Les autres princes du sang n'en avoient point. Cette distinction finit à la mort de M. le duc d'Orléans, petit-fils de M. le régent.

célèbre et vertueux Monsigny a eu l'une de ces places, qu'il a occupée pendant vingt-cinq ans. Toutes ces personnes avoient de droit des logemens dans le palais, et les princes en donnoient encore à beaucoup de gens qui ne leur étoient point attachés.

A table, dans les jours de cérémonies, on servoit devant le prince ce qu'on appeloit un *cadenas* : c'étoit un petit plateau sur lequel étoient des salières, un huilier, etc.¹. Le prince et la princesse appeloient les personnes qu'ils vouloient avoir auprès d'eux ; ils étoient servis par des pages ; chaque page avoit derrière lui un valet de pied qui lui présentoit l'assiette ou le verre qu'il devoit donner. Pour être reçu page, il falloit faire preuve de noblesse. On donnoit aux pages une fort bonne éducation. En écrivant aux princes et aux princesses, on leur donnoit le titre d'Altesses Sérénissimes ; on ne le leur donnoit point en leur parlant ; on leur parloit à la tierce personne, en appelant les princesses Madame, et les princes Monseigneur. Le roi faisoit une pension de cinquante mille francs à chaque princesse du sang.

Les princes se marioient toujours à Versailles, dans la chapelle royale. Le soir du mariage, la reine donnoit la chemise à la princesse, le roi la donnoit au prince. La princesse se déshabilloit en présence de toutes les dames de la cour, ensuite elle se mettoit au lit, et l'on tiroit les rideaux : alors arrivoit le prince en robe de

---

¹ Ce nom de *cadenas* vient, dit-on, de l'ancien usage d'enfermer ce plateau sous clef, sous un *cadenas*, avec un soin particulier ; car, dans l'origine, c'étoit une précaution contre le poison ; triste précaution que les crimes des premières races avoient jadis rendue nécessaire.

chambre, conduit par le roi et escorté de tous les princes; il se mettoit au lit; on tiroit les rideaux; le grand aumônier bénissoit le lit et les nouveaux mariés, ce qui terminoit la cérémonie, à laquelle ne se trouvoient jamais les princesses filles.

Lorsque les princes ou princesses, étant en voiture dans les rues, rencontroient le Saint-Sacrement, ils faisoient arrêter leur voiture, en descendoient, et se mettoient à genoux sur le pavé.

Le Jeudi-Saint, le roi et la reine lavoient les pieds des pauvres : douze jeunes garçons et douze jeunes filles étoient choisis pour cette pieuse et touchante cérémonie. Les princes et princesses portoient les serviettes, l'eau et les vases nécessaires; on habilloit ces enfans; on leur donnoit une somme d'argent, et on les mettoit en apprentissage.

Les fêtes, dans ce temps, étoient à la mode; on en donnoit sans cesse de charmantes, surtout à la campagne, chez les princes du sang. Tous les princes alors s'attachoient un auteur bel-esprit, qui faisoit partie de leur maison. Collé fut celui du Palais-Royal : outre son esprit, son caractère véridique, loyal et sûr, le faisoit généralement aimer. Il est dommage qu'il ait souillé son talent par des productions d'une licence inexcusable. Laujon, doux, aimable et naïf dans la conversation et dans la société, fut le bel-esprit de M. le prince de Condé; et M. de Pont-de-Vesle, celui de M. le prince de Conti, père de celui qui est mort en Espagne depuis la révolution. A l'exception de M. de Pont-de-Vesle, tous ces gens de lettres avoient chez les princes des places de secrétaires des commandemens ou de lecteurs. Ces places excluoient de la table des princesses; mais elles donnoient un logement dans le palais à Paris, et le droit de suivre le prince à la campagne : là, ces messieurs avoient une table à part. Après le dîner, ils venoient dans le salon prendre des glaces, mais ils y restoient toujours debout. On les accueilloit parfaitement; on aimoit à causer avec eux, et l'on avoit envie de leur plaire. Ils ne restoient guère que trois quarts d'heure dans le salon; ils revenoient le soir dans la salle de billard pour voir jouer au billard, mais toujours debout. On ne les apercevoit jamais dans le salon des princesses à Paris [1]. Dans les fêtes, ils faisoient des couplets, et étoient fort consultés.

M. de Pont-de-Vesle, auteur du *Somnambule* et de la jolie pièce intitulée *le Complaisant*, faite en société avec sa tante, madame de Tencin, n'avoit aucune place chez M. le prince de Conti; il étoit son ami, et traité comme tel. En 1768 [2] il étoit fort vieux, mais aussi aimable par son caractère que par son esprit, dont il avoit conservé tout l'agrément. Il avoit une grande douceur, des manières remplies de politesse et d'aménité, et une mémoire étonnante dont il n'abusoit jamais, car il n'avoit

---

[1] Cette manière subalterne d'être traité tenoit à leurs places, et non à la profession d'hommes de lettres, que les princes du sang ont toujours honorée, et en faveur de laquelle ils ont, dans tous les temps, passé par-dessus les étiquettes, et sacrifié le préjugé de la naissance. C'est ainsi que jadis madame la duchesse du Maine traita les gens de lettres qui se rassembloient à Sceaux; que la feue duchesse d'Orléans accueillit au Palais-Royal le poète Bernard; et lorsque l'auteur de cet ouvrage fit admettre à *Saint-Leu* MM. Gaillard et de La Harpe, ils furent traités comme ils devoient l'être dès qu'on les recevoit, c'est-à-dire, sans aucune étiquette désagréable pour eux.

[2] Temps où l'auteur l'a vu à l'Isle-Adam.

nulle envie de briller et de dominer. M. le prince de Conti lui faisoit une pension, mais ne lui avoit donné ni place ni titre : il l'aimoit véritablement et vivoit avec lui dans la plus grande intimité. M. de Pont-de-Vesle passoit tous les étés à l'Isle-Adam, où le prince faisoit un singulier usage de ses talens. Tous les soirs, à la fin du souper, il lui demandoit des couplets en vers blancs sur deux ou trois jeunes personnes de la société qu'il lui désignoit; c'étoit une scène embarrassante, et un vrai supplice que ces couplets pour celles qui, jeunes et timides, en étoient les objets, et toutes successivement y passoient, et plusieurs fois dans le cours de l'été. Cependant il étoit impossible de recevoir des louanges données avec plus de grâce et de délicatesse. Ces couplets étoient si charmans, que l'on croyoit généralement que ces prétendus impromptus étoient concertés le matin avec M. le prince de Conti.

Dans ce temps, on savoit apprécier et goûter les plaisirs de l'esprit; dans toutes les maisons de campagne des princes, et dans celles des particuliers, on faisoit des lectures tout haut après le dîner, depuis trois heures jusqu'à six où l'on alloit à la promenade[1], et en général on ne lisoit que de bons livres; c'étoit ordinairement des poésies, des pièces de théâtre, des mémoires historiques, très-rarement des romans. On attachoit tant de prix au talent de bien lire tout haut, que beaucoup de personnes prenoient des leçons de Le Kain, de Molé et de mademoiselle Duménil. Madame la comtesse de Chauvelin, qui lisoit parfaitement la tragédie, avoit pris des leçons de mademoiselle Clairon[2]. D'autres

---

[1] On dînoit à deux heures.
[2] Quoique cette dernière fût alors retirée du théâtre.

mœurs ont amené d'autres amusemens; il est permis de
regretter ceux qui pouvoient contribuer à former le
cœur et l'esprit; on n'en citera guère de ce genre aujourd'hui.

Durant les vingt années qui précédèrent la révolution,
il s'établit peu à peu entre les princes du sang et la noblesse, une espèce de lutte qui donna lieu à des contestations continuelles. La noblesse manifesta chaque
jour de nouvelles prétentions; un mariage de prince,
une fête à la cour étoient des sujets inépuisables de
disputes, et, dans ces querelles interminables, les
princes du sang perdirent une infinité de prérogatives
dont ils avoient joui sans contestation sous le règne de
Louis XIV. Le public, juge de ces différens, s'en amusoit et les tournoit en ridicule; et cette dissension
produisit le double effet de diminuer la considération
que l'on avoit pour la noblesse, et d'affoiblir le respect
dû au sang royal : cependant les princes furent toujours
remplis d'égards pour la noblesse. Ils ne manquoient
jamais d'aller faire une visite aux femmes de la cour
nouvellement accouchées, pour peu qu'ils eussent de
liaisons avec elles, ainsi qu'aux veuves et à celles
qui perdoient leurs proches parens. Ils avoient même
cette politesse pour les dames attachées à leurs maisons.
Quand ils n'avoient aucune liaison avec les femmes présentées, ils envoyoient dans les occasions des pages savoir
de leurs nouvelles. Lorsqu'un homme de la cour écrivoit
au premier gentilhomme de la chambre d'un prince,
pour demander à faire part de la mort d'un père, d'un
frère, etc., cela signifioit qu'il avoit l'honneur d'être
allié au sang royal; et le prince, sans jamais faire examiner ce fait, prenoit le deuil pour deux ou trois
jours, bientôt tous les nobles *firent part*, de sorte que

dans les maisons de prince on passoit rarement quinze jours de suite sans être en deuil. Mais tous ces égards, toutes ces condescendances, ne produisoient d'autre effet que celui d'augmenter l'exigence, et de multiplier les prétentions.

ÉTRENNES. — On a toujours donné des bonbons aux enfans, et surtout le jour de l'an. Mais cette coutume, pendant la cherté du sucre, devint une magnificence. Il étoit fort commun d'acheter, le jour de l'an, pour six cents francs et même mille francs de sucrerie, que l'on distribuoit à tous les âges. Autrefois on donnoit des étrennes plus solides et plus magnifiques. On a vu M. le marquis de Choiseul [1], pour rassurer sa femme mourante d'une maladie de langueur, lui donner le jour de l'an une parure de diamans de quarante mille francs [2], et madame la maréchale de Luxembourg donner pour étrennes à sa petite-fille, madame la duchesse de Lauzun, un collier de cinquante.

Les étrennes aujourd'hui n'ont que le caractère d'une extrême frivolité; elles s'élèvent rarement au-dessus d'un schall de cachemire que peu d'années doivent user. Les gens riches autrefois donnoient des étrennes à leurs enfans et à leurs parens avec plus de goût et de générosité.

EXPOSITION AU SALON DE PEINTURE. — Par les anciens règlemens, on ne pouvoit exposer ses ta-

---

[1] Surnommé le Beau Danseur, et dont la générosité méritoit un plus beau surnom.
[2] Il n'avoit point d'enfans, et, par les conditions du contrat de mariage, il perdoit ce don à la mort de sa femme, qui arriva un mois après, et il n'étoit pas riche.

bleaux au salon que lorsqu'on étoit reçu à l'académie de peinture, et rien n'est plus raisonnable ; car, puisqu'on a l'ambition d'exposer ses ouvrages aux yeux du public, on a sûrement celle d'être académicien ; et dès qu'on ne l'est pas, c'est qu'on n'en a pas le talent, et alors on n'a pas le droit d'occuper une place dans le salon. Il ne passe dans la tête de personne d'aller dans une société littéraire se mettre au rang des académiciens, lorsqu'on n'en est point. Mettre ses ouvrages dans une académie de peinture ; c'est y siéger, c'est se ranger parmi les académiciens.

FAMILLE (LIENS DE). — Ces liens si doux et si naturels étoient fort relâchés, il y a quarante ans, par les exagérations d'amitié. Il étoit de bon air d'avoir une multitude de liaisons et des amis brillans hors de sa famille, et alors on en avoit bien rarement parmi ses parens. Les opinions politiques ont depuis brouillé presque tous les *amis*; l'intérêt a rapproché les parens, qui ont senti la nécessité de se *concilier* entre eux sur *leurs principes*; mais le divorce brisoit souvent ces nœuds renoués ; grâce au ciel il n'existe plus, et aujourd'hui l'on vit davantage en famille ; c'est un grand bien ; espérons qu'il produira pour les mœurs les plus heureux effets ; ce sera arriver à la vertu par le bonheur.

FATUITÉ. — La vanité des bons esprits s'use avec le temps; la fatuité ne s'use jamais. Le vieux fat devient l'homme important ; mais la mode des femmes est tellement passée, qu'il n'y a plus de fats qu'en politique. On n'entend plus parler d'*hommes à bonnes fortunes*, ils sont remplacés par de certains *hommes d'état* sans ministère et sans place, qui parlent haut dans les salons, qui dissertent, décident et président; qui savent tout ce qui se fera *dans les chambres*, et qui conseillent tout ce qu'on devroit y faire.

Les gens de lettres, les auteurs dramatiques n'ont jamais bien peint la fatuité des gens du monde; leurs petits maîtres ne sont que des caricatures qu'on n'a jamais vues dans la bonne compagnie. La fatuité se perfectionnoit tous les jours; elle avoit des caractères très-frappans, mais en même temps une finesse, des ruses, des artifices qui en rendoient l'observation très-amusante. Le manque de connoissance du monde a fait perdre aux gens de lettres beaucoup de caractères très-piquans, et leur en a fait tracer de très-faux.

FAUSSETÉ. — L'artifice est toujours sans grâce, parce que tout ce qui manque de naturel n'en peut avoir. L'artifice trompe mieux lorsqu'il affecte la véhémence, que lorsqu'il prend des formes douces et insinuantes; c'est pourquoi tant d'auteurs et tant d'amans se montrent enthousiastes et passionnés. On imite assez bien la passion, où joue toujours mal la sensibilité.

L'excès de la fausseté, loin d'être le dernier degré de la finesse, en est le contraire, parce qu'il rend stupide et grossier. Quand les mœurs commencent à se corrompre, la franchise devient chaque jour plus rare; car la fausseté est la pudeur du vice. En quittant la vertu, on veut garder son noble langage; le dernier degré de corruption seroit de reprendre de la sincérité, puisqu'elle ne seroit plus que de l'effronterie. Mais on n'a plus l'accent de cette langue devenue étrangère et bientôt même on n'en a plus les expressions; on croit se déguiser mieux en outrant tout, et l'on finit par se persuader que l'exagération n'est que de la bienséance. La fausseté s'insinue partout, dans la conversation, dans les écrits ; l'esprit ne sert plus qu'à lui donner cette enluminure bizarre qui n'a jamais charmé les plus ignorans, mais qui peut les éblouir. Cependant la vérité est comme un air pur; nous en sommes privés souvent sans le savoir; néanmoins une certaine sensation de dégoût nous avertit en secret qu'elle manque, ou nous la supposons faussement.

Consolons-nous en pensant que tout ce qui est faux ne sauroit être durable. Si l'inclination n'entraîne pas vers la vérité, du moins une force irrésistible y ramène tôt ou tard. Le temps détruit toujours l'erreur ; tandis qu'il est des idées que, depuis la création du monde, il n'a pu que polir et qu'il ne sauroit user.

FAVORIS. — Les rois foibles ont des favoris; les grands rois n'en ont point : ils ont des amis véritables.

Les favoris sont ordinairement flattés par les courtisans et calomniés par le peuple. Il n'en a peut-être pas existé un seul auquel on n'ait attribué beaucoup plus de mal qu'il n'en a fait, et c'est la punition d'une faveur dont ils ont presque tous abusé.

FENÊTRES. — Les personnes capables de méditation peuvent s'oublier souvent et long-temps à une fenêtre donnant sur une vaste et belle campagne. Je n'ai jamais vu une personne d'esprit aimer à se tenir d'habitude à une fenêtre donnant sur la rue.

On a nommé les fenêtres des croisées, parce que le bois qui enchâssoit les vitres avoit la forme d'une croix. Depuis que les verres de Bohème ont été, jusque dans les villages, substitués aux vitres, les fenêtres n'ont plus cette forme.

Ainsi le mot *croisée* est devenu impropre, et de plus il est trop vulgaire, parce que le peuple n'emploie que celui-là et ne dit jamais une *fenêtre*.

FEUX DE JOIE. — Le feu, par ses effets si prompts et si terribles, pourroit être fort naturellement le symbole de la destruction, et il l'a toujours été de la joie, tant les hommes sont portés à aimer, et à célébrer tout ce qui a de l'éclat.

Le plus beau feu de joie qu'on ait jamais fait fut celui d'Adrien. Cet empereur ordonna qu'on le préparât dans la place de Trajan, et que le peuple romain s'y rendît. Là, en présence de la ville entière, l'empereur annula toutes ses créances sur les provinces, il en brûla les obligations et les mémoires, dans le feu qu'il avoit commandé, afin d'ôter toute inquiétude sur l'avenir.

FLAMBEAUX DE CARROSSE. — Les domestiques de femmes titrées [1] en portoient deux; ceux des autres n'en portoient jamais qu'un. Il n'y avoit nulle loi, nul règlement à cet égard; c'étoit une convention tacite à laquelle on ne manquoit jamais. C'étoit moins un égard pour les femmes titrées qu'une délicatesse pour soi-même. Il y a de la dignité à se contenter de ce qu'on est; il n'y en a point à vouloir paroître ce qu'on n'est pas; les petites usurpations sont ignobles.

GALANTERIE. — Lorsqu'on voit dans les salons les hommes, laissant les femmes en cercle, s'éloigner d'elles pour se promener dans la chambre afin d'y parler tout

---

[1] C'est-à-dire, les femmes qui à la cour avoient le tabouret.

bas des affaires de l'état, lorsqu'on sait que ces hommes trouvent un plaisir extrême à aller dîner entre eux chez des restaurateurs, que l'on soit à Londres ou à Paris, on peut être assuré qu'il n'y a point de galanterie dans les mœurs de ces villes-là.

GÉNÉROSITÉ. — La générosité du caractère est la bonté des grandes âmes. Quand on possède cette vertu, on la porte dans les plus petits détails de la vie. Il n'y a point de commerce intime plus facile et plus doux que celui des personnes généreuses. Elles n'ont ni défiance, ni rancune, et l'élévation de leurs sentimens les préserve également de la susceptibilité et de la tracasserie. Jugeant toujours d'après elles sans doute, elles sont souvent trompées; mais elles n'envient pas la triste pénétration qui fait prévoir ou deviner les méchancetés, les bassesses et les perfidies.

GESTES. — Les femmes ne gesticuloient point autrefois; on trouvoit que leur maintien devoit toujours être calme, et que des gestes en parlant ôtoient la douceur et la modestie. L'intérêt qu'elles ont pris depuis aux affaires publiques les rendent plus animées dans la conversation; mais une vivacité, causée par de vives discussions, ne sauroit, surtout dans les femmes, s'allier avec la grâce.

GOUVERNEURS D'ENFANS DE PRINCES. — Les précepteurs, les sous-gouverneurs, les lecteurs, etc., tous les gens qui sont attachés à l'éducation des princes, paient de leurs personnes, et donnent eux-mêmes des *leçons* aux jeunes princes, à l'exception du *gouverneur* qui n'enseigne rien du tout, et dont toutes les fonctions se réduisent à rester quelques heures dans une chambre où l'on donne des leçons ; de sorte que ce gouverneur, ce chef d'une importante éducation, peut ne pas savoir l'orthographe (ce qui n'est pas sans exemple), et passer néanmoins pour un excellent *gouverneur de prince*, si son élève, lorsqu'on vient chez lui, sait dire tant bien que mal deux ou trois phrases banales. Pourquoi faut-il que l'instruction et la capacité d'enseigner ne soient exigées que dans ceux qui doivent obéir, que leur chef leur soit inférieur sur ces points essentiels, et qu'il soit même dispensé de tout mérite dans ce genre? C'est, je crois, le seul emploi important (après celui du roi) où la naissance tient lieu de tout, et la seule occasion où l'on ait jugé que l'on puisse se passer de grands talens lorsqu'on est chargé d'un grand commandement. Il est certain que l'on n'a jamais vu qu'une *seule fois* une personne, chef d'une éducation de princes du sang, exercer constamment elle-même toutes les fonctions d'instituteur, donner tous les jours cinq ou six heures de leçons, présider aux autres, et faire en outre tous les extraits des lectures. Cette personne fit une chose très-extraordinaire parce qu'elle étoit sans exemple, mais ne fit rien de trop ; tel est le devoir de tout gouverneur de princes et de particuliers.

GUITARE. — Cet instrument fut une des modes du dix-huitième siècle ; on l'a gâté en l'*encadrant* dans une lyre. La guitare est un instrument fort agréable pour accompagner des romances. Quand on joue bien de la harpe, on a tout de suite sur la guitare une main droite parfaite. Il est singulier que le sistre n'ait jamais eu de vogue ; il est aussi portatif que la guitare ; il a la même grâce d'attitude, et le son en est infiniment plus beau.

HABILLEMENS. — Le costume ancien des femmes

étoit aussi ridicule qu'un costume peut l'être. Celui d'aujourd'hui seroit parfait, si les jupes avoient un peu plus de plis et par conséquent plus d'ampleur ; il faut croire là-dessus les peintres et les sculpteurs, qui diront tous qu'un vêtement, où l'on est enfermé comme dans une gaîne, ne peut avoir de grâce, surtout lorsqu'il emboîte et marque excessivement une partie de la taille, qui nuit beaucoup à l'élégance lorsqu'elle est trop proéminente.

L'habillement des hommes n'a jamais été pittoresque et ne l'est pas davantage aujourd'hui. On doit seulement en condamner les bretelles, surtout pour les enfans, lorsqu'elles croisent sur l'estomac, parce qu'elles sont aussi dangereuses pour la poitrine qu'elles oppressent et qu'elles resserrent, que le sont les bras nus pour les femmes.

Les Russes ont produit une heureuse réforme dans l'habillement des François, en les engageant par l'exemple, non pas à se serrer le bas de la taille, mais du moins à donner plus d'aisance à la poitrine.

HABIT (GRAND). On appeloit ainsi l'ancien habit de cour, que ne pouvoient porter que les dames présentées à la famille royale. Les femmes de chambre de la reine, de madame la dauphine, etc., portoient aussi un *grand habit*; mais elles n'avoient pas de bas de robes, c'est-à-dire, de queues ; et il ne leur étoit pas permis non plus de porter le *grand corps*, qui étoit un corps recouvert d'étoffes et souvent de pierreries, que portoient les jeunes personnes. Quand on n'étoit plus jeune, on portoit une espèce de corset avec une mantille.

HABITUDE. — La nouveauté est piquante ; l'habitude a de la douceur et du charme. On court après l'une par fantaisie, on revient à l'autre par sentiment. Il y a une sorte de constance à tenir à ses habitudes, et cet attachement contribue puissamment à fortifier celui que nous devons à la patrie. Si dans tous les pays policés on retrouvoit exactement la même manière de vivre, les mêmes costumes, enfin les mêmes habitudes, l'amour du pays seroit partout affoibli de moitié.... Les habitudes nationales sont donc sous ce rapport infiniment respectables. A la révolution on les proscrivit toutes, ainsi que la religion, le gouvernement, les opinions, les coutumes. On changea la géographie de la France, son calendrier, ses lois, son costume, ses usages et même son langage, par un néologisme qui forma une nouvelle langue : on cessa d'être François. On revient à la religion, et par conséquent à la morale ; on a repris le gouvernement légitime ; mais presque tous les autres changemens subsistent. Il en résulte qu'il n'existe plus aucun lien entre la vieillesse et la jeunesse. Autrefois, les modes changeoient à certains égards, néanmoins il en restoit toujours quelque chose d'une génération à l'autre ; et d'ailleurs la manière de vivre étant toujours à peu près la même, une infinité d'habitudes étoient communes à tous les âges. Aujourd'hui, tout est nouveau pour les vieillards ; de sorte que, dans aucun temps, ils n'ont pu paroître aussi complétement gothiques. C'est une des grandes raisons du peu de respect que la jeunesse a pour eux.

HISTOIRE. — Le dix-septième siècle, si fécond en grands écrivains, ne l'a pas été en historiens. Bossuet rouvrit avec un éclat prodigieux cette noble et belle carrière ; et devant y conserver toujours la première place, il y resta seul pendant un demi-siècle, comme si l'étendue de ses idées, de son plan, qui embrassoit l'univers entier, tant de force, de profondeur, de majesté, eussent suffi pour illustrer et pour achever de remplir à jamais ce champ si vaste!...

Le dix-huitième siècle a été très-riche en bons historiens, mais les plus estimables ont paru dans les quarante premières années de ce siècle. Les idées morales étoient saines encore ; les sophistes, qui eurent depuis tant de vogue, n'avoient point encore bouleversé la littérature, et gâté l'esprit public.

Quintilien, en parlant des qualités nécessaires à un grand orateur, dit : *Je le veux tel qu'il n'y ait qu'un honnête homme qui puisse l'être.* On en peut dire autant des historiens. Que sont-ils lorsqu'ils manquent de principes et de véracité ! Le sage, le laborieux et véridique Rollin offrit dans ce genre, à la jeunesse et au public, un grand et solide travail, qui honorera toujours la littérature françoise. M. de Voltaire a été équitable pour cet écrivain. Dans son Dictionnaire et dans d'autres ouvrages, il loue son naturel et son style. L'abbé de Vertot, l'abbé de Saint-Réal, l'abbé de Velly, s'illustrèrent dans la même carrière. Un philosophiste cynique aspira à de plus bruyans succès, et n'obtint qu'une honteuse et funeste célébrité, dont tout l'éclat s'est évanoui : ce fut l'abbé Raynal. Son *Histoire du Stathoudérat* est ridiculement écrite ; et son *Histoire philosophique des Indes* offre, dans un style boursouflé, des peintures indignes de l'histoire, des mensonges odieux et des erreurs monstrueuses. Il est remarquable que le titre *philosophique* ait été déshonoré par les ouvrages qui, dans ce genre, ont fait le plus de bruit : l'histoire dont nous parlons et le *Dictionnaire philosophique*. Ces ouvrages devoient sans doute contenir de pernicieuses doctrines; mais il semble que leurs auteurs, par respect pour ce qu'ils appeloient la philosophie, auroient dû naturellement réserver les turpitudes qui s'y trouvent pour leurs pamphlets anonymes [1]. Le mépris de toute morale et de toute bienséance, dans les ouvrages volumineux portant ce titre, est assurément une maladresse incompréhensible dans de tels écrivains.

Tout ouvrage qui n'a pas le ton qu'il doit avoir manque de goût; et ce seul défaut empêcheroit M. de Voltaire d'être placé au rang des grands historiens. Outre le ton épigrammatique qu'on s'accorde à lui reprocher, il manque sans cesse, en écrivant l'histoire, aux convenances les plus connues et les plus généralement suivies; par exemple, dans l'Histoire de Charles XII, il se cite lui-même, non en note, mais dans le cours de l'ouvrage et de la narration, qu'il interrompt pour raconter ce qu'il a vu et ce qu'il a entendu dans sa première jeunesse. Mais quand son style seroit aussi parfait à cet égard, qu'il l'est d'ailleurs par le naturel et la clarté, il n'en mériteroit pas moins d'être exclu de la liste des historiens estimables; car nul autre n'a fait des bévues historiques plus étranges, et des mensonges aussi audacieux et aussi multipliés; écoutons-le lui-même sur ce point : en envoyant à son ami Damilaville un morceau d'histoire manuscrit, il lui dit :

« Nous étions convenus, malgré la loi de l'histoire, » de supprimer des vérités; parcourez ce manuscrit, et » si vous y trouvez quelque vérité qu'il faille encore

---

[1] Entre autres infamies consignées dans le *Dictionnaire philosophique*, voyez les articles *Déjection*, *Ignorance*, *Passions*; et dans l'*Histoire philosophique*, les détails sur les bayadères et tant d'autres morceaux.

» immoler, ayez la bonté de m'en avertir. ») *Lettres
» de Voltaire.*)

Ici toute réflexion seroit inutile : nous n'en ferons point. Un autre *philosophe*, mais qui avoit un caractère plein de droiture et un fonds de respect pour la religion (M. Gaillard), a été l'un des meilleurs historiens de ce siècle. L'histoire de François Ier., la Rivalité de la France et de l'Angleterre [1], l'Histoire de Charlemagne, sont des ouvrages excellens, à quelques erreurs près d'opinions et de principes, mais en très-petit nombre. L'auteur avoit une belle âme, beaucoup d'esprit, de raison et de sagacité, un très-bon style ; il étoit aussi laborieux que véridique ; son érudition étoit prodigieuse; enfin il avoit toutes les qualités qui forment les grands historiens. D'autres écrivains, quoique très-inférieurs à ceux qu'on vient de nommer, se sont néanmoins distingués aussi dans ce genre ; entre autres M. Désormeaux, qui nous a donné une histoire intéressante du grand Condé. Enfin, dans ce moment, nous avons encore plusieurs historiens dont les talens et les principes sont également dignes d'éloges.

HOCHETS D'ENFANS. — J.-J. Rousseau propose avec raison de donner pour hochets, aux enfans, des

---

[1] Parmi ceux qui ont droit à une distinction particulière, on citera au premier rang l'historien du cardinal de Richelieu, M. Jay ; celui de Cromwell, M. Villemain ; et le noble pair, M. de Barante, qui, dans son *Histoire des ducs de Bourgogne*, a su ravir à nos vieux chroniqueurs le secret de leur charmante naïveté. Ce dernier ne s'est point alarmé de la haine que M. Gaillard s'étoit attirée de la part des philosophes, pour avoir dit qu'il falloit reconnoître quelque chose *de véritablement miraculeux* dans la vie de Jeanne d'Arc.

têtes de pavots ou de la racine de guimauve, au lieu des hochets de cristal et de corail, avec lesquels ils peuvent se casser la tête ou blesser ceux qui les entourent. Le conseil est excellent; néanmoins les brillans hochets parent toujours les boutiques, et on les achète. En combien de choses la plus puérile vanité l'emporte sur la raison, même sur la tendresse maternelle!

HOSPITALITÉ. — L'hospitalité a été anéantie en France avec les ordres religieux; les uns la recevoient et les autres la donnoient. L'hospitalité aujourd'hui, parmi nous, n'est connue, comme les langues anciennes, que par des traditions et des livres ; c'est une *vertu morte*. Elle étoit *vivante* jadis dans tous les couvens d'hommes et dans tous les châteaux, où elle étoit une leçon pour les enfans qu'on y élevoit [1].

Les Lucaniens, peuple de l'antiquité, avoient une loi conçue en ces termes : « Si un étranger, arrivant vers le » coucher du soleil, demande un logement à quelqu'un, » que celui qui refusera de le recevoir soit condamné » à une amende pour avoir manqué à l'hospitalité. » L'homme le plus hospitalier de l'antiquité fut sans doute Gélias, habitant d'Agrigente ; il avoit fait bâtir plusieurs appartemens dans sa maison pour y recevoir des étrangers. Il plaçoit aux portes de la ville des hommes qui invitoient, de sa part, ceux qui arrivoient à venir loger chez lui. Il reçut, dit-on, en un seul jour, cinq cents cavaliers de Géla, auxquels il fit présent d'habits. Plu-

---

[1] Les pères de la Trappe et les religieux de Sept-Fonts, avec un revenu très-borné, exerçoient la plus généreuse hospitalité, mais ils ne vivoient que de légumes à l'eau, et ne dépensoient pour leur entretien que l'achat, tous les trois ans, d'une robe de bure.

sieurs citoyens imitèrent son exemple. Des familles entières et même des villes formoient ensemble des unions d'hospitalité ; on rompoit une pièce de monnaie, ou l'on scioit en deux un morceau de bois ou d'ivoire dont chacun des contractans gardoit la moitié, c'est ce qui est appelé par les anciens *tessères d'hospitalité*[1]. On voit encore dans les cabinets des curieux de ces *tessères*, où les noms des deux amis sont écrits.

Les plus fortes et les plus touchantes exhortations à l'hospitalité se trouvent dans les livres saints.

Les émigrés françois ne doivent jamais oublier l'hospitalité généreuse qu'ils ont reçue dans les pays étrangers. Puisse le ciel accorder à ces contrées hospitalières le premier de tous les biens, l'esprit de concorde et de paix !

IMPORTANT DE COUR. — Ce sont les fats en ambition ; il n'y en a point sous les rois qui règnent par eux-mêmes : on en vit un grand nombre pendant la régence d'Anne d'Autriche. On n'en vit point sous les règnes de Henri IV et de Louis XIV.

INCONSÉQUENCE. — On a le droit d'exiger de tout homme, quels que soient ses principes, ses opinions et ses systèmes, qu'il soit conséquent ; et cependant le défaut le plus commun est l'inconséquence, parce qu'elle est inséparable de l'erreur ; et voilà ce qui explique les contradictions incompréhensibles qui se trouvent à chaque page dans les ouvrages de Voltaire, et de J.-J. Rousseau, et de tous les philosophes modernes. Dans son Dictionnaire philosophique et dans toutes ses autres productions (à l'exception de son théâtre), M. de Vol-

---

[1] D'où vient peut-être le mot vulgaire *taisson*.

taire est tour à tour athée et déiste, non en sceptique, mais affirmativement; et disant, à chacune de ses opinions, qu'il faut être *absurde* pour penser autrement. Il nie ou il affirme également l'immortalité de l'âme; et quelquefois, après toutes ces déclamations, dans d'autres pamphlets il se déclare pyrrhonien. Cette inconséquence extravagante se trouve dans tous les écrits philosophiques [1]; elle s'étendoit à tout, la religion, les mœurs, la politique, les jugemens littéraires; et comment de tels *raisonnemens* ont-ils pu faire tant de prosélytes ?

INCONSTANCE. — Deux choses surtout rendent inconstant, l'ennui et le manque de principes. Toutes les personnes désœuvrées sont inconstantes. La révolution a été précédée par quinze années d'innovations en toutes choses, et d'un changement successif et continuel dans nos modes, nos mœurs, nos maisons, nos jardins : il sembloit que l'on préludoit un bouleversement universel.

La constance a besoin du bonheur et des principes invariables qui la fondent et l'affermissent.

INDÉPENDANCE. — Qu'est-ce dans un jeune homme que le goût de l'indépendance, quand ses parens ne sont ni tyranniques ni exigeans ? C'est l'arrière-pensée, c'est-à-dire le dessein vague de faire tout ce qui lui passe dans la tête; de céder à toutes ses fantaisies, et par conséquent de se livrer à la paresse et à tous les goûts condamnables. Si ce jeune homme étoit animé d'une noble ambition, qu'il eût une grande élévation

---

[1] Le respectable Barruel, dans ses *Lettres helvétiennes*, en a rassemblé les principaux traits et de la manière la plus plaisante.

d'âme et des principes religieux et bien affermis, il ne s'apercevroit pas de l'autorité de ses parens D'accord avec léurs vœux, il ne la sentiroit point; on n'en est importuné que lorsqu'on veut la *combattre.* L'orgueil, qui fait craindre à un jeune homme d'être *mené* par ses parens, est bien ridicule ; car qu'est-ce qu'être *mené* par ses parens? c'est céder à la voix de la raison, de l'expérience et de l'amitié? Quelle honte y a-t-il à cela? Comment peut-on se persuader qu'il y ait du caractère dans la conduite opposée, quand on voit tous les mauvais sujets, et les plus dépourvus de moyens, de talens et d'esprit, afficher l'indépendance et le mépris des conseils raisonnables? Rien au monde n'est plus commun et plus vulgaire que cette espèce de folie; et le jeune homme qui sent l'utilité des bons conseils, qui les désire et qui les suit, est assurément un être fort rare et fort distingué. Un homme de cinquante ans ne rougit point de demander les conseils d'un ami, et un jeune homme croit n'en avoir nul besoin..... Les rois, et même les plus âgés, ne pensent pas pouvoir se passer de conseils ; ils forment autour d'eux une assemblée de gens expérimentés qu'ils nomment leur *conseil*, et ils ne font rien sans les consulter. Quel privilége a donc un jeune homme de dix-huit à vingt ans de se conduire toujours par la seule impulsion de son goût et de ses fantaisies? L'homme, par sa nature, est fait pour être dépendant, puisque la justice divine et l'intérêt de la société le condamnent au travail, et que d'ailleurs il a sans cesse besoin des autres. La paresse est une révolte contre la Providence, et c'est la paresse, unie à l'orgueil le plus stupide, qui donne à la jeunesse l'esprit d'indépendance. Songeons qu'il faut obéir à la raison, ou devenir l'esclave de ses fantaisies et du vice. La route heureuse du devoir n'est pas, il est vrai, sans épines; mais ces épines n'ont jamais fait que des blessures glorieuses que la vertu guérit avec un baume divin, qui ne laissent point de cicatrices, et dont le souvenir est doux. Dans les livres sacrés, l'Esprit Saint dit, en parlant des jeunes gens. *Celui qui hait la réprimande, hait son âme.* Réprimander un enfant, c'est seulement le gronder; mais qu'est-ce que réprimander un jeune homme? C'est lui faire sentir et lui détailler les conséquences et les suites qui peuvent résulter de la faute qu'il a commise, et que son inexpérience ne lui permet pas de connoître. Quelle instruction plus utile peut-il acquérir? Et ne faut-il pas en effet *haïr son âme*, pour la dédaigner et pour la repousser avec humeur? Que diroit-on d'un homme qui, forcé de professer un art, refuseroit obstinément les leçons gratuites de maîtres instruits par le travail et le temps? Cet insensé n'existe point. Au contraire, on paie un maître pour l'écouter attentivement, l'imiter de son mieux, et pour se laisser guider aveuglément par lui. La science de la vie est-elle moins importante? Croit-on qu'il soit plus difficile de dessiner une tête ou de peindre un paysage, que de montrer, dans la société particulière, dans les affaires et dans le grand monde, une sagesse et une prudence soutenues?

INTOLÉRANCE. — On confond volontairement, depuis cinquante ans, l'indifférence sur le relâchement de la morale et l'oubli de tous ses principes avec la tolérance; il faut être toujours tolérant pour les personnes et ne jamais l'être pour les erreurs. On ne compose point avec la morale, et l'on ne doit point, par *bonté de caractère*, s'accommoder d'un principe faux; il faut au contraire le combattre avec toute l'énergie d'une juste indignation. Mais les persécutions et les actes arbitraires contre les personnes sont des violences plus odieuses encore aux yeux de la religion qu'à ceux de la politique ; car le véritable esprit religieux est la raison suprême, toujours unie à la suprême bonté.

Veut-on voir des échantillons de la *tolérance philosophique*, en voici quelques-uns :

Lorsque M. de Voltaire donna la tragédie de *Sémiramis*, on en fit une parodie, et on pouvoit la faire bonne, parce que, malgré le mérite supérieur et l'éclat de cette belle pièce, elle est remplie d'invraisemblances, et le plan en est défectueux. M. de Voltaire fit agir tous ses amis pour que le pouvoir arbitraire empêchât la représentation de cette parodie. Il écrivit à la duchesse de Luynes pour engager la reine à la faire défendre (la pièce étoit dédiée à cette princesse). La reine fit répondre, par madame de Luynes, que les *parodies étoient d'usage, et qu'on avoit travesti Virgile*. Dans le temps où l'*Année littéraire* avoit un grand nombre de souscripteurs, M. de Voltaire écrivoit à ses amis :

« Ce n'est pas assez de rendre Fréron ridicule, l'é-
» craser est le plaisir ; mais toutes ces passions s'anéan-
» tissent devant la haine cordiale que je porte à l'impu-
» dent Omer (M. Omer de Fleuri). Cependant la vio-
» lence de cette juste haine peut céder à la raison ; et
» puisque je ne puis lui couper la main dont il a écrit
» son infâme réquisitoire, je l'abandonne à son hypo
» crisie, à sa méchanceté de singe, et à toute la noir-
» ceur de son caractère. Mes anges (M. et Mme d'Ar-
» gental), si j'avois cent mille hommes, je sais bien ce
» que je ferois ; mais, comme je ne les ai pas, je com-

» munierai à Pâques, et vous m'appellerez hypocrite
» tant que vous voudrez [1]. » (*Lettres de Voltaire.*)

« C'est dommage que les philosophes ne soient en-
» core ni assez nombreux, ni assez zélés, ni assez riches,
» pour aller détruire avec le fer et la flamme cette secte
» abominable (les chrétiens). » (*Lettres de Voltaire.*)

---

[1] Il y avoit en effet de quoi l'appeler ainsi; car, dans ce même temps, voici ce qu'il écrivoit à l'évêque d'Annecy : Il dit que les *insectes* de la littérature lui attribuent des ouvrages qu'il n'a jamais faits (Candide), et il ajoute : « Je dois mépriser les impostures sans pourtant haïr les imposteurs; plus on avance en âge, plus il faut écarter de son cœur tout ce qui pourroit l'aigrir; et le meilleur parti qu'on puisse prendre contre la calomnie, c'est de l'oublier. Si l'homme fait le bien pour l'amour du bien même; si ce devoir, épuré et consacré par le christianisme, domine dans son cœur, il peut espérer que Dieu ne rejettera pas des sentimens dont il est la source éternelle. »

L'évêque fit à cette lettre une réponse remplie de noblesse, de douceur et de bonté. M. de Voltaire, dans une autre lettre à ses amis, s'en moque, et dit que cet évêque est un *sot* et un fanatique. Quelques années après, en 1769, étant malade, il fit demander le viatique. Le curé exigea une rétractation publique de ses impiétés. Voltaire la fit très-forte, très-claire, par-devant notaire, et la signa; et il reçut le viatique. Peut-être étoit-ce terreur; mais toutes ses lettres au roi de Pologne Stanislas sont de l'hypocrisie la plus dégoûtante, quand on les compare aux autres lettres de même date qu'il écrivoit à ses amis. Il conte, dans ses lettres, qu'un conseiller dévot de Dijon passant à Ferney, il l'invita à dîner, et se fit lire pendant tout le repas les Sermons de Massillon, en lui disant que depuis quelque temps c'étoient là ses lectures ordinaires. Ceci fut fait très-sérieusement ; parce qu'alors il mouroit de peur d'être recherché à cause de l'impiété de ses derniers ouvrages.

« Si mon cher ange (M. d'Argental) parvient à faire
» chasser le monstre Fréron, qui déshonore la littéra-
» ture depuis si long-temps, les gens de lettres lui élè-
» veront une statue..... Jetez le diable dans l'abîme, et
» tirez les *Scythes* du tombeau [1]. » (*Lettres du même.*)

En 1767, il écrivit à Marin, censeur royal : « On dit
» qu'on a ôté à Fréron ses feuilles ; mais quand on
» saisit les poisons de La Voisin, on ne se contenta pas
» de cette cérémonie [2]. »

La même année, il dénonce M. de La Baumelle au
maréchal de Richelieu, parce que La Baumelle avait
écrit un trait contre la famille de Richelieu. Voltaire
engage le maréchal à chasser La Baumelle de son gouvernement, ce qui eut lieu. Il fit chasser J.-J. Rousseau
de Genève, et il écrivoit à la maréchale de Luxembourg qu'il *plaignoit beaucoup M. Rousseau.* Dans le
même temps, il attisoit en secret les troubles de Genève, et il écrivoit aux indifférens qu'il ne s'en mêloit
en aucune manière. Voici, sur ce sujet, sa lettre au duc
de Choiseul, alors ministre :

« Si j'osois, je vous supplierois d'engager M. de Hau-
» teville à demeurer, en vertu de la garantie, le maître
» de juger toutes les contestations qui s'élèveront tou-
» jours à Genève. Vous seriez en droit d'envoyer un
» jour à *l'amiable* une bonne garnison pour maintenir
» la paix, et de faire de Genève, à *l'amiable,* une
» bonne place d'armes ; quand vous aurez la guerre

---

[1] Tragédie qui venoit de tomber, et que toutes ses intrigues ne purent relever.

[2] Il vouloit donc qu'on le brûlât tout vif. Dans son Dictionnaire, il dit que M. de La Baumelle mérite le carcan.

» en Italie, Genève dépendroit de vous à *l'amiable*
» mais.... »

Cette lettre finit là, et ainsi avec des points [1].

Il écrivoit au roi de Prusse pour l'engager à persécuter les jésuites qui l'avoient élevé. Dans une autre occasion, croyant la ville de Thorn au pouvoir du roi de Prusse, il l'exhorte à venger, sur les prêtres de cette ville, un acte de fanatisme commis *cinquante ans* auparavant contre des écoliers impies. La réponse du roi fut admirable. Il se refuse à cette vengeance ; il dit qu'il se contente de faire élever un monument sur la tombe du fameux Copernic qui se trouvait enterré dans une petite ville de la Varmie, et il ajoute : « Croyez-moi, il vaut mieux, quand on le peut, récompenser que punir ; rendre des hommages au génie que de venger des atrocités depuis long-temps commises. »

Voltaire intrigua vainement pour faire enfermer ou du moins chasser l'anti-philosophe satirique Clément.

Comme il détestoit les parlemens qui avoient flétri ses ouvrages, il dit et répète dans ses lettres, que lorsqu'ils font des représentations au roi, *ils sont des insolens*. Quand le parlement fut exilé à Grenoble, il écrivoit que *le roi mêloit à sa bonté des actions de fermeté*, et il applaudit fort à cet acte arbitraire, contre le seul corps qui eût le droit d'opposer de la résistance à des volontés despotiques. Et quand, par une vio-

---

[1] Genève lui accordoit l'hospitalité la plus généreuse, et il faisoit en secret tous ses efforts pour la perdre, pour l'asservir. Il faut voir dans ses lettres les détails de cette basse duplicité; ils sont horribles, et trop longs pour les rapporter ici.

lence inouïe, le parlement fut cassé ; il approuva entièrement cet affreux despotisme, et il écrivit au nouveau chancelier Meaupou des lettres remplies des plus basses flatteries[1]. Dans toutes ses lettres aux grands seigneurs, il affecte des sentimens pleins de douceur et de modération, et il montre à ses amis une âme haineuse jusqu'à la fureur. Il leur écrivoit qu'il voudroit voir tous les *jansénistes jetés dans la mer avec un jésuite au cou*. Belle pensée que Diderot a pillée lorsqu'il a souhaité que *le dernier roi fût étranglé avec les boyaux du dernier prêtre*. Telle étoit la *tolérance* des philosophistes ; aussi elle a été celle des jacobins. Qu'entendoient-ils donc par *tolérance* ? Liberté entière de tout écrire et de tout faire pour eux et leurs partisans ; mais violences, despotisme et cruauté contre leurs ennemis.

INTRIGUE. — Dans une cour gouvernée par un prince supérieur, il doit y avoir, au bout de quelques

---

[1] Il s'est beaucoup moqué du grand Corneille, parce qu'il avoit dédié une de ses tragédies *au sieur Montauron, trésorier de l'épargne*. Il ajoute qu'il est fâché qu'il ne l'ait pas appelé *Monseigneur* (je le crois bien); mais est-il impossible d'aimer un *trésorier de l'épargne*? Et si ce trésorier est un honnête homme, comme je le suppose d'un ami de Corneille, ne vaut-il pas mieux lui donner cette marque publique d'attachement que de rendre ce même hommage à la plus scandaleuse concubine de la France, comme l'a fait M. de Voltaire, en dédiant un de ses ouvrages à madame de Pompadour ? Et depuis il prodigua les flatteries à madame du Barri, qui venoit de faire exiler son bienfaiteur le duc de Choiseul, qui pour cette bassesse se brouilla avec lui. C'est aussi M. de Voltaire, qui, dans son Dictionnaire, au mot *Ivette (rivière d')*, compare M. de Sartine, lieutenant de police, à *Agrippa*. Le grand Corneille n'a jamais fait ni de telles actions ni de telles comparaisons.

années, très-peu d'intrigues. L'ambition vise à *mériter* et non à *tromper*. Voilà l'avantage incalculable qui résulte de l'opinion universelle, que le souverain est éclairé et en état de juger par lui-même. Il y eut fort peu d'intrigues à la cour de Louis XIV, et ce qu'il y en eut ne servit à rien ; il falloit plaire au roi et gagner son estime. Ce fut toute l'intrigue de madame de Maintenon, dont la conduite fut remplie de droiture et de désintéressement. Elle gagna son cœur et sa confiance : elle le méritoit. Il y a plus, c'est qu'elle n'auroit certainement pas obtenu cet ascendant suprême, si Louis XIV eût été un sot ou seulement un prince médiocre ; elle ne le subjugua point, elle s'en fit aimer, parce qu'il étoit en état d'apprécier son esprit et son mérite. Il la connut, elle lui convint, voilà tout. Une femme artificieuse, intrigante, auroit totalement échoué auprès de lui. Une femme aimable, douce, naturelle, spirituelle, et du plus noble caractère, devoit réussir.

Les intrigues ne séduiront et ne tromperont jamais les personnes qui ont de la droiture et de l'esprit. Cependant il faut plus de sens et de finesse pour bien intriguer qu'on ne le croit. Un intrigant a quelquefois des vues lumineuses. Souvent des gens très-médiocres, à d'autres égards, sont étonnans dans ce genre par leur pénétration et leur prévoyance ; il sembleroit que ces gens-là feroient d'habiles négociateurs ; mais ce ne seroit que dans certains cas seulement ; la droiture les déjoueroit, ou du moins les dérouteroit. Ils ont un grand défaut, celui de préférer le compliqué au simple, et de supposer souvent des mystères et des finesses où il n'y en a point. Ils ont bien le discernement de la tromperie, mais ils n'ont que celui-là. C'est un rétrécissement d'esprit et un vice de caractère.

Toute personne qui aimera l'occupation, et dont les sentimens sont élevés, aura naturellement l'aversion de l'intrigue, parce qu'il faut s'y livrer entièrement pour réussir ; qu'il faut en outre dévorer souvent un mortel ennui, et supporter, dans mille occasions, le plus humiliant abaissement.

IRONIE. — C'est une figure dont le sel le plus piquant est épuisé dans les *Lettres provinciales* de Pascal. Un journaliste ne doit employer l'ironie que lorsqu'il rend compte d'un ouvrage, ou ridicule, ou répréhensible sous le rapport de la morale. Tout ouvrage estimable par les principes et le style mérite au moins l'honneur d'une critique sérieuse.

JARDINS. — Les hautes charmilles qui préservent des vents, les majestueuses allées à *perte de vue*, les cascades artificielles, ne doivent pas être employées exclusivement dans les jardins, mais ne doivent pas en être bannies. Toutes ces choses seront toujours bonnes et belles, surtout autour des palais. Inventons, perfectionnons, mais évitons de proscrire. Il y a toujours dans ce qu'on réforme quelque chose de bon à conserver.

Ce fut un François qui le premier conçut l'idée de faire les jardins que nous appelons à *l'angloise*. Le célèbre Huet, évêque d'Avranches, proposa dans ses ouvrages d'imiter la nature dans la composition des jardins. Depuis lui, Addisson, dans le *Spectateur*, fit la même proposition à ses compatriotes. On ne met point assez d'arbres fruitiers dans les jardins à l'angloise ; cependant, par leur utilité et par la beauté de leurs fleurs, ils y feroient un meilleur effet que tous ces arbres étrangers qu'on y rassemble.

Il seroit à desirer que ceux qui font des jardins fussent bien persuadés que des eaux vertes et stagnantes ne peuvent les embellir, et que du gazon vaudrait beaucoup mieux.

JEUNESSE. — J'ai tant sermonné la jeunesse et sous tant de formes diverses, qu'il me reste bien peu de choses à lui dire. Jusqu'ici mes leçons ont paru lui être agréables. Dans tous mes rapports avec elle, soit dans les pays étrangers, soit dans le mien, elle a été constamment, pour moi, *prévenante et confiante*. Elle sait que je l'aime, qu'elle me plaît, et que je la trouve charmante; ainsi je me flatte qu'elle recevra sans peine ces derniers conseils de l'amie la plus tendre qu'elle ait eue parmi les écrivains qui se sont occupés d'elle.

Age heureux! où l'on peut emprunter aux autres l'utile expérience, au lieu de l'acheter du temps qui la vend si chère!....

« Nul de nous ne voudroit recommencer son cours[1]. »

Oui, sans doute, si c'étoit à condition de faire les mêmes fautes; car, au bout de notre carrière, nous en connoissons toutes les funestes conséquences; mais, parvenus au terme de la vie, nous voudrions tous *en recommencer le cours* pour nous conduire autrement en mille occasions; car nous savons que, par nos imprudences, nos foiblesses, nos fausses démarches, nous avons gâté, bouleversé notre destinée.

Que les jeunes gens ne repoussent donc point les sages avis de la vieillesse, et qu'ils n'en soient point humiliés, puisqu'en général le vieillard qui veut les éclai-

---

[1] Vers de Voltaire.

rer puise ses principales instructions dans le souvenir de
ses propres fautes.

Le défaut le plus commun dans la jeunesse, et l'un
des plus nuisibles, c'est, dans les relations de la vie,
d'aimer le bruit et de faire continuellement des *scènes*,
de se plaindre avec hauteur, de se brouiller avec éclat.
Le monde est plein de gens curieux, questionneurs et
méchans, qui recueillent ces plaintes et qui donnent
raison à celui qui les fait; enveniment ces tracasseries,
en font ensuite de faux rapports et perpétuent les divisions. Une femme d'esprit a dit que, dans les liaisons de
société et d'amitié, on doit quelquefois *dénouer*, mais qu'il
ne faut jamais *rompre*[1]. Le mieux seroit de tout excuser
sincèrement, de tolérer sans humeur les défauts des autres et leurs torts, et de pardonner sans effort tout ce
qui ne blesse ni la probité ni l'honneur. Avec cette conduite, combien on s'épargneroit de peines, de contrariétés, d'émotions désagréables, de perte de temps et d'ennui ! Mais il n'est pas si facile qu'on le croit de pardonner
de certains torts sans blesser l'amour-propre; c'est un art
qui n'appartient qu'aux bons cœurs; eux seuls ont assez
de délicatesse pour que leur indulgence ne puisse jamais
être attribuée à l'insouciance et à la froideur; eux seuls
savent être généreux sans avoir l'air de s'en enorgueillir
. De tous les êtres que l'on peut rencontrer, le plus ridicule est un jeune homme de dix-huit ou vingt ans,
qui se pique d'une entière indépendance; qui joint à un
air capable un ton tranchant; qui croit n'avoir nul besoin de conseils, qui ne sait pas écouter avec respect les
gens d'un âge mûr et les vieillards, et qui dit gravement
mes opinions politiques.

---

[1] C'étoit aussi un mot de Caton.

La jeunesse est, de tous les âges, celui où l'on peut être le plus aimable ou le plus complétement insupportable et ridicule. Je lis dans les Mémoires de Sully que ce grand homme, dans sa vieillesse, étant retiré dans son château, y rassembloit autour de lui sa nombreuse famille, et que ses petits-enfans et ses enfans, âgés de plus de quarante ans, ne s'asseyoient jamais, en sa présence, dans des fauteuils.

Je lis dans les lettres de madame de Sévigné que le fils de madame de Grignan, revenant de l'armée après s'y être distingué de la manière la plus brillante, écrivoit à sa mère une lettre qui finissoit ainsi : « Quel » sera mon bonheur de me trouver à vos pieds, de bai- » ser votre main, et d'oser aspirer à votre joue !..... » Qu'ils sont touchans pour une mère ces nobles sentimens si délicatement exprimés, et que la seule maternité peut inspirer ! Il n'est fait que pour elle, il ne peut s'adresser qu'à elle, ce langage de si bon goût, qui exprime à la fois la plus tendre affection et le plus profond respect! Quelle admirable civilisation que celle qui contribue, par ce genre de grâce et d'élégance, à exalter, à perfectionner ainsi les sentimens les plus purs et les plus sacrés ! Les pères et les mères n'ont-ils rien perdu de leurs droits, lorsqu'ils ont permis à leurs enfans de substituer à ce langage de la piété filiale celui d'une amitié vulgaire, et enfin celui d'une révoltante *égalité* ? Aujourd'hui on termine une lettre à sa mère en disant : *Adieu, mon amie, je t'embrasse.* J'avoue que, dans ce genre, j'aimerai toujours mieux la manière d'écrire de M. de Grignan.

Combien il seroit désirable que l'on rendît à l'autorité paternelle l'étendue qu'elle avoit jadis! la majorité à vingt-cinq ans valoit mieux qu'à vingt-un, puisqu'elle prolongeoit l'autorité paternelle. La première révolution, qui bouleversa tant de choses, ôta le respect pour la vieillesse, parce qu'elle annula l'expérience en la rendant inutile ; nul vieillard n'avoit vu des choses semblables à celles qui se passoient; l'égalité d'inexpérience se trouva établie pour tous. Chacun étoit neuf, même de souvenirs, à de tels événemens : il n'en est pas de même aujourd'hui ; les pères et les vieillards ont une expérience de révolution que les jeunes gens n'ont pas. Il scroit donc possible de rétablir le respect dû à l'autorité de l'âge et aux droits du sang. Sans ce respect, la jeunesse, arrogante et présomptueuse, s'engagera sans cesse dans de fausses démarches; il n'y aura plus d'éducation complète, de véritable instruction et de grands talens; la présomption et l'orgueil en empêcheront l'heureux développement, en dessécheront tous les germes. L'insubordination dans les familles amènera les révoltes dans l'état ; un désordre monstrueux, des prétentions prématurées et sans bornes, des folies sans nombre, une effrayante grossièreté, naîtront nécessairement de cet esprit d'indépendance, causé par le mépris de l'autorité paternelle; l'urbanité françoise se perdra dans une impertinence habituelle de ton, de manières et de conduite. Il est certain que la liberté ne doit être donnée, dans sa plénitude, qu'à l'homme fait. Il ne l'est pas avant l'âge de vingt-cinq ans, il ne l'est souvent que plus tard ; en général, il n'est ce qu'il peut être qu'entre trente et quarante ans. Cependant un jeune homme modeste et studieux peut hâter lui-même sa maturité par la sagesse et l'étude ; et, dans ce cas, s'il est employé dans l'état d'une manière brillante, il surpassera, à talent égal, l'homme d'un âge mûr, parce qu'il voudra, à vingt-quatre ou vingt-cinq ans, justifier une confiance si honorable, et qu'il aura une émulation de gloire qu'on n'auroit pas à trente-huit ou quarante ans. Chez les Grecs, Aratus avoit à peine vingt ans, lorsqu'il chassa les tyrans de Sicyone, sa patrie, et, bientôt après, il fut nommé chef des Achéens. Les Athéniens donnèrent le commandement de leur armée à Iphicrate, âgé de vingt-trois ans; Philopœmen, à peine sorti de l'enfance, contribua au gain d'une bataille. Chez les Romains, Scipion fut général d'armée à vingt-quatre ans; Pompée le fut à vingt-trois. Parmi nous le grand Condé, avant cet âge, défit les fameuses bandes espagnoles, etc.

JEUX. — La passion du jeu est si funeste, elle rabaisse d'une manière si déplorable l'esprit, l'âme et le caractère; elle corrompt tellement la jeunesse et les mœurs publiques, que l'on a peine à concevoir que l'on puisse trouver dans un pays chrétien des maisons de jeu, ouvertement autorisées par les gouvernemens. C'est, de tous les abus, le plus scandaleux et le plus horrible. On frémit en pensant aux crimes de tout genre que les maisons de jeux ont fait et font encore commettre tous les jours · la perte de presque tous les jeunes provinciaux et de tant d'autres! la ruine des familles, les duels, les suicides, etc.! Espérons que tant d'horreurs seront enfin réprimées, comme elles l'ont été jadis avant la révolution; espérons aussi que les maîtresses de maisons particulières prendront assez de dignité, pour ne pas souffrir que l'on joue habituellement chez elles aux jeux de hasard : c'est bien assez de permettre le billard et le wisk, que, depuis dix à douze ans, on a rendu des jeux beaucoup plus chers et approchant des jeux de hasard, en y ajoutant une infinité de choses nouvelles qui les ont gâtés; le *vénérable* piquet est seul resté intact et dans sa *pureté* primitive : aussi a-t-il fort peu de vogue aujourd'hui.

LAMPES. — Depuis que les lampes sont à la mode, ce sont les jeunes gens qui portent des lunettes, et l'on ne trouve plus de bons yeux que parmi les vieillards, qui ont conservé l'habitude de lire et d'écrire avec une bougie voilée par un garde-vue.

On convient que les lampes sont pernicieuses pour les yeux; et que même leur odeur est dangereuse, surtout pour les nerfs; mais qu'importent ces bagatelles, tant que l'on trouvera qu'une lampe a plus d'élégance qu'un beau flambeau !

LECTURES. — Dans la société, avant la révolution, les lectures d'ouvrages manuscrits étoient beaucoup plus fréquentes qu'elles ne le sont aujourd'hui; d'abord, parce qu'on fait infiniment moins d'ouvrages, quoique l'on écrive beaucoup plus. Mais jadis les auteurs travailloient pour les bibliothèques; ils mettoient leur esprit en *volumes;* ils le mettent aujourd'hui en *feuilles volantes.* La postérité n'en connoîtra pas une; ce qui est fort indifférent aux auteurs, car communément ils n'écrivent que pour le moment, et pour une *ville*, souvent même pour un *faubourg*.

Quand les gens de lettres feroient des ouvrages de littérature, les lectures en seroient bien orageuses dans une nombreuse assemblée. On n'y chercheroit que des *allusions*. Plusieurs auditeurs ne manqueroient pas d'en trouver d'offensantes, et l'on verroit ce qu'on n'a jamais vu, un auteur sifflé dans un salon.

Autrefois, chez les princes et chez presque tous les particuliers, à la campagne, on se rassembloit après le dîner pour faire une lecture tout haut avant l'heure de la promenade [1]. On lisoit communément de bons ouvrages, des pièces de théâtre, des voyages, des livres d'histoire : ce goût a passé avec celui de la littérature.

LETTRES (Style épistolaire). — Nous devons au siècle de Louis XIV des modèles en tout genre, et dans le genre épistolaire, ainsi que dans tous les autres. Sans parler des lettres de madame de Sévigné, celles de madame de Maintenon sont parfaites; et celles de madame de Coulanges et de son mari, et de plusieurs autres, sont charmantes. Ce genre perdit beaucoup sous la régence et dans les premières années du règne de Louis XV. On écrivit mieux (les femmes surtout) sur la fin du dix-huitième siècle. Parmi les hommes de la cour de ce temps, les seules lettres dignes d'être citées sont celles du chevalier de Boufflers. Et dans le moment actuel, il existe beaucoup de personnes, et entre autres plusieurs femmes, qui écrivent des lettres avec un talent très-remarquable.

En général les auteurs, et même les plus célèbres, ne sont pas ceux qui écrivent le mieux les lettres de société, parce que leurs occupations ne leur permettent pas de les écrire avec soin, et que d'ailleurs ils réservent leurs meilleures idées pour leurs ouvrages. Les lettres de J.-J. Rousseau, de Voltaire, de d'Alembert, sous le rapport du style et des pensées, sont fort médiocres, et presque toutes sont dépourvues de charme et de grâce.

On dit que le style épistolaire doit être *coupé*, mais ce principe, comme règle général, seroit fort mauvais.

---

[1] On dînoit alors à deux heures.

En ceci comme dans tous les autres genres, le style doit être celui qui convient au sujet qu'on traite. Si, sur une mort ou un événement tragique, on écrivoit une lettre de *compliment* en *style coupé*, on auroit un ton sentencieux qui seroit ridicule. Une lettre dans laquelle on exprimera de tendres sentimens ne sera jamais dans ce style, qui en lettres n'est bon que pour conter avec légèreté des nouvelles et des anecdotes.

Voici quel étoit avant la révolution le protocole des lettres :

Les hommes donnoient le *monseigneur* aux maréchaux de France, et finissoient ainsi : *Je suis avec respect*; etc.[1] Les femmes écrivoient seulement, *Monsieur le maréchal*, et n'employoient le mot *respect* que pour les parens auxquels on en doit, pour les princes du sang, pour les vieilles femmes et pour les princesses étrangères du sang royal. Hommes et femmes, avec leurs égaux, se servoient de cette formule, *J'ai l'honneur d'être votre*, etc.; avec les inférieurs : *Je suis avec une parfaite considération*; avec tout ce qu'il y avoit de plus inférieur : *Je suis très-parfaitement votre*, etc., car on avoit de la politesse avec tout le monde. Tous les hommes devoient placer le mot *respect* dans les lettres écrites à des femmes. Les princes du sang ne se dispensoient pas de cette espèce d'urbanité. On a substitué à tout cela, *les sentimens distingués*, *la haute considération*, etc. Quand on saura bien positivement comment il faut distribuer ces formules, on trouvera qu'elles valent bien les anciennes, pourvu que l'on conserve seulement le respect pour les femmes. Les vieillards

---

[1] *Je suis avec respect* étoit plus respectueux que *profond respect*, parce que cela signifioit que tout ce qu'il y avoit de plus fort dans ce sens alloit sans dire.

tiennent encore par habitude à *l'obéissance des serviteurs et des servantes*. Cependant il faut convenir que cette humilité est un peu forte : l'exagération des formules étoit extrême autrefois. Du temps de Louis XIII, on disait presque toujours à la fin de ses lettres, qu'on *étoit avec passion* : Balzac termine ainsi toutes ses lettres. Au reste, il vaudroit mieux être *passionné* que *servile*, mais il vaut mieux encore être *vrai*. Et il est certain que des formules évidemment exagérées et menteuses sont mauvaises ; ainsi nous n'en avons jamais eu de bonnes.

LETTRES DE CACHET. — On doit à la révolution l'abolition des lettres de cachet, et celle de l'infâme Code des chasses. Mais ces deux réformes n'éprouvèrent aucune résistance ; on auroit pu faire ainsi toutes celles qui étoient raisonnables ; ce sont les seuls projets criminels qui ont produit le régicide et tous les meurtres.

LETTRES ANONYMES. — Une lettre anonyme est une chose si vile, que, même pour donner un avis utile et bienfaisant, on ne doit jamais se permettre d'employer un semblable moyen. Il est étonnant qu'il n'y ait pas des peines infamantes contre une lâcheté par malheur trop commune, et qui, dans certains cas, peut jeter tant de trouble dans les familles.

M. de Sartine, qui, comme lieutenant de police, eut jadis une si grande réputation, disoit qu'en lui remettant une lettre anonyme, on pouvoit être assuré qu'il en découvriroit l'auteur en peu de jours. On assure qu'en effet il n'a jamais échoué dans cette recherche.

LIAISONS. — La conduite et la destinée des jeunes gens dépendent presque toujours de leurs liaisons. Il n'y a point de proverbe d'un meilleur sens et plus vrai que celui-ci : *Dis-moi qui tu hantes, je te dirai qui tu es.*

Si la personne avec laquelle on veut se lier a une mauvaise réputation, on peut penser qu'il est possible que ce soit injustement, parce qu'il y a toujours dans le monde un fonds permanent de calomnie pour fournir à la conversation ; néanmoins la prudence prescrit d'éviter une liaison particulière avec une telle personne ; mais si avec des talens et de l'esprit, elle a une bonne réputation, on doit croire qu'elle le mérite ; car, dans ce cas et dans ce genre, le monde n'accorde rien légèrement. Au reste, dans les temps orageux, où l'esprit de parti porte la division jusque dans les familles, il n'existe plus de réputations morales, parce que la société n'a plus de tribunaux : il faut juger par soi-même si une nouvelle connoissance peut devenir un ami. En voici un moyen certain : soyez assuré que celui qui, au lieu de vous donner de bons conseils, vous refroidira sur vos affections légitimes et sur vos devoirs, ne prend nul intérêt à vous, et ne mérite ni votre amitié ni votre estime. Mais vous ne sauriez trop aimer, trop cultiver celui dont les entretiens adoucissent vos rancunes, vos ressentimens secrets, vous réchauffent pour tout ce qui est bon, utile, raisonnable et généreux. Cette règle est sûre, et peut tenir lieu d'expérience à tous les jeunes gens et même aux princes.

LITS DE REPOS [1]. — Plusieurs mémoires d'Histoire de France [2] font mention d'une étiquette extraordinaire que voici : Lorsque le roi honore d'une visite un

---

[1] C'est-à-dire, *Canapés.*
[2] Entre autres les Mémoires du duc de Villars.

particulier malade et forcé de rester couché sur une chaise longue, on établit un second lit de repos à côté de celui du malade, et sur lequel le roi se couche et s'assied. C'est ainsi que fut reçu Louis XIII par le cardinal de Richelieu malade. Le roi, qui étoit à Narbonne, alla rejoindre le cardinal à Tarascon, et, tous les deux, couchés sur de petits lits, s'entretinrent long-temps ensemble. Louis XIV alla voir le maréchal de Villars blessé, et le même cérémonial fut observé. Louis XIV n'avoit fait cette faveur qu'au seul maréchal de Turenne.

Les véritables lits sont, sur les théâtres anglois et allemands, des meubles très-nécessaires, non-seulement dans les comédies, mais aussi dans les tragédies. Dans *le More de Venise*, c'est sur le lit nuptial qu'Othello étouffe, avec des oreillers, l'innocente Desdemona; dans la *Cléopâtre* de M. Kotzbuë, on vit, à la première représentation (à Berlin), au lever de la toile, la belle reine d'Égypte et Antoine son amant, couchés dans un lit, et Antoine endormi dans les bras de la reine. La pièce eut le plus brillant succès [1]. Cependant le lit fut critiqué; et, à la deuxième représentation, on eut la condescendance, pour *les prudes*, d'y substituer un canapé, sans faire d'ailleurs le moindre changement; ce fut uniquement l'affaire du tapissier, l'auteur ne s'en mêla point; et alors le public fut satisfait. On nous a prouvé que des drames de cette décence, dans le genre le plus héroïque valent mieux que les pièces de Corneille, de Racine, de Voltaire et de Crébillon, parce que notre *poésie classique* ne ressemble qu'à la sculpture, tandis que la *poésie romantique* des Allemands ressemble à la peinture. Il faut bien se rendre à d'aussi bonnes raisons.

---

[1] L'auteur de cet ouvrage étoit à cette représentation.

LOGEMENS. — On pourroit jusqu'à un certain point juger des mœurs du dix-septième siècle, et de la fin du dix-huitième jusqu'à nos jours, par la seule inspection de l'intérieur des appartemens des grandes maisons, de leur étendue et de leur distribution.

Dans les vieilles maisons, il y a infiniment moins de pièces; et ces pièces sont beaucoup plus grandes, plus élevées, et par conséquent plus saines à habiter : on est étonné quand on sait que ces maisons, avec des appartemens si restreints, contenoient des familles entières très-nombreuses. C'est qu'alors, en mariant ses enfans, on vouloit les garder chez soi au moins cinq ou six ans, afin de les produire et de les guider dans le monde, et que les jeunes mariés se contentoient chez leurs parens d'une seule grande chambre. Lorsque l'un d'eux étoit malade, l'autre le gardoit et couchoit dans sa chambre, sur un lit de sangle ou sur un canapé. Quand la femme étoit en couche, on cédoit au mari le petit logement d'un valet de chambre, dans lequel il passoit un mois ou six semaines. Les parens eux-mêmes, outre leur beau salon, les antichambres et la salle à manger, n'avoient que trois ou quatre pièces en tout. Maintenant un seul ménage se contenteroit à peine de ce qui suffisoit jadis à deux ou trois; et il y avoit des chapelles dans presque tous ces grands hôtels. Aujourd'hui, on a multiplié à l'infini les pièces, les cabinets, et surtout les portes de *dégagement* et les petits *escaliers dérobés*. Les appartemens sont distribués de manière que toute communication peut être absolument rompue quand on le veut; que l'indépendance réciproque est assurée, et que toute surprise qui pourrait découvrir un mystère est impossible. On croiroit que les architectes sont les confidens de toutes les mésintelligences particulières et

de toutes les intrigues.... Du moins, s'ils n'en ont pas
la révélation, ils en ont le pressentiment.

LOUANGES. — Les jeunes gens spirituels, bien élevés et qui ont de l'amour-propre, désirent qu'on leur rende justice et que l'on parle d'eux avec éloge; mais ils n'ont pas réfléchi sur le danger ou l'utilité des louanges; il en est de désirables, il en est de nuisibles. Si on loue seulement l'instruction d'un jeune homme, presque tous les gens du monde l'accuseront d'être pédant. Si on ne loue que son esprit, tous les sots se défieront de lui, et diront qu'il est moqueur et méchant, etc. Mais il est une louange vulgaire, triviale, qui, donnée à un jeune homme distingué par son esprit ou ses talens, est inestimable et sans prix, et c'est celle-ci. *Il est bon enfant.* Cela signifie : il n'apporte dans la société que de la bonne humeur et de la bienveillance; il n'est ni pédant, ni médisant, ni moqueur, ni orgueilleux; il s'accommode de tout ce qu'il rencontre; il prend intérêt à tout, excepté à la méchanceté; il est naturel, aimable dans l'entretien le plus frivole; il n'a jamais le desir de dominer, ou la prétention de briller et d'occuper les autres de lui... Que d'éloges charmans renfermés dans ces mots : *Il est bon enfant!* Mais, pour obtenir cette louange, quand on a de l'esprit et des talens, il faut la mériter; le monde en connoît tout le prix, et ne la donne pas legèrement à ceux qui tiennent de brillans avantages de la nature et de l'éducation. On ne joue pas *le bon enfant*, il faut l'être; et, avec de l'esprit et de la réflexion, on peut le devenir en travaillant sur son caractère.

Enfin, *un bon enfant* spirituel ne fait ombrage à personne, désarme les envieux, plaît aux sots même, et se fait aimer de tout le monde.

Quand les jeunes gens seront bien persuadés de cette vérité, la société y gagnera infiniment; car elle n'étoit plus aimable autrefois, que parce qu'on y trouvoit, en hommes et en femmes, beaucoup plus *de bons enfans*.

LUXE. — Le luxe de la fin du dernier siècle et de celui-ci a un caractère mesquin d'imposture et de frivolité, d'autant plus pernicieux, qu'il semble que presque toutes les fortunes peuvent y atteindre; et qu'ainsi il a contribué à confondre tous les états, toutes les classes, et à ruiner toutes les familles.

Les philosophes modernes ont fait, à l'envi les uns des autres, l'apologie du luxe, entre autres Voltaire et M. Helvétius. Ce dernier, dans son livre de l'*Esprit*, a dit qu'une femme galante qui fait travailler des ouvriers, est beaucoup plus utile à l'état que la dévote qui délivre des prisonniers. Cependant, si ces prisonniers sont des *ouvriers* que leur délivrance rend aux manufactures, la *dévote*, dans ce cas, n'a-t-elle pas, aux yeux du philosophe le mérite de la femme galante? D'ailleurs, le philosophisme a-t-il bien prouvé que la charité et les aumônes des particuliers sont inutiles à l'état? Ah! recueillir l'orphelin, secourir le vieillard, l'infirme, rendre à sa famille l'infortuné gémissant dans les fers, c'est servir à la fois son Dieu, son roi et sa patrie!... Je sais que M. de Condorcet, dans un enthousiasme *philosophique*, a dit, écrit et répété ces mots remarquables : *Plus d'hôpitaux* ! et que, s'il en eût été cru, si l'on eût obéi à cet ordre philanthropique, les hôpitaux, ainsi que les églises, auroient été transformés en écuries ou en salles de danses. *Plus d'hôpitaux* ! Quelles paroles !

On a été justement épouvanté, dans la révolution, de la cruauté et de l'extravagance des jacobins, disciples des philosophes modernes. Il est certain que tous leurs crimes ont été commandés par leurs maîtres ; mais il est vrai aussi qu'ils n'ont pas fait à beaucoup près tous ceux que leur prescrivoient les livres philosophiques. Ils n'ont point détruit les hôpitaux ; ils n'ont pas autorisé le suicide et l'*adultère* [1] ; ils n'ont pas tourné en ridicule la charité [2] ; ils n'ont pas conseillé, comme une belle action, le plus horrible des incestes [3] ; ils n'ont pas publié une croisade contre les *chrétiens*, et décrété qu'il falloit aller *les exterminer avec le fer et la flamme* [4] ; ils n'ont pas décidé que toutes les femmes *devoient être en commun* [5] ; ils n'ont pas déclaré qu'il n'y a point de Dieu et que l'âme n'est pas immortelle [6], ni dit qu'on ne doit rien à la patrie dès qu'on n'y trouve pas le bonheur [7], etc. Ainsi, malgré toutes les atrocités que nous avons vues, il faut convenir qu'ils ont été très-modérés, si l'on compare leurs actions aux conseils et aux préceptes philosophiques. Il est certain que le luxe fait horreur, quand on jette les yeux ou qu'on arrête sa pensée sur la multitude d'infortunés qui nous environnent. La morale exigeroit-elle donc qu'on y renonçât entièrement ? Seroit-il à désirer qu'il n'y en eût plus, et que chacun se réduisît au simple nécessaire afin de donner le surplus ? Que

---

[1] Helvétius, Voltaire, etc.

[2] Helvétius, livre intitulé *de l'Esprit*.

[3] *Supplément au Voyage de Bougainville*, de Diderot, dans lequel il dit qu'un père, qui a une fille disgraciée de la nature, est un très-mauvais père, s'il ne *l'en dédommage pas* en devenant *son amant*.

[4] Lettres de Voltaire.

[5] Dictionnaire philosophique.

[6] Lettres de Voltaire.

[7] Dictionnaire philosophique, mot *Patrie*.

résulteroit-il de cet état de choses? qu'il n'y auroit plus ni industrie, ni talens, ni arts, ni commerce. Les arts sont d'institution divine; leurs prodiges n'ont pas empêché l'aveugle impiété de nous placer au niveau de la brute. Que seroit-ce si nous n'avions pas ces brillantes preuves de notre supériorité sur les animaux, et si l'on ne nous voyoit pas tous les jours perfectionner nos inventions, et en créer à l'infini de nouvelles? Le luxe est donc nécessaire à la dignité des sociétés humaines; il est la démonstration de leur intelligence et de leur noblesse; mais il faut qu'il ait toujours un grand caractère, et que le riche sache allier la charité avec la magnificence. Il faut que les grands travaux, les inventions utiles, les beaux ouvrages et les chefs-d'œuvre soient bien payés; que les talens supérieurs en tout genre soient honorés et dignement récompensés; mais que tout ce qui est mesquin, faux, frivole et peu durable soit dédaigné.

Ce n'est point le luxe par lui-même qui corrompt les mœurs et détruit les empires, car il n'est pernicieux et destructeur que lorsqu'uni à la frivolité il n'a pour motif que le caprice, la fantaisie et une vanité puérile; alors, inutile aux talens et à l'humanité, il rétrécit l'esprit, il avilit l'âme, et il offre sans cesse l'exemple des folies les plus méprisables et les plus monstrueuses. Tel étoit le luxe de Cléopâtre, ou celui de ces nobles chevaliers qui parurent avec tant d'éclat à Beaucaire, dans une de ces assemblées qu'on appeloit *cour plénière* [1]. L'un, *Bertrand Rimbault*, fit labourer tous les environs

---

[1] En 1474, cette cour plénière, tenue par le comte de Toulouse, avoit été convoquée pour une négociation de paix entre le comte de Toulouse et le roi d'Aragon.

du château de Beaucaire, et y sema quarante mille écus; l'autre, *Raimond Venous*, fit attacher trente de ses plus beaux chevaux sur un vaste bûcher et y mit le feu. Je ne sais pas si nous avons bien le droit de nous moquer de ces extravagances; il est vrai que le luxe parmi nous ne présente point de ces traits frappans, parce qu'il a un caractère de petitesse qui ne fournit pas de folies aussi saillantes; mais nous offrons en détail cette dépravation de goût et de sens commun, et les résultats sont les mêmes. L'orgueil, joint à de la grandeur dans les idées, forme un sentiment qui sans doute n'est pas pur, mais dont il résulte du moins quelquefois des actions et des ouvrages utiles dans tous les genres; il inspire le désir de s'immortaliser; c'est lui qui a fait élever la colonnade du Louvre; mais l'amour-propre, uni à l'égoïsme et à la frivolité, produit ce luxe extravagant et destructeur, qui règne aujourd'hui parmi nous, et qui corrompt également le goût et les mœurs publiques. Si les arts sont véritablement en honneur, le goût dominant est pur, l'opinion générale est saine, elle attache du ridicule à tout ce qui porte l'empreinte d'une vanité futile; alors on ne loue, ou n'admire que ce qui est utile ou ce qui est beau; alors celui qui possède de grandes richesses ne s'amuse plus à refaire tous les mois de petites rivières factices: il détourne un fleuve; il creuse des canaux publics; il ne surcharge point ses jardins d'un million de fabriques mesquines qui s'y succèdent rapidement dans l'espace de quelques années; mais il y élève un superbe temple de marbre, ou de majestueuses pyramides de granit ou de porphyre. Enfin, il laisse à sa famille ou à sa patrie des monumens durables d'une magnificence noble et bienfaisante. Celui qui n'a qu'un revenu modique ne peut concevoir l'idée d'exécuter de telles choses;

il ne se ruine point en faisant ou en achetant successivement des colifichets qui ne trouveroient point de sots admirateurs. Ne pouvant élever dans son jardin des colonnades et des fabriques imposantes, la crainte du ridicule l'empêchera d'y placer de petits ponts sans rivières, des cascades à robinets et de vilaines buttes honorées du nom de montagnes ; il plantera des pommiers, des cerisiers ; son amour-propre lui donnera le goût de la simplicité et lui tiendra lieu de raison. Les anciens législateurs ont parfaitement connu le grand art de faire servir à la félicité publique, et l'amour-propre et les divers talens des hommes. Ils ont senti que, si le caractère national est léger et frivole, le peuple doit être sans énergie, les arts sans émulation, la vertu sans encouragement ; ils ont donc ouvert à tous les hommes une noble carrière, où cent routes différentes, conduisant au même but, offroient le même prix ; ils n'ont pas établi, par leurs institutions, la distinction dangereuse de l'estime et de la gloire ; ils ont sagement confondu avec la gloire tout ce qui est digne d'estime, tout ce qui peut être utile à la société. Comme les vertus douces et paisibles sont d'un usage plus journalier que les vertus éclatantes, de même les esprits mediocres, formant la multitude, peuvent rendre plus de services à l'état, s'ils sont bien dirigés, que ces génies supérieurs qui paroissent rarement et en si petit nombre. Aussi les anciens ont-ils décerné indistinctement les couronnes de la gloire aux ouvrages du génie et aux travaux seulement utiles, parce que si les uns répandent un éclat imposant sur une nation, les autres contribuent à sa félicité. C'est ainsi que, dans la Grèce, on voyoit à côté des monumens élevés en l'honneur des orateurs, des philosophes, des grands poëtes et des peintres célèbres, les statues des artisans qui s'étoient distingués par quelque découverte utile [1].

L'histoire nous apprend que le peintre Polygnote représenta, à Delphes, la guerre de Troie dans un édifice public, et, qu'en reconnoissance de cet ouvrage, qui retraçoit un événement glorieux à la nation, les amphictyons lui firent des remercîmens solennels, et lui assignèrent, pour le reste de sa vie, des logemens aux dépens du public, dans toutes les villes de la Grèce. Pourquoi n'imiterions-nous pas de tels exemples, si multipliés chez les anciens ? En formant ces souhaits pour l'intérêt des arts, nous n'en désirons pas moins vivement qu'il puisse toujours se trouver, dans toutes les sociétés chrétiennes, de ces âmes privilégiées, qui, se plaçant d'avance dans le ciel, consacrent leur fortune entière à l'humanité souffrante. Mais ces grands exemples, si honorables à la re-

---

[1] Dans l'île de Naxos, on érigea une statue à un artisan, qui, le premier, donna la forme de tuile au marbre penthéicien, pour en couvrir les édifices. L'antiquité présente une foule de traits semblables. Parmi les modernes, on n'en trouve guère que chez les Anglois. Cette nation doit la perfection de ses manufactures à ce grand principe en législation, d'*honorer avec éclat ce qui est utile*. Une médaille fut frappée et adjugée au duc de Bedford, avec cette inscription : *Pour avoir semé du gland*. Là, toute action de bienfaisance publique fait passer à la postérité le nom de son auteur. Aussi l'Angleterre est-elle remplie de monumens et d'établissemens (ouvrages de simples particuliers), de ponts, de canots creusés, de chemins, entre autres, la plupart des grandes routes de l'Écosse, que plusieurs gentilshommes ont faites à leurs frais. Presque tous les colléges d'Oxford et de Cambridge sont fondés par des particuliers, et en grande partie par des femmes, ainsi qu'une multitude d'hôpitaux et d'autres établissemens de charité.

ligion, qui seule peut les produire, ne sont véritablement admirables, que lorsqu'ils sont donnés au milieu de toutes les recherches et de toutes les jouissances du luxe.

Les anciens ont poussé le luxe plus loin encore que les modernes. Il n'eut point de bornes sous Auguste, Néron, Caligula, etc.; aussi amena-t-il la ruine entière des mœurs, la décadence, et enfin la chute de l'empire. Les vases *myrrhins*, quoiqu'ils ne fussent que de composition, coûtoient des sommes immenses; le *bois citrin*, que nous ne connoissons plus, n'étoit pas moins cher; Cicéron en avoit une table de moyenne grandeur, qui avoit coûté quarante mille francs de notre monnoie : l'intérieur du vaste temple de Delphes en étoit entièrement revêtu. On dépensoit des trésors en perles et en pierres précieuses. Un riche Romain (Oppius) possédoit une opale unique, dans le temps du triumvirat : il auroit pu rester en sûreté à Rome, en la cédant à l'un des avides triumvirs; il aima mieux s'expatrier que de s'en dessaisir. Non-seulement les dames romaines se poudroient avec de la poudre d'or fin, mais on couvroit de cette poudre précieuse l'arène où combattoient les gladiateurs. Voilà un luxe véritablement extravagant, car on ne doit admirer le luxe, que lorsqu'il fait briller l'industrie humaine et les beaux-arts.

MAGNANIMITÉ. — C'est la seule vertu qui soit caractérisée par un peu d'ostentation, et à laquelle un grand théâtre soit nécessaire. Elle n'est d'aucun usage dans la solitude, et, fière autant que généreuse, elle ne se montre et ne brille que dans les cours et sur les trônes : c'est la plus noble conquête de la puissance humaine. On n'appelle *magnanimes*, que les souverains, les princes, les chefs des nations, les grands guerriers. Consolons-nous de ne pas obtenir ce titre, si ceux qui nous gouvernent le méritent.

La magnanimité se compose de clémence et de générosité. Elle vient toute entière de la grandeur de l'âme ; on l'a vue quelquefois s'allier à la dureté de caractère et même à la férocité ; mais lorsqu'elle se trouve unie à la sensibilité, elle est adorable et sublime.

Il y a toujours de la magnanimité dans la véritable bonté ; car la bonté sacrifie sans cesse ses propres intérêts ; et, généreuse par sentiment, elle est toujours prête à pardonner. Il est impossible d'être constamment bon, sans élévation d'âme. Il y a tant de grandeur dans tous les sentimens opposés à l'égoïsme ! Les méchans sont en si grand nombre, qu'il leur a été facile de décrier la bonté en la confondant avec la foiblesse [1] : mais l'homme qui n'est que foible n'a de la douceur, de l'indulgence et de la générosité qu'avec ceux qui le subjuguent ; tandis que l'homme réellement bon, l'est même avec les ingrats qui l'abandonnent. La bonté est une vertu divine : toutes les autres s'y rattachent, et elle est l'attribut essentiel de Dieu. On ne dit point que Dieu est vertueux (ce qui supposerait un effort) ; on ne dit point qu'il est magnanime ; on exprime tout, en disant qu'il est souverainement bon. Aussi la bonté n'est-elle aussi parfaite qu'elle peut l'être sur la terre, que lorsqu'elle est épurée et sanctifiée par la religion.

On trouve, dans le théâtre grec, cette admirable maxime de Sophocle.

« Il n'y a que les grandes âmes qui sachent combien
» il y a de gloire à être bons. »

---

[1] Comme les impies calomnient la dévotion.

MAGNÉTISME. — Faut-il croire que le magnétisme fait *prophétiser*, fait lire dans le corps humain et guérit toutes les maladies? Voici des faits qui pourront servir de réponse à cette question. Depuis qu'on s'occupe à Paris du magnétisme, c'est-à-dire, depuis trente ans, on n'a vu opérer tous ces miracles que par des cuisinières, des servantes, des filles du peuple, ou de jeunes personnes dont l'âge, l'esprit et la raison ne méritoient nulle confiance. Toutes les personnes dignes de foi, sur lesquelles on a essayé le magnétisme, n'ont éprouvé aucun de ces effets miraculeux, et durant l'espace de trente années!... Quant aux maladies, on n'a jamais pu constater, de manière à ne laisser aucun doute, une seule guérison véritablement extraordinaire et parfaite. Voilà de terribles argumens contre les prodiges du magnétisme. Cependant, des savans et d'habiles médecins prétendent que le magnétisme, dépouillé de tout le merveilleux du somnambulisme, peut être utilement employé comme remède; et, loin de le nier, nous sommes portés à le croire, d'après des témoignages très-respectables.

Au reste, le magnétisme n'est point une idée nouvelle. On lit dans le Dictionnaire anglois [1] des Hommes illustres, que dans le dix-septième siècle *Valentin Greatrake* prétendit avoir la propriété de guérir les malades, seulement en les touchant à plusieurs reprises, et qu'en effet il fit, par ce seul moyen, plusieurs guérisons qui le rendirent très-célèbre.

Plus anciennement Ben Johnson, auteur dramatique anglais, contemporain de Shakspeare [2], a fait une comédie intitulée : *The magnetick lady*. Il est vrai que ce

---

[1] *English Dictionary*, etc.
[2] Shakspeare naquit en 1564, et mourut en 1616.

titre n'est que métaphorique. Cette héroïne de la pièce est une dame aimable, qui, par ses agrémens, attire beaucoup de monde chez elle. Mais il y a dans cette même comédie, un *somnambule* qui semble être inspiré, et qui, en dormant, annonce qu'il va découvrir les choses les plus cachées, etc. Ainsi il paroît que, dès ce temps, la doctrine merveilleuse du magnétisme étoit connue. Et comment se persuader que depuis trois siècles écoulés, des millions d'expériences n'eussent pas démontré la réalité de ces merveilles, si elles étoient réelles?

MAGNIFICENCE. — L'esprit de la magnificence de l'ancien temps avoit quelque chose de solide et de bienfaisant. La magnificence égoïste ou de pure ostentation paroissoit être de mauvais goût. Par exemple, tous les grands seigneurs et les princes du sang étoient de la plus modeste simplicité dans l'ameublement de leurs châteaux et de leurs maisons de plaisance; on ne voyoit, à Villers-Coterets, à Chantilly, à l'Isle-Adam, que de vieux meubles gothiques, sans nulle recherche, ainsi que dans toutes les plus belles terres du royaume, Richelieu, Montmorency, Sillery, Louvois, Montmirail, etc., tandis que les financiers étaloient dans leurs maisons de campagne le faste le plus éclatant; mais les princes et les grands seigneurs avoient un luxe prodigieux dans toutes les choses qui peuvent procurer aux autres d'agréables jouissances, en chevaux, en voitures, en tables ouvertes, en logemens donnés dans leurs palais, même à des personnes qui n'étoient point attachées à leurs maisons; en loges aux spectacles, qu'ils prêtoient sans cesse à leurs amis; enfin, en domestiques beaucoup plus nombreux qu'aujourd'hui [1]; le luxe avoit

---

[1] On prêtoit aussi très-souvent des calèches et des chevaux

de la grandeur, parce qu'il étoit aussi peu frivole qu'il peut l'être, et que, n'ayant rien de faux, les fortunes médiocres n'y pouvoient atteindre; alors il étoit une distinction. Les femmes, en achetant de belles pierreries, se promettoient de les laisser à leurs filles. Cette idée ennoblissoit et justifioit en quelque sorte ces grandes dépenses c'étoit un fonds, une espèce de trésor domestique, qui restoit dans les familles, et qui comptoit dans les mariages. Le luxe, sous le règne suivant, prit un caractère imposteur et extravagant; il ne laissa rien de durable, et, par le caprice de son inconstance, il ruina toutes les familles.

Les ministres et tous les gens qui occupoient d'éminentes places étoient obligés de tenir un si grand état, qu'il leur étoit bien difficile de s'enrichir. Tous avoient une table ouverte à Paris, au moins trois fois la semaine, et, à Versailles et à Fontainebleau, tous les jours; les princes du sang aussi; et, tous à Paris, durant tout l'hiver, faisoient allumer, à la porte de leurs hôtels, d'énormes brasiers, entretenus depuis six heures du soir jusqu'à une heure après minuit. Si ces feux étoient plus dispendieux qu'utiles, du moins c'étoit une belle enseigne de magnificence et un signe éclatant d'hospitalité, qui étonnoit les étrangers, qui donnoit à la ville un air

pour aller à Longchamps. Madame de ****, une veille de Longchamps, sachant que M. le vicomte de V*** en avoit deux, lui en fit demander une; il avoit disposé de l'une et de l'autre; mais, sur-le-champ, il en fit acheter une de la plus grande élégance, uniquement pour la prêter trois heures à madame de ****. Cette galanterie parut fort aimable, mais elle n'étonna point. Cette grâce obligeante étoit encore dans les mœurs des personnes distinguées par leur bon goût et leur magnificence.

de fête, et qui servoit à purifier l'air. On sait que rien ne le purifie comme le feu ; aussi a-t-on remarqué que, depuis que cet usage a cessé, il y a beaucoup plus de maladies à Paris.

MAINTIEN. — Avant la révolution, il falloit qu'une femme eût un maintien doux, calme, réservé, et même timide, surtout quand elle entroit dans un salon ou qu'elle paroissoit dans une assemblée; il y avoit un charme intéressant dans ce maintien. On a vu, depuis, les femmes se présenter d'un air intrépide, s'avancer d'un pas ferme et rapide dans un cercle et ne craindre que d'avoir l'air embarrassé. La douce et modeste timidité n'est plus regardée que comme une gaucherie · on a tort ; l assurance, le maintien décidé, les gestes animés, le ton tranchant, vieillissent les femmes, leur ôtent les grâces de leur sexe et de la jeunesse, et sans leur donner, dans la conversation, l'autorité des hommes ou la considération personnelle de l'âge mûr.

MAITRES DE MAISON. — Il n'est pas si aisé qu'on le croit de bien conduire un nombreux domestique. Cependant il est très-certain que, lorsqu'on ne prend pas à son service des gens dépravés, on peut les rendre de très-bons sujets. La première règle, et la plus négligée, est de ne rien faire et de ne rien dire devant eux qui puisse les corrompre; la deuxième, de les surveiller constamment, en leur montrant toujours de l'estime et de la confiance; la troisième, de leur passer les défauts qui ne sont, ni contre la probité, ni contre les bonnes mœurs; et la quatrième, de les traiter habituellement avec douceur, indulgence, et surtout de ne jamais les humilier. Il n'y a rien à gagner, dans aucune sorte de gouvernement, à abaisser ceux qui dépendent de nous ; au contraire, les grandes âmes élèvent tout ce qui les approche : c'est un beau don, et ce seroit aussi un excellent calcul d'habileté ; car c'est ainsi qu'on est servi avec émulation et un zèle ardent et soutenu. La sévérité quelquefois est nécessaire : non-seulement le mépris ne sauroit l'être, mais il est toujours une insigne maladresse avec ceux que l'on continue d'employer.

MAITRESSE DE MAISON. — Pour bien faire les honneurs d'une maison, il faut avoir du tact, de la finesse, beaucoup d'usage du monde, une grande égalité d'humeur, du calme et de l'obligeance dans le caractère. Il faut, quand on reçoit du monde, s'oublier soi-même, n'avoir nulle envie de briller, et mettre la bienveillance à la place du désir de plaire ; il faut s'occuper des autres, sans agitation, sans affectation, et savoir les faire valoir, sans avoir l'air de les protéger ; il faut enfin encourager les gens timides, les mettre à l'aise, entretenir la conversation, en la dirigeant avec adresse plutôt qu'en la soutenant soi-même, et que chacun reçoive l'accueil qui peut et qui doit le satisfaire.

Il est impossible que, dans la première jeunesse, on fasse passablement les honneurs d'une table et d'un cercle ; c'est un art social qui exige un esprit observateur et de l'expérience. Il faut moins de qualités acquises pour faire les honneurs d'une maison de campagne ou d'un château ; mais il faut indispensablement un caractère aimable. On est toujours content de la maîtresse de la maison, lorsqu'elle est obligeante, égale, attentive ; et que, s'étant informée, comme elle le doit, des habitudes particulières de chacun, elle ne laisse rien à désirer chez elle ; que surtout elle paroît toujours charmée qu'on y soit, et qu'elle y fait jouir d'une entière liberté.

Une personne humoriste, inattentive, exigeante ou capricieuse, sera toujours une dame de château fort désagréable, eût-elle d'ailleurs en partage un esprit supérieur et des talens ravissans.

MARATRE. — Il n'y en a plus dans la bonne compagnie ; elles ne se trouvent guère que dans les classes inférieures : c'est là que sont employés, trop souvent, auprès d'un mari crédule, tous les artifices d'une basse méchanceté pour nuire aux malheureux enfans d'un premier lit.

On demandoit, il y a quelque temps, dans le Mercure, *pourquoi les enfans d'un premier lit donnent à la seconde épouse de leur père le titre de belle-mère ?* Et voici la réponse que nous fîmes alors à cette question.

Comme, en général, les hommes qui se remarient épousent de jeunes et jolies personnes, on aura dit, aux enfans du premier lit, d'appeler ces secondes épouses belles-mamans, belles-mères, et cet usage sera devenu général, comme celui d'appeler les grand's-mères bonnes-mamans, quoiqu'il y en ait de fort méchantes ; mais la plus acariâtre obtient ce titre comme la plus douce et la plus tendre, parce qu'en général les grand's-mères, par trop de bonté, gâtent leurs petits-enfans.

Cette explication pourroit bien ne pas satisfaire, car elle n'a rien de savant et n'a coûté nulle recherche. Mais, pour trouver l'origine *d'une infinité* d'usages établis dans la société, c'est aux gens du monde qu'il faut s'adresser, ils ont, sur ce point, un esprit d'analogie et une sorte de sagacité qui leur feront toujours pénétrer les vrais motifs de ces conventions sociales, qu'il n'est pas inutile de connoître, parce qu'elles servent à donner une juste idée des mœurs. Par exemple, dans la supposition qu'on admet ici, cette petite flatterie, inspirée aux enfans, prouvoit dans l'origine le désir de les rendre agréables à la nouvelle épouse, et en même temps l'intention si louable de leur laisser le souvenir de leur mère, en faisant donner à la seconde épouse un titre différent, et non celui de *maman*, qui, tout court, n'appartient qu'à la véritable mère. Remarquons encore qu'il y avoit sans doute une délicatesse touchante à ne joindre à ce titre qu'une épithète de galanterie, et non une expression de sentiment, telle que *bonne* ou *chère*, réservée à la maternité. Nos pères ont parfaitement connu cet art de ne rien confondre, et de conserver à chaque sentiment le caractère qui lui convient, et qui peut seul assurer la solidité de toutes nos affections. Je ne crois pas que nous recevions de nos petits-enfans cette espèce d'éloge.

MAUX DE NERFS. — Il paroît que nos *maux de nerfs* sont ce qu'on appeloit, au commencement du dernier siècle, des *vapeurs*, nos pères ne connoissoient point les attaques convulsives des maux de *nerfs périodiques*, que nous avons vues si communes, parmi les femmes, pendant les huit ou dix années qui ont précédé la révolution. On étoit obligé de matelasser les chambres des malades pour prévenir les graves accidens que leurs sauts merveilleux faisoient craindre. Ces terribles accès prenoient régulièrement deux fois par semaine, et constamment les mêmes jours et aux mêmes heures; de sorte que les parens et les amis, ainsi prévenus avec sûreté, pouvoient se rendre chez les malades au moment même où commençoit l'accès, qui duroit trois ou quatre heures, comme un spectacle, avec quelque repos qu'on auroit pu comparer à des entr'actes; les autres jours, les malades alloient, comme de coutume, au bal, à la cour, à l'opéra, à la comédie et dans le monde; et cette surprenante maladie laissoit si peu de traces sur leurs figures, qu'on auroit cru, à les voir, que ces accès si violens n'avoient rien de réel. Une chose singulière et bien heureuse, c'est que le trouble et le mouvement de l'émigration guérirent subitement tous ces étranges maux de nerfs périodiques. Sans cette espèce de miracle, que seroient devenues ces infortunées malades, ne trouvant point de chambres matelassées dans les auberges, et comment auroient-elles pu fuir et faire de si longues routes?

MENTOR. — On appeloit ainsi ou *chaperon*, une mère, ou une belle-mère, ou une parente qui se chargeoit de mener dans le monde, au moins pendant deux ans, une nouvelle mariée, qui n'alloit jamais à la cour, aux spectacles, ou faire des visites sans son chaperon. Dans les visites, elle avoit le maintien d'une jeune personne non mariée, elle ne parloit que pour répondre; du reste, elle écoutoit en silence, elle observoit, elle apprenoit les usages du monde en les voyant suivre par son mentor, qui, après chaque visite, lui faisoit quelques leçons, si elle en avoit besoin, ou répondoit à ses questions; et c'est ainsi qu'on devenoit aimable en profitant de l'expérience des autres. Cette manière d'entrer dans le monde n'avoit rien d'embarrassant, on n'avoit point de complimens à faire; on n'avoit qu'un rôle purement passif; *le chaperon* étoit chargé de tout. Lorsqu'on avoit un enfant, on pouvoit aller seule dans le monde; mais beaucoup de jeunes personnes prolongeoient volontairement cette espèce d'apprentissage.

MENSONGES HISTORIQUES. — Ce titre, avec les

recherches nécessaires, pourroit former un ouvrage aussi volumineux que l'Encyclopédie, et il justificroit une infinité de grands personnages calomniés dans l'histoire.

Un homme de beaucoup d'esprit, qui a passé plusieurs années à Constantinople, voyagé dans les Indes, et qui possède les langues orientales, a fait, d'après les lectures et les traditions qu'il a recueillies, un Mémoire très-intéressant sur Alexandre le Grand, et dans lequel il entreprend de prouver que ce héros n'a commis aucun des crimes que l'histoire lui impute [1]. Nous ne citerons qu'un trait de ce Mémoire, mais qui, dans le système de l'ingénieux auteur, nous paroît être de la plus grande force.

On a généralement accusé Alexandre d'avoir poussé le délire de l'orgueil jusqu'à vouloir se faire rendre les honneurs divins; tous les historiens disent qu'il se fit adorer publiquement en Perse. Voici comment le Mémoire le justifie à cet égard.

« Ce prince, comme tous les conquérans qui ont connu le cœur humain, s'étoit imposé la loi de respecter les *constitutions politiques* et les coutumes des nations soumises par ses armes. En arrivant dans une terre conquise, informé d'avance des usages du pays, il les adoptoit sur-le-champ, comme s'il n'eût fait que suivre ses propres habitudes, et il exigeoit que sa suite et son armée s y conformassent ainsi que lui. Or, l'usage universel en Perse étoit de saluer le roi, et même les princes de son sang, en mettant un genou en terre ; Alexandre, sans l'exiger, reçut naturellement de tous les Perses

---

[1] L'auteur a bien voulu nous communiquer ce Mémoire qui n'a jamais été imprimé.

cette espèce de salut que lui refusèrent plusieurs Grecs de sa suite. Ajoutons que, dans l'antiquité, la coutume de tout l'Orient étoit de dire, par une exagération de langage passée en habitude, qu'on alloit *adorer le roi*, pour exprimer qu'on alloit lui *faire sa cour*, lui *rendre ses hommages*, etc. C'étoit uniquement une manière orientale de parler, à laquelle on n'attachoit aucune idée de culte et d'idolâtrie, puisqu'on le trouve dans la Bible et dans la bouche des plus saints personnages; souvent les prophètes l'emploient en sortant de l'audience d'un roi auquel ils viennent d'annoncer avec autorité les plus sévères volontés de l'Éternel.

On sait que les Grecs étoient naturellement inconstans et malins; ceux qui suivirent Alexandre furent bientôt excédés des campagnes de guerre et de la fatigue des conquêtes; ils vouloient retourner dans leur pays; ils se révoltoient sans cesse; Alexandre eut plus de peine à les retenir et à les contenir qu'à conquerir l'univers. De retour chez eux, après la mort du héros, il n'est pas étonnant que ces Grecs mutins et mécontens aient rempli leurs récits de faussetés et de fables. Quand ils ont dit qu'en Perse on *adoroit* Alexandre, et qu'on ne l'abordoit qu'en se mettant à genoux, et qu'il avoit ordonné aux Grecs d'en faire autant, ils ont dit des faits réels, et cependant ils ont menti en l'accusant d'avoir exigé un culte, parce que ces démonstrations et ces manières de parler n'étoient point une idolâtrie, qu'il ne les avoit point inventées, et qu'en cela, comme partout ailleurs, il ne faisoit que se conformer aux usages du pays où il se trouvoit [2]. Cependant les seules

---

[2] Usages moins surprenans chez des païens et des idolâtres, que ceux qui parmi nous autorisent des princes chré-

traditions des Grecs ont formé son histoire ; mais tous les livres orientaux le disculpent entièrement sur ce point et sur tous les autres ; ces livres ne parlent de lui qu'avec amour et vénération, et lui donnent toujours les titres sacrés de *bienfaiteur* et de *père*. Se faire ainsi chérir des nations vaincues seroit en quelque sorte légitimer les conquêtes, si l'inflexible justice pouvoit jamais les approuver.

Combien d'autres mensonges on pourroit découvrir dans les historiens profanes de l'antiquité ! mais ceux de l'histoire moderne sont innombrables. L'un de nos plus véridiques historiens est M. Gaillard ; et celui qui, de son propre aveu, a le plus outragé la vérité (Voy. le mot *Historiens*), est M. de Voltaire [1]. C'est lui qui a constamment soutenu que le testament imprimé du cardinal de Richelieu n'étoit pas de ce ministre, quoique M. le maréchal de Richelieu lui eût dit, écrit et répété qu'il n'existoit pas une pièce plus authentique, puisque sa famille possédoit l'original de ce testament ; M. de Voltaire n'a jamais voulu le rétracter. C'est encore M. de Voltaire qui a dit, dans le Dictionnaire philosophique et dans son Siècle de Louis XIV, qu'à la mort de Cromwel la cour de France prit le deuil, et que la seule ma-

---

tiens à se faire servir *à genoux*, et à partager dans nos temples l'encens offert à la divinité. Ce dernier honneur, si bizarre et si scandaleux, étoit même rendu au plus petit seigneur de paroisse !....

[1] Il est plaisant que l'on ait comparé M. de Voltaire à un moine. L'illustre auteur de l'Esprit des Lois dit que M. de Voltaire *n'écrira jamais bien l'histoire, parce que, semblable à certains moines, il n'écrit que pour son couvent*, c'est-à-dire, la secte philosophique.

demoiselle de Montpensier *eut le courage d'aller au cercle de la reine en robe de couleur*; et cependant les mémoires de mademoiselle de Montpensier sont entre les mains de tout le monde, et elle y dit expressément : Qu'à la mort de Cromwel on n'eut pas l'humiliation de prendre le deuil pour cet usurpateur sanguinaire, parce que la cour étoit en deuil d'un autre prince; et elle ajoute ces propres paroles : *Sans cela, je crois que j'aurois eu le courage de me dispenser, ce soir-là, d'aller au cercle de la reine.* On peut juger que l'historien qui a fait des mensonges si grossiers, si faciles à découvrir, et sans aucun intérêt, en a fait bien d'autres, quand il s'agissoit de satisfaire ses passions, ses inimitiés, et d'appuyer ses systèmes. M. l'abbé Guénée, dans son excellent ouvrage intitulé, *Lettres de quelques Juifs à M. de Voltaire*, a relevé une multitude de mensonges inouïs de cet écrivain sur la Bible, et une énorme quantité de fausses citations. Tous les ouvrages historiques de M. de Voltaire en sont remplis ; c'est ce qu'il appeloit *immoler des vérités à l'utilité publique*, c'est-à-dire, à la propagation de l'impiété ou des principes qui y conduisent (Voy. ses *Lettres*). Mais, de tous les mensonges historiques et littéraires de M. de Voltaire, et de ses amis, le plus odieux et le plus effronté est celui dont l'abbé de Caveirac fut l'objet. *Jean Novi de Caveirac*, né à Nîmes en 1713, embrassa l'état ecclésiastique, et publia beaucoup d'ouvrages estimables relatifs à la théologie, la morale et la politique. L'un des meilleurs a pour titre *l'Accord parfait de la nature, de la raison, de la révélation et de la politique.* Le titre seul annonce la conception la plus morale et le plan le plus étendu. Si cet ouvrage eût eu la réputation qu'il devoit avoir, il eût servi de préservatif aux systèmes philosophiques moder-

nes. Voltaire et ses sectateurs le sentirent, le génie du
mal leur inspira ce qu'ils devoient faire dans cette occasion : la génération, qui s'éteignoit, connoissoit l'ouvrage et l'estimoit ; les philosophes *travailloient* pour la
jeunesse, et, par leurs nombreuses brochures, s'étoient
emparés de tous ses loisirs. Il s'agissoit de l'empêcher
de lire cet excellent ouvrage de l'abbé de Caveirac : le
critiquer étoit difficile et hasardeux, et d'ailleurs c'étoit
un moyen sûr de le faire lire. On prit un autre parti :
les calomnies, ainsi que les délations, ne coûtent rien
aux chefs de parti, et même à ceux qu'ils font agir. Voltaire et ses sectateurs, n'osant attaquer le livre de l'abbé
de Caveirac, résolurent de déshonorer l'auteur, et de
le rendre un objet de mépris et d'exécration. L'abbé de
Caveirac avoit fait anciennement un *Mémoire sur le Mariage des Calvinistes*, à la suite duquel il avoit ajouté
une *Dissertation sur les journées de la Saint-Barthélemi*.
Le titre n'annonçoit rien qui dût piquer la curiosité ; on
ne lut point cette brochure, qui resta à peu près ignorée. L'édition, au bout de douze ou quinze ans, fut dispersée ; on ne la trouvoit plus dans le commerce ; l'auteur mourut : alors Voltaire s'empara de l'ouvrage,
pour le travestir, dans un extrait calomnieux, avec la
plus impudente fausseté. Il écrivit, répéta dans tous ses
pamphlets, et fit répéter par toute sa secte que l'abbé
de Caveirac étoit un *monstre*, qui avoit fait, dans cet
ouvrage, la plus *infâme apologie de la Saint-Barthélemi*.
On le crut, et l'auteur et ses ouvrages, non-seulement
perdirent toute réputation, mais tombèrent dans un
profond mépris sur la parole de tant de calomniateurs
réunis. Quel triomphe pour la secte d'avoir ainsi couvert d'ignominie un homme plein de talens, qui étoit
pieux et qui étoit prêtre, et de plonger dans l'oubli des

ouvrages lumineux contre le philosophisme !...... Cependant le temps, qui tôt ou tard dévoile la vérité, fit connoître à quelques gens de lettres (mais depuis la mort de Voltaire) cet ouvrage de l'abbé de Caveirac, et ils virent avec autant d'indignation que de surprise, que toutes les déclamations contre cet ouvrage n'étoient que d'atroces calomnies. Le seul but de l'auteur, dans cet écrit, a été de prouver, en déplorant avec énergie l'horreur du massacre, que la religion n'en fut que le prétexte ; que ces forfaits furent l'ouvrage d'une barbare politique et des haines particulières, et qu'enfin il périt moins de monde dans ces horribles journées qu'on ne l'avoit cru d'abord. Voici à ce sujet comment l'auteur s'exprime :

« Éloignés de deux siècles de cet affreux événement,
» nous pouvons en parler, non sans horreur, mais sans
» partialité. On peut répandre des clartés sur ses mo-
» tifs et ses effets tragiques, sans être l'approbateur ta-
» cite des uns, ou le contemplateur insensible des au-
» tres ; et quand on enlèveroit à la journée de la
» Saint-Barthélemi les trois quarts de ses excès, elle
» seroit encore assez affreuse pour être détestée de ceux
» en qui tout sentiment d'humanité n'est pas entière-
» ment éteint. »

Ajoutons à ceci que les philosophistes n'ont jamais parlé de la véritable *Apologie* de la Saint-Barthélemi, faite par Naudé, dans son livre intitulé *Des Coups d'État*, dans lequel il loue ce massacre comme l'action de la plus haute sagesse politique, en n'y blâmant qu'une seule chose, c'est qu'on n'ait pas exterminé tous les calvinistes sans en épargner un seul. L'ouvrage de Naudé fit du bruit, et étoit fort connu ; néanmoins Voltaire et ses amis gardèrent à cet égard le plus profond silence. Pourquoi? Naudé étoit impie et séditieux : il fut, dans ses ouvrages, le précurseur de la philosophie moderne!

Toute la secte philosophique s'accordoit à mentir avec cette impudence dans les libelles et dans les ouvrages historiques [1]. Leur chef le recommandoit sans cesse : « *Non pas timidement* (disoit Voltaire), *non pas pour un temps, mais hardiment et toujours..... Mentez, mes amis, mentez; je vous le rendrai dans l'occasion* [2]. » Ce furent les mensonges inouis d'un libelle de Voltaire, contre M. de La Baumelle, qui attirèrent à M. de Voltaire cette réponse énergique et foudroyante :

« Je suis dégoûtant, dites-vous, pour le public! et
» qu'êtes-vous à ses yeux? Qu'est pour les dévots l'au-
» teur de la Pucelle? Pour les chrétiens, l'auteur des
» Sermons des cinquante? Pour les rois, l'auteur de ces
» mots à jamais odieux : *Il n'est qu'un Dieu et qu'un roi* [3]?
» Pour ce roi, l'auteur de sa vie privée [4]? Pour les âmes
» généreuses, l'implacable ennemi de Desfontaines, de
» Jean-Baptiste Rousseau [5]? Pour les esprits vrais,
» l'infidèle compilateur de l'Histoire universelle? Pour
» les cœurs droits, le pâle envieux de Maupertuis, de

---

[1] Quand les amis même de Voltaire le lui reprochoient, et lui représentoient qu'il étoit sans exemple d'écrire ainsi des livres sérieux d'histoire, il répondoit qu'il falloit aux François, non des histoires, *mais des historiettes.*

[2] Lettre à Thiriot, 21 octobre 1736.

[3] Le roi de Prusse.

[4] Cette Vie privée du roi de Prusse, par Voltaire, est un vrai libelle.

[5] Et depuis, de Fréron et de tant d'autres.

» Montesquieu, et de Crébillon ? Pour toutes les na-
» tions, l'homme qui a médit de toutes ? Pour les librai-
» res, l'écrivain contre lequel tous les libraires élèvent
» leurs voix ? »

Si l'auteur de cette lettre l'eût écrite quinze ou vingt ans plus tard, que de reproches nouveaux et sanglans il auroit pu faire [1]!...

Admirons en tremblant la Providence, qui a déshonoré avec tant d'éclat cet affreux philosophisme, en mettant en action et faisant triompher par la terreur ses maximes, ses principes, son impiété, et qui nous a prouvé que de toutes les erreurs qui tendent à égarer l'esprit humain, il n'en est point qui puissent produire un bouleversement aussi complet de toutes les idées morales, des scènes aussi sanglantes, des catastrophes et des crimes plus exécrables et plus funestes.

MODES. — Il y a des personnes, et surtout des femmes, pour lesquelles ces paroles, *C'est la mode*, sont des mots sacrés ; elles prennent avec un égal empressement une mode agréable et commode, ou la mode la plus ridicule et qui leur sied le moins. Elles ont un souverain mépris pour toutes les femmes qui n'ont pas quitté *les vieilles modes* de l'année précédente ; et elles paroissent dans une assemblée avec une joie intérieure et une confiance parfaite, lorsqu'elles portent la robe et le chapeau *de la dernière mode*.

---

[1] A l'époque de 1753, où La Beaumelle écrivoit ces lettres, Voltaire n'avoit pas encore écrit ses ouvrages les plus horribles contre la religion, tels que le *Dictionnaire philosophique*, la *Philosophie de l'histoire*, etc., ni ses Commentaires sur Corneille, où l'*envie* se montre avec si peu d'adresse.

Voici une maxime qui ne souffre point d'exception :
jamais une personne d'esprit n'aura ce goût passionné
pour *la mode*.

MONTRES. — Les femmes, il y a quarante ans,
portoient leurs montres à découvert sur leurs jupes, et suspendues à une longue et large chaîne à crochet; rien n'étoit plus incommode. Les premières femmes qui les portèrent comme les hommes, scandalisèrent autant que si elles eussent fait une indécence ;
et trois mois après cette nouvelle mode fut universellement adoptée.

C'est dans ces derniers temps, en France, que les
montres ont été portées à un étonnant degré de perfection par M. Bréguet ; cet art si utile fut inconnu aux anciens. On sait qu'ils n'avoient que des horloges à eau, nommées *clepsydres*; cependant après beaucoup d'essais ils trouvèrent le secret d'en faire à rouages sur le même modèle. L'horlogerie n'a été en honneur que fort tard chez les modernes. Le pape Paul Ier. envoya à Pepin-le-Bref une horloge à rouage qui fut regardée comme une chose unique dans le monde. Ce ne fut que vers 807 que le calife Aaron Raschild fit présent à Charlemagne d'une horloge plus compliquée; mais ces horloges n'étoient point sonnantes, d'où vient la coutume en Allemagne et en Angleterre d'entretenir des hommes qui avertissent de l'heure pendant la nuit. Un prêtre (Walingford), bénédictin anglois, commença à perfectionner l'horlogerie en Angleterre dans le quatorzième siècle. Ce fut sous le règne de Louis XI que l'on vit en France, pour la première fois, des *horloges portatives* à sonnerie; un nommé Myrmécide en fit dans ce temps qui n'étoient pas plus grosses qu'une amande. On fait voir aux curieux,

au musée de Londres, la montre de Cromwell; elle est très-petite et de forme ovale [1].

L'imagination humaine et le luxe ont également multiplié nos jouissances et nos besoins, mais en restreignant l'usage de nos facultés personnelles et de notre industrie individuelle et sociale. Par exemple, nous ne concevons pas comment on pouvoit vaquer à ses affaires, régler ses occupations, être exact aux rendez-vous, quand le soleil n'éclairoit plus les cadrans solaires, qu'on étoit hors de chez soi sans montre et privé d'horloges sonnantes; cependant tout alloit, tout étoit fixe, régulier dans la vie des gens en place, on étoit studieux, laborieux, et peut-être plus qu'aujourd'hui. Chacun sans doute s'étoit fait des petits moyens particuliers de diviser sa journée, et pour être averti des heures. Qui peut comprendre aussi que dans le temps où l'on ne se servoit pas de voitures, les communications de société ne fussent pas tout-à-fait suspendues l'hiver? Comment se représenter des femmes jeunes et vieilles montées sur des haquenées, allant dans des rues boueuses, non pavées [2], et s'exposant ainsi à toutes les intempéries de la saison la plus rigoureuse? Les femmes, sans doute alors, étoient un peu plus sédentaires, ce qui ne nuisoit sûrement pas à leur bonheur; mais, néanmoins, on sortoit, on faisoit des visites, on se paroit, on s'amusoit, et de plus on se portoit mieux et l'on ne connoissoit pas les maux de nerfs.

---

[1] Ces espèces de montres se faisoient en Allemagne; on les appeloit des Œufs de Nuremberg.

[2] On ne commença à paver les rues de Paris qu'en 1184, sous Philippe-Auguste. Un généreux financier, nommé Girard de Poissy, fit tous les premiers frais.

MOUCHES. — Il faut convenir que ce fut une mode bien ridicule que celle de se tacheter le visage, premièrement avec une grande mouche de velours noir appliquée comme un emplâtre sur la tempe droite [1], et ensuite de petites mouches de taffetas gommé sur le menton, sur le bas des joues et sur le front ; ces petites mouches étoient de diverses formes, les unes rondes, les autres en étoiles, d'autres en croissans. On voit encore dans quelques tableaux de Watteau de jolis visages de femmes ainsi mouchetés. Toutes les femmes portoient dans leurs poches des *boîtes à mouches*, c'étoient des boîtes communément d'or, assez grandes, carrées, à compartimens, et dans lesquelles se trouvoient un petit miroir, du rouge et des mouches. Nous avouons qu'on n'a jamais rien imaginé de plus mauvais goût et de plus ridicule. Voici sur les mouches une anecdote que l'on a entendu conter à feu M. le maréchal d'Estrées. Ce grand général, étant à l'armée, reçut une lettre de madame de Pompadour, qui lui conseilloit un plan de campagne ; et, pour désigner les lieux où elle proposoit de se porter successivement, elle les avoit marqués avec des mouches collées sur le papier *à vignettes* de sa lettre. Le maréchal se dispensa de suivre ce galant plan de campagne ; mais il ne put s'empêcher de le montrer, et par conséquent de s'en moquer, ce qui fut cause de la haine que madame de Pompadour conçut contre lui, et qu'elle garda jusqu'à sa mort.

NAISSANCE (Jour de). — Depuis la révolution,

---

[1] Nous avons vu, dans notre enfance, une très-belle personne paroître aux Tuileries avec une de ces grandes mouches, entourée de petits brillans, mais cette mode ne prit pas.

nous tenons des étrangers de célébrer le jour de notre naissance, au lieu de célébrer la fête de notre patron. C'est en effet un touchant anniversaire que celui de la naissance d'une mère ; mais on ne sauroit trop multiplier les fêtes de famille, et l'on peut se réunir pour le jour de naissance, sans supprimer les bouquets et la fête de nos patrons célestes.

En Angleterre, le jour de naissance de la reine, on tire autant de coups de canon que la reine a d'années ; nous ignorons si ce calcul solennel et public est agréable aux reines qui ont passé l'âge brillant de la vie, ou qui ont atteint la vieillesse ; mais nous croyons qu'en général, dans ce cas, il n'égayeroit pas les *simples particulières*. C'est un usage qu'on n'auroit jamais imaginé en France ; il ressemble plutôt à une dure leçon morale qu'à un hommage. Dans l'ancienne Rome, des hérauts, pour garantir les triomphateurs de l'orgueil, crioient près de leur char · *Souviens-toi que tu n'es qu'un homme*. Il est bien plus sévère de dire à une femme · *Souviens-toi que tu n'es plus dans l'âge de plaire*, surtout quand chaque année aggrave la rudesse de l'avertissement.

NATUREL. — Le naturel, la franchise, la simplicité, sont devenus des agrémens fort rares dans les livres et les talens de la société ; cependant on les aime encore, et le naturel plaît aux gens même qui ont de l'affectation,

« *Car* la nature est vraie, et d'abord on la sent. »

Mais le naturel ne peut plaire que lorsqu'il est aimable ; s'il dégénère en grossièreté, il devient ignoble.

La politesse des gens naturels est particulièrement agréable, parce qu'elle n'a rien de sec et de contraint ;

elle a tout le charme de la bienveillance ; celle des personnes affectées est cérémonieuse, exagérée, embarrassante. Il est impossible d'être naturel avec beaucoup d'orgueil et de grandes prétentions ; il y a toujours de la bonhomie et un fonds de sincérité dans le caractère de ceux qui sont constamment naturels.

NAVETTES. — Jadis les femmes, pour avoir une contenance dans leurs visites et dans un cercle, tiroient de leurs sacs à ouvrage une jolie navette d'or, d'écaille ou d'ivoire, et faisoient des nœuds. Cet ouvrage en général ne servoit à rien ; mais il étoit une espèce d'emblème qui exprimoit l'aversion que toute femme doit avoir pour une totale oisiveté : c'étoit l'enseigne du travail des doigts. Ce maintien avoit de la grâce, il caractérisoit particulièrement une femme.

NÉOLOGISME. — Depuis la révolution, on se plaint du néologisme et de la quantité de mots nouveaux introduits dans notre langue pour moi, je me plains du contraire ; je regrette avec amertume une infinité de phrases entièrement supprimées dans les livres et dans les conversations de toutes les classes de la société depuis vingt-cinq ans ; comme, par exemple, celles-ci : *Cela ne me regarde pas ; je ne suis pas capable de décider cela ; je ne puis avoir d'opinion à cet égard, je ne sais, je n'y ai pas réfléchi*, etc., etc. Nous sommes devenus tout à coup si savans *en politique*, que, sans distinction d'état, de sexe et d'âge, nous sommes en état de conseiller tous les souverains de l'univers. Que dis-je ? *conseiller* seroit trop modeste ; nous leur prescrivons, avec menaces (trop souvent effectuées), ce qu'ils doivent penser, dire et faire. Il est beau sans doute de voir des écoliers laissant là l'étude du grec et du latin pour instruire leurs maîtres des intérêts des nations et des *droits de l'homme*, ou d'entendre des jeunes gens de vingt ans tenir tête à des vieillards, afin de leur prouver qu'on n'a besoin ni d'instruction, ni de réflexion, ni d'expérience pour décider, en dernier ressort, de la forme des gouvernemens et du destin des empires Il est curieux de voir des femmes s'extasier, se passionner et se mettre en fureur pour ou contre les *idées libérales*. Mais nous avons acheté bien cher cette grande science, qui nous tient lieu de toutes les autres ; elle a fait tomber en décadence les études de la jeunesse et de la littérature ; elle nous a privés du repos et de tous les agrémens de la société. Autrefois, la seule pudeur faisoit rougir les femmes ; depuis long-temps elles rougissent plus souvent encore de dépit et de colère, ce qui leur sied beaucoup moins Dans les deux derniers siècles, on citoit les Françoises comme les modèles de l'élégance et du bon goût ; elles faisoient le charme de la société par un mélange piquant de douceur, de gaieté, de raison, de grâce et de légèreté dans la conversation. Aujourd'hui, presque généralement elles dédaignent, pour de bizarres prétentions, tous les moyens de plaire et de charmer. Les jeunes gens alors savoient écouter et se taire ; ils pensoient que le plus grand de tous les ridicules, à leur âge, est d'avoir un ton tranchant, et de manquer d'égards et de déférence pour ceux qui sont depuis long-temps dans le monde. Le peuple françois étoit plein de bonhomie et d'urbanité ; il est devenu menaçant et séditieux ; les discussions politiques agitent et divisent les esprits dans les boutiques, dans les cabarets, dans les cuisines, dans les antichambres, ainsi que dans les classes de collège et dans les salons ; enfin, on trouvoit jadis les plus agréables délassemens dans la société et dans la conversation ; on n'y trouve plus que de l'aigreur, on n'y entend plus que des disputes et d'assommantes *dissertations philosophiques et politiques*, composées de lieux communs rebattus, réfutés, soutenus des millions de fois depuis vingt-cinq ans. Au milieu des plus grands événemens et des plus terribles secousses, la curiosité s'éteint, parce qu'il n'y a plus d'étonnement ; on s'attend à tout, on est familiarisé avec les prodiges de tout genre, et l'ennui dévore malgré les craintes, l'effroi, les inimitiés, qui sembleroient devoir du moins en préserver ; l'effervescence est sans chaleur, les haines ne sont que de l'obstination ; la déraison, privée d'illusion, et par conséquent d'enthousiasme, n'est qu'un reste de mauvaise habitude ; il y a non de la véhémence, mais de la routine et du malentendu dans toutes les extravagances que l'on dit et que l'on fait ; l'exaltation est usée, et l'agitation est sans but.

Comment remédier à tant de maux, et comment prévenir des événemens sinistres que les moins habiles peuvent si facilement prévoir, si ce désordre se prolonge ? En se réunissant de bonne foi pour se soumettre à l'autorité la plus légitime et la plus paternelle. On est loin d'exiger le sacrifice des systèmes politiques, puisqu'on accorde, à cet égard, avec les formes les plus solennelles, tout ce que peuvent desirer les véritables amis de la liberté. On ne demande que de la droiture, et la soumission du cœur, qui devroit naturellement se porter où l'on voit la pureté de la vie unie à la bonté, aux lumières, à la vertu. Mais, en supposant cet heureux accord, ce retour à la raison, si nécessaire au salut de tous, reverrons-nous encore en France cette aménité, ces mœurs douces et cet esprit social qui faisoient jadis nos

délices? Oui, sans doute, quand chacun ne s'occupera que de ce qui le concerne; quand ces vieilles locutions, bannies depuis si long-temps du langage françois, reprendront leur ancienne vogue; lorsqu'on entendra, dans toutes les classes, les femmes, les enfans, les jeunes gens répéter à propos ces phrases gauloises : *Cela ne me regarde pas*, etc. La société reprendra tout le charme qu'elle avoit autrefois; on n'entendra plus de disputes, on causera, on aura de l'esprit, de la gaieté; on s'amusera; on reverra des femmes remplies de douceur et de grâces, des jeunes gens aimables, des enfans qui deviendront des hommes sensés; il n'y aura plus de guerres civiles dans les maisons, la paix sera dans les familles comme dans toute l'Europe. tels seront les effets heureux de ces phrases magiques. Oh! quand les entendrons-nous!

Quant au *néologisme*, il fut au comble sous la république et sous le directoire; mais il est fort tombé depuis; on reprend peu à peu la *langue morte* de Bossuet, de Fénélon, de Buffon, de Voltaire : on s'y tiendra peut-être, en pensant que, toute réflexion faite, elle vaut mieux que celle des plus éloquens jacobins et des écrivains de leur temps.

Il faut avouer qu'alors même que la fureur du néologisme est passée, il en reste toujours quelques mots nouveaux : c'est ce qu'on voit parfaitement en lisant les critiques faites sur le néologisme du commencement du dix-huitième siècle. Ce fut après la mort des illustres auteurs qui firent la gloire du dix-septième siècle et de la littérature françoise, que ceux qui leur succédèrent, ne pouvant plus, comme le dit Voltaire, se distinguer par des pensées, voulurent briller par de nouvelles tournures et en inventant de nouveaux mots. Le néologisme le plus bizarre devint presque universel. Il a été recueilli dans deux ouvrages très-curieux, faits peu de temps après la mort de Louis XIV, et qui méritent d'être lus : l'un est une comédie de Boursault, intitulé *les Mots à la mode*. Plus des trois quarts de ces mots ont été rejetés et sont oubliés ; mais il en est quelques-uns que Boursault cite comme tout aussi ridicules, et qui sont restés, entre autres, le mot *inouï*. L'autre ouvrage, contre le néologisme, a pour titre : *Dictionnaire néologique à l'usage des beaux-esprits du siècle, troisième édition de 1728.* Les critiques, qui sont justes en général et quelquefois plaisantes, ont surtout pour objet les ouvrages de La Mothe. Voici celle d'une expression inventée par La Mothe, et qui est restée : « *Foyer*, pour dire, *retourner dans sa patrie*. Notre fabuliste dit : *Rentrer dans ses foyers* ; c'est comme si on disoit : *Rentrer dans sa cheminée*. »

Malgré cette moquerie, très-juste et très-jolie, cette phrase a été universellement adoptée. Il en sera vraisemblablement de même de quelques expressions révolutionnaires ; mais il est remarquable que ceux qui les introduisent, loin d'en retirer de la gloire, passent toujours pour de mauvais écrivains, parce qu'ils en ont employé beaucoup d'autres qui, n'étant point reçues, jettent du ridicule sur leurs ouvrages.

NOMS D'AMITIÉ (PETITS). — *Mon ange, mon cœur*, et *ma chère amie*, étoient jadis les noms d'amitié que l'on se donnoit communément dans la société. On ne disoit jamais, *ma bonne amie*, parce que le peuple s'étoit emparé de cette douce épithète de *bonne*, que M. de Mirabeau n'a pas ennoblie dans ses lettres, en la plaçant indifféremment, en disant, *mon amie bonne*. Aujourd'hui le peuple dit, *ma bonne*, tout court. Ainsi ce mot, injustement malheureux, a été, de toute manière, et est encore de mauvais ton. On a voulu mettre à la mode *cher*, tout court, ce qui n'a pas pris et n'a paru que ridicule. Les petits noms d'amitié sont aujourd'hui presque hors d'usage, et c'est souvent une fausseté de moins. Dans les anciennes pièces de théâtre de Hardi, les amans appellent leurs maîtresses, *ma sainte*, comme nous disons, *mon ange*.

OPÉRA. — Nous n'avons pas de meilleurs poëmes lyriques que ceux de Quinault (les chefs-d'œuvre du genre), de La Mothe, Danchet, de Bernard; nous n'avons pas de meilleure musique que celle de Gluck, de Sacchini, de Piccini; nos acteurs lyriques ne jouent pas mieux que Larrivée, madame Saint-Huberti, mais ils chantent incomparablement mieux. Gluck, avec ce talent qui n'a point eu d'égal, acheva de perfectionner leur jeu, et commença à former leur chant [1]. L'art du

---

[1] On connoît une infinité de traits de Gluck, qui prouvent le génie de cet admirable compositeur. En voici un qu'on n'a jamais cité et qui surpasse tous les autres :

Durant son séjour en France, il faisoit répéter son opéra d'*Iphigénie en Tauride*. Après le meurtre de Clytemnestre, Oreste, épuisé par ses remords, tombe dans une espèce de sommeil causé par l'accablement; il se réveille et dit avec égarement :

« Le calme renaît dans mon âme... »

Tandis qu'il chante lentement ce vers, Gluck crie, à l'orchestre qui jouoit pianissimo, *forte*, *forte*. Les musiciens, trouvant que c'étoit un contre-sens avec les paroles, s'obstinent à jouer piano. Gluck réitère avec colère le même ordre; les musiciens lui représentent que cela est contradictoire avec

décorateur est aussi très-perfectionné ; nous avons parlé ailleurs de la danse.

ORAISON FUNÈBRE. — On a étrangement profané ce genre depuis vingt-cinq ans ; nous avons lu l'Oraison funèbre de *Danton*, c'est-à-dire *son éloge depuis sa mort*.... Nous avons un assez grand nombre de très-beaux sermons de différens prédicateurs ; mais nous n'avons point d'oraisons funèbres que l'on puisse comparer à celles de Bossuet. Il y a une immense difficulté dans ce genre, et qui n'existoit pas pour les orateurs païens, c'est d'accorder les louanges données aux guerriers, aux héros et aux souverains avec l'inflexible austérité de la morale évangélique. C'est un talent qui demande tous ceux de l'art oratoire, le tact, la finesse de l'esprit, l'étendue des lumières, la sûreté des principes, la sagesse conciliante unie à l'immuable vérité ; enfin l'éloquence qui entraîne et qui persuade. Et tel est l'art sublime dont les oraisons funèbres de Bossuet offriront à jamais le modèle et les chefs-d'œuvre. M. Thomas,

---

ce que dit Oreste, que *le calme renaît dans son âme*. Gluck s'écrie : *Il ment ; il a tué sa mère !*.... Il n'y a rien de plus sublime que ce mot échappé du fond de l'âme, et que l'idée de faire démentir ces trompeuses paroles d'Oreste cherchant à s'abuser, par l'accompagnement violent et bruyant qui exprime le trouble et l'horreur. Les sons brusques, rapides, coupés et tumultueux de cet accompagnement représentent à l'imagination les furies rassemblées dans son cœur. On croit les entendre et les voir lui donner mille coups de poignard ; jamais pensée musicale et même pensée dramatique n'a montré plus de génie.

On tient ce trait de M. Porta, compositeur distingué.

dans son Essai sur les éloges, dit que long-temps après la mort d'Homère, on prononçoit tous les ans son éloge, à Smyrne, et qu'un philosophe grec, arrivant à cette époque dans cette ville, fut prié de s'en charger; que, pour s'y préparer il se rendit, suivi du peuple, au lieu où étoit la statue d'Homère, qu'il la tint long-temps embrassée, et qu'ensuite il parla avec la plus grande éloquence.

Dans l'ancienne Rome, les empereurs, ainsi que nos académiciens modernes, faisoient, en montant sur le trône, l'éloge de leur prédécesseur. L'empereur Auguste prononça, dans la tribune, l'éloge funèbre de César · ce prince étoit, dit-on, fort éloquent [1]. Tibère fit l'éloge funèbre d'Auguste son beau-père, et celui de Tibère fut prononcé par Caligula. On n'auroit pu choisir un orateur plus digne de faire un tel eloge. Néron fit l'éloge de Claude; il vanta sa *profonde sagesse*, ce qui fit rire les Romains, malgré la dignité de l'orateur. Au reste, Néron fut le premier qui ne fit pas lui-même ses discours; le philosophe Sénèque les composoit pour lui [2]; et, depuis Néron, les empereurs, trouvant cette manière plus facile, en général l'adoptèrent.

Les éloges funèbres ne furent connus en France que sur la fin du quatorzième siècle On croit que le premier François auquel on ait rendu cet hommage, fut le célè-

---

[1] Il faisoit des vers. Il avoit composé un poème sur la Sicile, et une tragédie d'*Ajax*.

[2] Ce philosophe, qui louoit la *profonde sagesse* de l'imbécile Claude, avoit fait contre lui une sanglante satire, intitulée l'*Apocoloquintose*, ou Métamorphose de l'empereur Claude en citrouille.

bre du Guesclin. Cette oraison funèbre fut prononcée en 1389, neuf ans après la mort du connétable, par un évêque d'Auxerre, et en présence de toute la cour ; le texte fut

Nominatus est usquè ad extrema.
« Son nom a été connu aux extrémités de la terre. »

ORTHOGRAPHE. — Celle de Voltaire est presque généralement adoptée par les gens du monde, parce qu'elle s'accorde mieux, dit-on, avec le son des mots à l'oreille. C'est une erreur, et rien ne le prouve mieux que la vicieuse prononciation des Génevois, qui prononcent conséquemment à cette orthographe. Par exemple, en prononçant *gaieté*, *gai*, ils forment le son du verbe *j'avais*, etc. Cette orthographe a d'autres inconvéniens qui sont parfaitement bien détaillés dans l'article *néographe* de l'Encyclopédie. L'ancienne Académie, malgré toute sa partialité pour M. de Voltaire, ne voulut jamais prendre son orthographe, parce qu'après un mûr examen elle reconnut que l'ancienne valoit infiniment mieux.

OUVRAGES DES MAINS [1]. — Dans l'admirable portrait de la *femme forte*, l'Écriture Sainte, après avoir loué sa pudeur et sa charité, dit qu'*elle a filé le lin avec des mains sages et ingénieuses*. L'adresse des doigts, ce travail domestique, constitue véritablement une femme ; rien ne messied plus aux femmes que d'y paroître inhabiles ou de le dédaigner. Une femme assise et dans une

---

[1] On pardonnera à une femme d'avoir fait des recherches sur cet article, et d'en offrir un extrait un peu détaillé aux personnes de son sexe.

totale oisiveté, prend l'attitude d'un homme, et c'est à perdre la grâce qui la caractérise C'est pourquoi jadis on avoit inventé les *navettes*, afin que les femmes, même dans un grand cercle, parussent être occupées d'un petit ouvrage, et qu'elles eussent le maintien qui leur convient.

Dans l'antiquité, on a toujours confondu, avec la vertu, le goût de l'agriculture pour les hommes et celui des travaux domestiques pour les femmes [1]. Dans ce temps, les talens de pur agrément, la musique et la danse, n'étoient cultivés que par les courtisanes [2]. En cela, plus conséquens que les chrétiens, les anciens pensoient que le but d'une courtisane est seulement de plaire, et que celui d'une honnête femme est de se faire estimer; qu'elle doit aimer sa maison, et s'y rendre aussi utile qu'elle peut l'être. Ils ne négligeoient nullement, dans les femmes, la culture de l'esprit; elles avoient des instituteurs chargés spécialement de leur donner l'instruction et toutes les connoissances qui peuvent étendre l'esprit et fortifier le jugement. Les anciens nous présentent leurs sages labourant leur champ ou ornant leur jardin, et les femmes, dignes d'êtres proposées comme modèles, passant la plus grande partie de leur vie à broder ou à faire des ouvrages de ce genre. C'est ainsi que la fable nous dépeint la reine Arèté [3], femme d'Alcynoüs, demandant, en s'éveil-

---

[1] Aussi croyoient-ils que Minerve, la déesse de la sagesse, présidoit à tous les travaux de femme, et qu'elle mettoit sa plus grande gloire à y exceller.

[2] En même temps, surtout dans la Grèce, tous les jeunes gens bien élevés apprenoient la musique et à jouer de la lyre.

[3] Ce mot en grec veut dire *vertu*.

lant, sa quenouille ; et la chaste et fidèle Pénélope ; et que l'histoire nous montre la vertueuse Tanaquille, femme de Tarquin-l'Ancien, faisant les belles robes de son époux [1] ; et Lucrèce travaillant tout le jour avec ses femmes. Aussi lorsqu'Ovide veut peindre une coquette [2], il annonce qu'elle est paresseuse ; qu'elle n'a d'autre plaisir et d'autre occupation que de prendre soin de ses cheveux et de se regarder dans l'onde, de se parer, etc. : de là elle passe à l'*effronterie* la plus infâme, elle déclare sa passion ; et, quoiqu'elle soit belle, elle n'inspire que du mépris et de l'horreur.

On a vu, et il existe encore plusieurs femmes qui se persuadent que les occupations particulièrement propres à leur sexe sont d'une extrême frivolité ; mais c'est une des erreurs de la dépravation de confondre sans cesse la simplicité avec la frivolité. La véritable frivolité est ce qui n'est utile sous aucun rapport, et en même temps nuisible et condamnable à beaucoup d'égards, comme le jeu et la plupart de nos conversations. Au lieu de coudre, de filer, de broder, nous voulons écrire, faire des vers ou des romans. A moins d'avoir dans ce genre un but très-moral et véritablement utile, avec un grand fonds d'instruction et de connoissances acquises, une femme est inexcusable de quitter les douces et vertueuses occupations de son sexe pour de tels travaux. *A combien de femmes* ne pourroit-on pas dire justement :

Meglio pur s'avessi il fuso e l' ago [3].

L'estime des anciens pour les femmes qui consacroient

---

[1] Comme fit depuis Livie pour Auguste.
[2] Galmacis.
[3] Le Tasse.

leurs loisirs à ces innocens travaux, étoit telle, que les poëtes nous disent qu'Agamemnon préféroit *Chryséis* à *Clytemnestre*, à cause de son adresse à travailler de la toile.

Ce fut par le même sentiment qu'Énée, voulant faire un présent considérable à Sergeste, lui donna une esclave crétoise, nommée Pholloé, parce qu'elle étoit une habile brodeuse.

On lit dans l'histoire qu'Alyatte, roi de Sardes, étant assis devant les murs d'une ville, vit passer une femme thrace ayant une urne sur la tête, une quenouille et un fuseau dans les mains, et derrière elle un cheval attaché par la bride. Le roi conçut tant d'estime pour une femme si laborieuse, qu'il demanda de quel pays elle étoit. On lui répondit qu'elle étoit de Mysie, petit pays de Thrace. Là-dessus, ce prince fit prier, par ses ambassadeurs, Cotys, roi de Thrace, de lui envoyer une colonie de ce pays, hommes, femmes et enfans.

En Bourgogne et en Auvergne, on peut éprouver ce genre d'admiration. Presque toutes les femmes, en montant ou en descendant les montagnes, et dans les chemins, ont des hottes sur le dos, des vases sur la tête, et en même temps filent ou tricotent; souvent même elles conduisent, par un licol attaché à leur ceinture, un ânon chargé d'herbages ou de fagots.

L'Ecriture Sainte nous apprend que Noéma, fille de Lameck et sœur de Tubalcain [1], inventa l'art de filer, de coudre et de faire de la toile. Avant elle, on portoit pour tout vêtement des peaux d'animaux. La broderie au métier est d'une grande antiquité : Dieu ordonna

---

[1] Tubalcain, qui inventa l'art de battre le fer et de travailler l'airain.

d'en enrichir l'arche et les ornemens du temple des Juifs.

La broderie est encore l'occupation favorite des femmes grecques, qui presque toutes y excellent. Selon Pline, ce fut une femme, nommée Pamphila, qui inventa l'art de faire de la gaze (on donne le même nom à l'inventrice de la broderie). Du Cange dit que ce tissu a été ainsi nommé, parce qu'il fut d'abord apporté de Gaza, ville de Syrie [1].

Les anciens trouvoient que les vices les plus révoltans dans une femme étoient la présomption et la vanité; en effet, la foiblesse physique, le besoin de protection doivent donner aux femmes, ainsi qu'à l'enfance, la douceur, la docilité, la modestie; c'est pourquoi les anciens leur interdisoient les talens qui peuvent exalter l'amour-propre; ils ne vouloient même pas qu'elles fussent enorgueillies de leur supériorité dans les ouvrages propres à leur sexe. Aussi voit-on, dans la fable, l'orgueilleuse Arachné cruellement punie de sa vanité.

Les Egyptiens croyoient qu'Isis avoit appris aux hommes à cultiver le lin, ainsi que l'art de filer cette plante et d'en faire de la toile. Les Chinois disent que L'impératrice Siling-Chi trouva la première le moyen d'élever des vers à soie, de filer leur soie et d'en faire des étoffes, sur lesquelles elle broda des fleurs et des oiseaux [2]. Les Péruviens attribuoient à Mamma-OElla,

---

[1] Les *canéphories*, chez les Grecs, étoient des fêtes dans lesquelles les jeunes filles, la veille de leurs noces, offroient à Minerve et à Diane de jolis ouvrages à l'aiguille, posés dans des corbeilles et faits par elles dans le cours de l'année.

[2] On sait qu'en France Henri II est le premier de nos rois qui ait porté des bas de soie tricotés.

femme de Manco-Capac, leur premier souverain, l'art de filer, de faire des étoffes et de coudre. C'étoit aussi à des femmes que l'antiquité grecque et romaine attribuoit l'invention de l'aiguille [1].

Les temps modernes ont produit aussi des femmes illustres dans ce genre. La belle Éditha, fille de Godvin, comte de Kent, et femme de saint Édouard, fut renommée pour ses mœurs, son économie, et son adresse inimitable dans tous les ouvrages à l'aiguille. Elle fit elle-même de magnifiques robes que le roi portoit dans les jours de cérémonie.

Mathilde, femme de Guillaume-le-Conquérant, fit en tapisserie un morceau historique très-intéressant, qui représente les victoires de son mari. On conservoit cette tapisserie à Bayeux, dans la cathédrale, où nous l'avons vue peu de temps avant la révolution.

La cathédrale de Milan possède un beau portrait de saint Charles Borromée, fait par une femme nommée *Pérégrina* [2].

On voit en Angleterre, dans la cathédrale d'Yorck, des ouvrages d'une admirable beauté, qui sont des copies de tableaux, et faits par une femme nommée miss Moret. Il y a aussi, en Angleterre, une autre pièce de broderie très-célèbre, dans le Herfordshire; c'est un tapis brodé qui recouvre le tombeau d'Young, et qui fut brodé par sa femme. Elle mourut avant lui; mais il avoit conservé cette broderie, et il voulut que son tombeau en fût orné. Young mourut en 1765.

---

[1] Et la mythologie, celle des filets à Dyctinne, nymphe de l'île de Crète.

[2] On appelle *barbaricaire* l'artiste qui exécute en broderie des représentations d'hommes et d'animaux.

Nous avons connu à Londres une dame de la société des quakers, qui possède au plus haut degré de perfection ce genre de talent (madame Knowl); elle a fait en broderie le portrait du roi, de la tête aux pieds, de grandeur naturelle et d'une parfaite ressemblance ; elle a fait aussi des tableaux de fruits et d'oiseaux, brodés avec une vérité admirable. Nous possédons, au Garde-Meuble royal, un superbe lit de tapisserie mêlé d'or et enrichi de petites perles fines, formant de magnifiques cartouches ; ce bel ouvrage a été fait par madame de Maintenon.

M. le marquis de Chastellux, dans son Voyage d'Amérique, conte que madame Beeck, fille de Franklin, le mena dans une chambre toute remplie d'ouvrages récemment faits par les dames de Philadelphie. C'étoient des chemises pour les soldats de Pensylvanie ; les dames en avoient acheté la toile sur leurs propres pensions, et elles s'étoient fait un plaisir de les couper et de les coudre elles-mêmes ; sur chaque chemise étoit marqué le nom de la dame ou de la demoiselle qui l'avoit faite, et le nombre des chemises montoit à deux mille deux cents.

Dans la plus haute antiquité, les hommes aussi, loin de dédaigner le travail des mains, s'y exerçoient tous dans un autre genre. Dans le chant xxiii de l'Odyssée, Pénélope, hésitant à reconnoître Ulysse, lui fait des questions sur son lit nuptial, dont le mystère n'étoit connu que d'elle, de l'esclave Actoris et d'Ulysse ; ce dernier fait cette description

« Dans l'enceinte de ma cour, un olivier fleurissant
» étendoit un vaste feuillage ; le tronc étoit aussi droit
» qu'une colonne, il fut le centre autour duquel je bâ-
» tis, avec des pierres étroitement unies, ma chambre

» nuptiale. L'ayant couverte d'un beau toit et fermée de
» portes solides, inébranlables, j'abats la tête chevelue
» de l'olivier ; et, polissant avec le fer ce tronc depuis
» ses racines et dans son contour, je l'aligne au cordeau
» et le travaille avec art; il est le soutien de ma couche;
» la tarière le perçant de toutes parts, je n'abandonne
» point cet ouvrage qu'il ne sorte accompli de mes mains ;
» l'or, l'argent et l'ivoire y confondent partout leur éclat
» varié, et je borde la couche entière de peaux brillantes
» de pourpre. »

Ainsi l'on voit qu'alors les princes et les héros savoient parfaitement les métiers de maçons, de charpentier, de menuisier, etc. [1]. Le bâton pastoral des anciens étoit noueux et recourbé par l'un des bouts; c'est pourquoi les évêques et les abbés, *pasteurs* des fidèles, portent un *bâton pastoral*, c'est-à-dire, un bâton dont l'un des bouts est terminé en crosse. Dans ces temps reculés, la lance de bois, la fronde, la massue, la houlette, la bêche, qu'un prince agriculteur, un guerrier avoit fabriqué de ses propres mains, devenoit dans sa famille un meuble respectable, un héritage précieux. Quelquefois on l'offroit à un hôte chéri comme un gage particulier d'affection et d'hospitalité. Par la suite, quand les arts se perfectionnèrent, les ouvrages faits de la main *des héros* parurent moins précieux; on pouvoit les comparer à ceux des ouvriers habiles; les présens de l'hospitalité devinrent plus magnifiques et moins touchans. Les descendans des grands personnages ne conservèrent plus dans la famille que des chefs-d'œuvre de l'art qui attes-

---

[1] Encore aujourd'hui, en Turquie, une loi de l'Alcoran prescrit à tous les hommes d'apprendre un métier : les empereurs mêmes n'en sont pas exempts.

toient l'opulence de leurs aïeux. Ainsi le luxe, souvent corrupteur, en affoiblissant tous les sentimens naturels, ne remplace en général le bonheur que procuroient ces douces affections, que par les frivoles jouissances de la vanité.

Nous terminerons cet article en reconnoissant avec plaisir que, dans tous les temps modernes, les femmes en général ont été fort laborieuses, et surtout en France et en Angleterre. On peut même dire qu'en France, aujourd'hui, les jeunes personnes sont beaucoup plus adroites que leurs grand's-mères. Toutes celles qui n'ont pas la manie des talens médiocres sont véritablement d'excellentes ouvrières, et font, en outre, une infinité de charmans petits ouvrages d'agrément. Il est fort naturel de négliger un peu, ou du moins de restreindre ce genre d'occupation, afin de cultiver mieux un talent pour lequel la nature a donné une disposition supérieure; mais il vaut infiniment mieux faire parfaitement de la dentelle, une chemise, une robe et une belle broderie, que de chanter une romance, ou de jouer médiocrement sur le piano d'insipides variations.

PARFILAGE. — Ce fut une mode extravagante et très-ignoble du dix-huitième siècle. Je puis me flatter de l'avoir fait tomber tout à coup par la critique que j'en fis dans *Adèle et Théodore*; je dirai seulement ici, sans détails et sans réflexions, ce que c'étoit que le parfilage, espèce d'ouvrage qui, pendant douze ou quinze ans, suspendit, pour un grand nombre de femmes, les utiles travaux de la tapisserie et de la broderie.

On demandoit à tous les hommes de sa connoissance leurs vieilles épaulettes d'or, leurs vieux nœuds d'épée d'or, leurs vieux galons d'or, etc., que l'on enlevoit ainsi à leurs valets de chambre, et l'on parfiloit toutes ces choses, c'est-à-dire qu'on séparoit l'or de la soie pour le vendre ensuite à son profit. En outre, on recevoit aux étrennes des bobines d'or ou de petits meubles couverts d'or, que de même on parfiloit et que l'on vendoit. J'ai vu le malheureux duc de Lauzun [1] donner à une dame de la société (madame A. de B...) une fausse harpe de grandeur ordinaire toute recouverte d'*or de bobines*. Communément une habile parfileuse gagnoit, à cet étrange métier, environ cent louis par an !.....

PARFUMS. — Dans le siècle dernier, les femmes étoient beaucoup plus parfumées qu'aujourd'hui, parce que la pommade et la poudre l'étoient excessivement. Par cette même raison, les hommes l'étoient aussi ; mais on trouvoit qu'il étoit de mauvais ton, surtout pour les hommes, de parfumer ses habits ou son linge et ses mouchoirs. Comme les parfums font un mal réel à beaucoup de personnes, il est bien indiscret et bien peu social de se parfumer pour aller dans le monde, et cette habitude a quelque chose d'efféminé qui la rend inexcusable dans un homme. Cette mode est fort tombée aujourd'hui. Quelques femmes encore parfument leurs billets ; nous les avertissons que cet usage est sévèrement critiqué par tous ceux qui ne le suivent pas.

Le plus agréable de tous les parfums est celui des fleurs ; mais il n'est sans danger dans un appartement que l'été, lorsque toutes les fenêtres sont ouvertes : cependant l'usage d'en remplir les salons pendant l'hiver n'est pas nouveau. Quand madame de Sévigné, dans ses

---

[1] Qui depuis a péri sur un échafaud.

Lettres, rend compte d'une fête somptueuse, elle dit qu'il y avoit des *feux magnifiques dans toutes les chambres* [1], *et une profusion de jonquilles* dans tous les vases. La jonquille, nouvellement apportée de Constantinople, étoit alors une fleur très-rare [2].

PARURE — Le costume des femmes du dix-huitième siècle étoit fort ridicule ; mais les femmes étoient beaucoup plus *parées* qu'elles ne peuvent l'être aujourd'hui ; car la grande parure, grâce aux grands paniers, avoit un *étalage* éblouissant. Il est impossible de se faire une idée de l'éclat d'un cercle composé d'une trentaine de femmes bien parées, assises à côté les unes des autres. Leurs énormes paniers formoient un riche espalier, artistement couvert de fleurs ; de perles, d'argent, d'or, de paillons de couleur et de pierreries. L'effet de toutes ces brillantes parures réunies ne peut se décrire. On portoit alors non-seulement des fleurs, mais des fruits, des cerises, des groseilles, des fraises avec leurs fleurs, etc. L'art imitoit ces fruits à s'y méprendre. Quelques femmes

---

[1] Ainsi, dans ce temps, les plus grands seigneurs étoient loin de prodiguer le bois de chauffage, puisque c'étoit une magnificence remarquable d'allumer du feu dans toutes les pièces de son appartement. Nous sommes loin aujourd'hui d'une telle économie.

[2] M. de Buffon me disoit, en 1782, que depuis quarante ans on avoit presque doublé le nombre de nos légumes et de nos fruits. On a certainement triplé au moins celui des fleurs. Je trouve, dans l'Histoire romaine, une victime des parfums. Dans le temps du triumvirat, Plotius Plancus, proscrit par les triumvirs, se retira dans un lieu très-écarté ; l'odeur des parfums qu'il portoit fit découvrir sa retraite.

portèrent des légumes; on en a vu qui étoient coiffées avec des artichauts et de petites raves; mais ce fut plutôt une singularité qu'une mode.

Il faut être bien désœuvré, avoir bien peu d'esprit, pour s'être fait de la parure une espèce de passion. Mais les femmes de ce temps, qui avoient un tel goût, étoient d'autant plus inexcusables, que la parure alors étoit un vrai supplice. Il falloit subir l'opération de deux mille papillons sur la tête, d'une coiffure qui duroit deux heures, et dont l'extrême élévation étoit aussi incommode que ridicule. Il falloit se serrer à outrance dans un corps baleiné, s'affubler d'un panier de trois aunes, et marcher sur des espèces d'échasses..... On peut plaire aujourd'hui avec moins de frais, et surtout moins de peine.

PLAISANTERIE. — Les meilleures plaisanteries qu'on ait jamais faites sont dans les pièces de Molière, dans les Lettres provinciales et dans Gil Blas. La grande réputation de M. de Voltaire, dans ce genre, m'a toujours étonné. Il confie au maréchal de Richelieu, dans une de ses lettres, qu'il n'est pas né plaisant, et on le voit bien dans ses comédies; toutes les plaisanteries qui s'y trouvent sont, de l'aveu de tout le monde, bien forcées, bien mauvaises; et les caractères de Fierenfat et de madame de Croupillac sont les plus ridicules caricatures. Son indigne poëme de la *Guerre de Genève*, où il a voulu être toujours plaisant, est la plus plate production qui ait jamais échappé à la plume d'un auteur célèbre; et, comme le dit M. de La Harpe, ce qu'il y a de plus étonnant, c'est que cet ouvrage manque absolument d'esprit. Dans ses innombrables pamphlets, dans lesquels la méchanceté produit parfois quelques traits piquans, le burlesque tient toujours-lieu de gaieté ; et quel mauvais goût, quelles idées baroques, quelle grossièreté y dominent toujours! Sans le nom de *Voltaire*, on auroit trouvé presque toutes ses plaisanteries détestables, par exemple, celle-ci :

« Je crois que la chienne d'Érostrate, ayant rencon-
» tré le chien de Diogène, fit des petits, dont Jean-Jac-
» ques est descendu en droite ligne. »

On en pourroit citer mille de ce genre. Et ces mauvais vers au roi de Prusse, qui lui avoit envoyé des pilules purgatives :

J'aurai l'honneur d'être purgé
De la main royale et chérie
Qu'on vit, *bravant le préjugé*,
Saigner l'Autriche et la Hongrie.

S'égayer sur le *sang* versé dans les batailles, appeler *préjugés* l'horreur de le répandre, quels sentimens, quel goût! On n'a rien dit de plus atroce dans la tribune des jacobins.

Et cette lettre à l'impératrice de Russie.

« Montrez-vous seulement à votre armée, et je vous
» réponds qu'il n'y a pas un de vos soldats qui ne soit
» un héros invincible. Que Moustapha (empereur des
» Turcs) se montre aux siens, il n'en fera que de gros
» cochons comme lui. »

Quel ton, en parlant à une impératrice, et même à quelque femme que ce puisse être !

M. de Voltaire a toujours eu l'aversion du galimatias, du *précieux*, de l'affectation, de l'emphase, des jeux de mots ; mais son naturel a souvent dégénéré en bouffonnerie, en bassesse et en grossièreté. Il n'a eu constamment un goût pur et parfait que dans ses tragédies, parce que c'étoit là son véritable talent, et parce qu'il avoit soigneusement étudié les convenances théâtrales dans les œuvres de l'admirable auteur qui les a, en grande partie, créées; Racine.

POCHES. — La suppression des poches de femmes a causé une espèce de bouleversement dans les ménages. Les femmes sont moins soigneuses, elles laissent traîner leurs lettres, elles perdent leurs clefs, ce qui fait toujours perdre du temps. On ne peut être à la fois une *Vénus de Médicis* et une parfaite ménagère. Les femmes devroient du moins porter des poches quand elles restent chez elles, mais il est vrai qu'elles y restent si peu !....

POUDRE. — Avec notre impartialité ordinaire, nous conviendrons que c'étoit une mode bien extravagante que celle de poudrer à blanc de beaux cheveux blonds, châtains et noirs. Les vieilles femmes devoient seules protéger cette mode, qui cachoit leurs cheveux blancs; mais elles portent des *tours* ou des *perruques* : elles n'ont rien à regretter. Quelques années avant la révolution, on commençoit à se lasser de la poudre blanche, on en mettoit de jaune. On trouvoit un tel agrément aux cheveux poudrés, qu'on l'interdisoit dans les deuils de veuves : c'étoit le signe le plus austère de la douleur. Dans l'ancienne Rome, sous les empereurs, les dames poudroient leurs cheveux avec de la poudre d'or fin [1]. Lorsque le luxe est parvenu à son comble, il

---

[1] Sous les règnes de Caligula et de Néron, on couvroit de poudre d'or l'arène où combattoient les gladiateurs, pour cacher le sang répandu par les combattans.

gâte le goût, parce qu'alors on préfère, en tout, ce qui est coûteux à ce qui est agréable.

PRÉCIEUSES RIDICULES. — Celles de notre temps n'ont rien de commun avec les *Précieuses* de Molière, qui resteront toujours au théâtre, parce qu'elles représentent, de la manière la plus comique, ce qui a été ; mais elles ne peignent plus ce qui est. Les *précieuses* qui existoient avant la révolution, n'étoient ridicules que pour l'observateur qui les avoit long-temps étudiées, et qui les connoissoit bien ; elles avoient de l'élégance, une politesse remarquable, elles manquoient de charme et de naturel; mais la constante noblesse de leur langage, l'austérité des principes qu'elles professoient, l'excessive sensibilité qu'elles affichoient, leur donnoient je ne sais quoi d'imposant, qui, à la première vue, commandoit toutes les déférences de la plus haute considération. Elles étoient *précieuses* dans le genre héroïque. On ne se trouvoit jamais à son aise avec elles, et cette contrainte même inspire naturellement une sorte de réserve et de certains égards qui ressemblent au respect; mais quand on les voyoit de suite, lorsqu'on avoit entendu plusieurs fois leurs dissertations emphatiques sur l'amitié, l'amour et la délicatesse, on n'étoit plus frappé que de leur excessive exagération, d'autant plus qu'en beaucoup de choses leur conduite s'accordoit peu avec leurs discours. Cependant il reste toujours quelque chose de bon dans le langage habituellement noble et sentimental. C'est un engagement solennel qui peut tout sur les actions publiques, et qui influe même sur les sentimens particuliers; aussi jamais une de ces précieuses n'a été accusée d'avoir fait une bassesse, ou d'avoir eu un procédé choquant; et toutes ont été fidèles à l'amitié.

PRÉSENTATION A LA COUR. — La présentation des hommes de la cour consistoit à chasser avec le roi, par conséquent à *monter dans ses carrosses*, ainsi qu'à monter ses chevaux à la chasse, et à souper dans les petits appartemens. Toute autre présentation ne constituoit point *homme de la cour*; il paroît singulier que la chasse fût choisie pour marque de cette dignité, mais ce n'étoit point la chasse, c'étoit de monter dans les carrosses. Comme les rois chassoient toutes les semaines à des jours marqués, et qu'ils revenoient de la chasse en carrosse avec tous les seigneurs de leur suite, on avoit fixé les présentations aux jours de chasse par cette raison. Les présentés ne montoient jamais que dans les carrosses de suite, ce qui donnoit le droit de monter dans celui du roi, du moins par le rang et la naissance. Mais le roi n'appeloit dans le sien que les favoris ; ce n'étoit point une distinction de naissance, c'étoit une faveur de choix. Cependant de *certaines places* avoient le droit positif d'y être admis. On donnoit, à sa présentation, dix louis au premier piqueur qui présentoit le cheval pour chasser, et dix louis au cocher qui ramenoit en carrosse ; pour toutes les autres fois on ne donnoit rien. J'oublie de dire que les hommes, le jour de leur présentation, alloient faire des visites au premier gentilhomme de la chambre et au grand-écuyer. La présentation des femmes consistoit, après les preuves faites et examinées par le généalogiste de la cour, ainsi que celles des hommes, à être présentées publiquement en cérémonie, en *grand habit* de cour par une femme déjà présentée ; le roi et la famille royale donnoient leur heure et leur jour : c'étoit toujours un dimanche. Cette présentation, en *grand habit*, donnoit le droit de monter dans les carrosses du roi et de la reine, et de souper dans les petits appartemens. La veille de la présentation, la présentée alloit à Versailles, avec celle qui devoit la présenter, faire des visites à tout ce qu'on appeloit *les honneurs*; c'étoit la dame d'honneur et la dame d'atours de la reine, et celles de mesdames et des princesses ses belles-sœurs. On y retournoit encore le lendemain; on avoit pris des leçons de révérences pour la présentation; on avoit un énorme panier, une queue qui pouvoit se détacher, afin qu'on pût l'ôter quand on rentroit chez soi : cette queue s'appeloit *bas de robe*. Elle étoit assez étroite et d'une longueur démesurée; il falloit vingt ou vingt-deux aunes d'étoffe pour faire un grand habit sans garniture. La présentée faisoit une révérence à la porte, ensuite quelques pas et une seconde révérence, et une troisième près de la reine; alors elle ôtoit le gant de sa main droite, se penchoit et saisissoit le bas de jupe de la reine pour le baiser; la reine l'empêchoit de le prendre en retirant sa jupe, et en se retirant un peu elle-même : l'hommage étoit rendu, on en restoit là. La reine disoit quelques phrases obligeantes, ensuite elle faisoit une révérence, ce qui signifioit qu'il falloit se retirer, ce qu'on faisoit à reculons, malgré la grande queue qu'on poussoit adroitement, en faisant ses trois révérences d'adieu. Si la présentée étoit duchesse, ou que, sans avoir ce titre, elle eût le *tabouret* (ce qui étoit souvent), elle ne faisoit point l'humiliante démonstration du *baisement* de bas de robe; elle étoit *saluée* par la reine et les princesses. On appeloit saluer à la cour en présentation l'honneur de présenter sa joue droite à la reine, qui sur cette joue appliquoit légèrement la sienne. Le roi et ses frères accordoient indistinctement cet honneur à toutes les présentées, titrées, duchesses ou non. Quand la présentée étoit duchesse ou titrée, elle étoit toujours présentée par une titrée ; la reine la recevoit assise dans un fauteuil ; et, après l'avoir saluée debout, se remettoit dans son fauteuil, et l'on présentoit des tabourets à la présentée et à la présentante, qui s'asseyoient. Quand la présentée retournoit faire sa cour, elle pouvoit alors aller avec une femme non titrée. Quand une duchesse, ou celle qui avoit le tabouret, alloit faire sa cour au dîner, l'huissier de la chambre lui présentoit un tabouret ; elle le prenoit, à moins qu'elle ne fût avec une femme non titrée. Dans ce dernier cas, elle repoussoit le tabouret, et restoit debout au dîner comme toutes les femmes qui n'avoient pas les *honneurs*, c'est-à-dire le tabouret. Ici la politesse sociale l'emportoit sur le respect d'étiquette, puisque, par égard pour une parente ou une amie, on refusoit un honneur offert par les princes, et ils le trouvoient bon : cet usage étoit universel. On ne portoit le grand corps à la cour que le jour de la présentation et la première année, et aux fêtes de la cour, tant qu'on étoit jeune ; ensuite on prenoit la mantille. Le soir de la présentation, on alloit au jeu de madame la dauphine ou de la reine. Là, toutes les femmes présentées, sans distinction de titres, étoient assises sur des tabourets, et pouvoient, si elles le vouloient, jouer à la grande table ronde de la reine. Il ne falloit pour cela qu'arriver avant le jeu commencé, et s'y mettre quand la reine s'y mettoit. Mesdames et les autres princesses faisoient dans le même salon d'autres parties particulières ; on ne s'y présentoit point sans être nommé et appelé par elles. Quand on ne vouloit pas jouer, on n'arrivoit que lorsque le jeu étoit commencé ; alors, après avoir fait seulement une révérence à la porte, on alloit prendre place sur un des tabourets qui formoient un cercle autour de la chambre ; mais on restoit jusqu'après le jeu. Quand le jeu étoit fini, la reine faisoit le tour du cercle, disoit un mot à chacune, ensuite faisoit une révérence et s'en alloit : chacun sortoit du salon. Les hommes faisoient aussi leur cour au jeu; ceux qui ne jouoient pas, restoient toujours debout, quel que fût leur rang, étiquette établie pour eux par la galanterie françoise. On faisoit le même jour toutes les présentations à toute la famille royale. On entendoit par famille royale, le roi, la reine, leurs enfans, les filles du dernier roi, les frères, sœurs, belles-sœurs, etc., du roi, les petits-enfans, les neveux, les nièces; toute cette famille logeoit à demeure à Versailles. Les cousins et cousines formoient les princes du sang et logeoient a demeure à Paris; on leur étoit présenté à Paris, quelques jours après la présentation de Versailles. Dans la présentation à la famille royale, on rassembloit, outre celles qui présentoient, plusieurs parentes; le bon air étoit d'avoir au moins six ou sept femmes; mais dans les présentations aux princes du sang, on n'avoit jamais que celle qui présentoit; l'une et l'autre étoient en grand habit comme à Versailles. Les princes et les princesses saluoient les présentées, titrées ou non. On s'asseyoit un quart d'heure, ensuite on s'en alloit; les dames d'honneur des princesses reconduisoient jusqu'à la porte du salon. Voilà l'histoire complète des *présentations*.

— PRÉTENTIONS. — Les personnes qui portent dans le monde la prétention d'y être remarquées, distinguées, d'y produire de l'effet, n'y seront jamais aimables, quelque esprit qu'elles puissent avoir, et elles y paroîtront toujours fatigantes et souvent ridicules. Les jeunes gens qui entrent dans le monde avec ces prétentions ne s'y forment point : ils sont hors d'état d'observer, ne voulant voir qu'une seule chose, l'impression qu'ils produisent, et ils en sont bien rarement satisfaits; cherchant toujours à s'emparer de la conversation, conteurs ou dissertateurs éternels, n'écoutant les autres qu'avec impatience ou distraction, essentiellement importuns et ennuyeux, ils sont encore plus à plaindre : inquiets, susceptibles, toujours mécontens, ils trouvent impertinens tous ceux qui n'ont pas l'air d'être occupés d'eux, et ils passent leur vie entière dans la société sans en connoître les agrémens. Pour être aimable dans le monde et pour s'y plaire, il faut y porter de la bonhomie et de la simplicité; si l'on a de l'ambition, il est bien puérile de la placer là; il faut la mettre à de plus grandes choses; elle ne vaut rien dans un cercle.

PRINCES DU SANG (HONNEURS RENDUS JADIS AUX). — Voici les principaux : ils recevoient le cordon bleu à quinze ans [1]. A Versailles, les gardes du roi, dans les appartemens, prenoient pour eux les armes; toutes les sentinelles les leur présentoient; chez eux, ils passoient devant tous les hommes.

Toutes les femmes de la cour leur étoient présentées, chez eux, en grand habit de cour [2].

Quand les princes et princesses du sang alloient au

---

[1] Les princes de la famille royale l'avoient au maillot.

[2] On n'annonçoit chez eux que d'autres princes du sang, des princes étrangers de famille royale, et les cardinaux.

spectacle en grandes loges, ils faisoient des révérences au public; lorsqu'ils sortoient du spectacle, un acteur, tenant deux flambeaux, portant deux bougies allumées, se trouvoit à la porte de leurs loges, et les conduisoit jusqu'à leurs voitures; s'ils étoient annoncés sur l'affiche du spectacle, on ne commençoit que lorsqu'ils étoient arrivés. En voiture, dans les jours de cérémonie, ils avoient seuls un attelage de huit chevaux, et deux pages placés debout derrière le siége du cocher.

On ne leur adressoit directement ni placets, ni paquets, ni lettres; on envoyoit toutes ces choses à leurs premiers gentilshommes de la chambre, et, pour les princesses, à leurs dames d'honneur.

Il y avoit des régimens attachés à leurs maisons, dont ils nommoient les colonels.

Le gouverneur du premier prince du sang, s'il n'avoit pas le cordon bleu, le recevoit toujours à la fin de l'éducation, et recevoit aussi douze mille francs du trésor royal, au baptême de son élève.

On ne parloit jamais d'un prince du sang, dans une gazette ou dans un journal, sans son autorisation.

A l'église, en cérémonie, le curé, suivi du clergé, les recevoit à la porte, et leur offroit l'eau bénite. Lorsque le prince ou la princesse communioit, le premier gentilhomme de la chambre et la dame d'honneur, à genoux à côté d'eux, aidoient à tenir la nappe. On leur donnoit à baiser le *corporal*, ou linge bénit, destiné à essuyer le calice. Ils avoient le droit, comme descendans de saint Louis, de toucher les vases sacrés. En voyage, quand ils entroient dans une ville, ils étoient harangués; on leur donnoit les vins de ville et une garde d'honneur; s'il y avoit des troupes, on envoyoit un détachement au-devant d'eux, et la même escorte les reconduisoit à leur départ.

A la guerre, ils avoient toujours tous les honneurs du commandement général.

Le premier prince du sang avoit plusieurs priviléges particuliers. Tous les princes en avoient de très-grands au parlement et au sacre des rois.

PRODIGALITÉ. — La vie du fameux Charles XII, roi de Suède, est remplie de traits piquans et singuliers, dont M. de Voltaire n'a fait nulle mention dans l'histoire de ce prince héroïquement bizarre. En voici un qui peint parfaitement la singularité de son caractère et sa prodigalité : il ne fut pas plus économe à Bender qu'il ne l'avoit été à Stockholm. Grothusen, son favori et son trésorier, lui apporta un jour un compte de cinquante mille écus en deux lignes : « Dix mille écus donnés aux » Suédois et aux Janissaires, par ordre de sa majesté, » et le reste mangé par moi. » — « Cela est franc, dit » le roi, et voilà comme j'aime que mes amis me rendent » leurs comptes. Mullern me fait lire des pages entières » pour des sommes de dix mille francs, j'aime mieux le » style laconique de Grothusen. »

PROMENADES. — Depuis le règne de Louis XV jusqu'à la révolution, la promenade de bon air, le soir, durant les beaux jours de l'été, après l'Opéra, étoit les boulevarts. On voyoit là, dans de superbes voitures à sept glaces, les plus jolies femmes de la cour et de la ville, et toujours magnifiquement parées. Les voitures formoient deux longues files, allant gravement au petit pas ; l'entre-deux des files étoit occupé par les jeunes gens les plus élégans qui s'y promenoient à pied, et par de jeunes bouquetières portant d'immenses corbeilles remplies des plus belles fleurs de la saison : c'étoit un spectacle unique, et aussi curieux que brillant.

QUESTIONNEUR. — Il n'y a pas dans la société de caractère plus importun, et souvent plus impertinent, que celui d'un *questionneur*, et malheureusement il est très-commun. Le questionneur d'habitude manque ordinairement d'esprit, et il manque toujours de tact. Sa manière de montrer de l'intérêt et de la bienveillance est un interrogatoire sans relâche ; il croit vous obliger beaucoup en vous faisant mille questions embarrassantes ; si vous éludez de répondre, il vous presse, vous poursuit, vous force de mentir, et un mot ne lui suffit pas. Il veut des explications, des détails ; en vain vous essayez de changer de conversation, il ne le souffre jamais ; la fuite seule peut vous soustraire à cette espèce d'inquisition ; encore est-il capable de courir après vous, de vous barrer le chemin, de vous arrêter, de vous faire une scène, de vous demander tout haut s'il n'a pas fait quelque question indiscrète..... tout cela avec une bonhomie parfaite ; car les questionneurs sont les meilleures gens du monde ; mais on aimeroit mieux qu'ils fussent méchans, afin de les brusquer sans remords.

QUÊTES. — Avant la révolution, nos reines et les dauphines, pendant tous les dimanches de carême, après leur jeu, faisoient une quête au profit des pauvres. A cette quête on ne donnoit jamais d'argent blanc ; le moins qu'on pût donner étoit un demi-louis d'or.
Dans ce temps, plusieurs dames dans la société faisoient aussi des quêtes pour les pauvres dans les maisons où elles soupoient, entre autres la maréchale de Luxem-

bourg, qui mettoit ainsi à contribution toutes les personnes qu'elle rencontroit. Rien n'est plus méritoire ; car il faut pour cela un grand courage ; d'ailleurs ce genre de charité blesse un peu les convenances et même la délicatesse sociale. Les quêtes, à l'exception de celles d'une reine, ne sont bien placées qu'à l'église ; la religion les prescrit là, et la quêteuse les remet dans les mains des prêtres, qui doivent les distribuer. Il n'en est pas ainsi dans un salon ; la quêteuse prend l'argent et l'emporte sans en justifier l'emploi ; personne ne doit et ne peut en être inquiet ; mais une règle générale, dont rien au monde ne dispense, c'est de ne recevoir un dépôt d'argent qu'en donnant toutes les sûretés que des *gens d'affaires* exigeroient.

RÉVÉRENCES. — Avant la révolution, les chevaliers de l'ordre du Saint-Esprit, dans toutes les cérémonies, faisoient les révérences comme les femmes ; on ignore d'où venoit cet usage aujourd'hui, au contraire, les femmes font la révérence à peu près comme les hommes ; mais elles n'en étoient pas quittes autrefois pour s'incliner cavalièrement ; on étoit fort difficile sur leurs révérences. Un ancien maître de danse s'écrioit, en voyant danser un menuet · *Que de choses dans un menuet !...* Il y en avoit aussi beaucoup dans une révérence de cérémonie. Il falloit que cette révérence de femme fût à la fois naturelle, moelleuse, modeste, gracieuse et noble. M. de Buffon a dit, en parlant de l'art d'écrire, que tout l'homme est dans son style, il paroît que l'on vouloit jadis que *toute la femme fût dans la révérence*, puisque l'on exigeoit que cette révérence exprimât tout ce qui doit caractériser une femme. On citoit celles qui faisoient particulièrement bien *la révérence*. Un suffrage unanime en accordoit la perfection à madame la maréchale de Biron ; on auroit pu vanter de même le charme et l'intérêt de sa conversation.

SCANDALE. — Le premier scandale public, et l'un des plus ridicules dont nous ayons été témoins depuis la révolution, fut la *pompe funèbre* de Voltaire. On vit, sur un *char de triomphe*, à la fois massif et mesquin, une figure hideuse en cire, représentant le cadavre couché et tout nu de Voltaire; à ses pieds s'élevoient en pyramide tous les livres d'une édition de ses œuvres, presque aussi complète, mais infiniment plus volumineuse que celle que l'on vient d'offrir au peuple et à la jeunesse. Le char étoit entouré des danseuses et des chanteuses des chœurs de l'Opéra, figurant les *Muses*, dont on avoit quintuplé le nombre pour mieux honorer la mémoire du mort. Le temps étoit sombre, froid et pluvieux, et les rues remplies de boues; les Muses, légèrement drapées en blanc, et couronnées de roses fanées, étoient crottées jusqu'aux genoux; elles trebuchoient à chaque pas sur un pavé gras, glissant et mouillé; elles psalmodioient, avec des voix enrouées, des hymnes lugubres à la gloire du défunt; mais il étoit impossible d'en entendre une seule parole, parce que leurs accens se perdoient dans les bruyantes acclamations du peuple et de toutes les poissardes de Paris, qui ne se lassoient point de crier : *Vive Voltaire!* Ce pauvre peuple, abusé en toutes choses, regardoit Voltaire comme le patriarche des *jacobins* et des *démocrates*. Il ignoroit que Voltaire, qui en effet avoit prêché une révolution, vouloit en même temps que le *peuple* qu'il méprisoit profondément, le *sot peuple* (c'est son expression), n'y entrât pour rien, et qu'il n'eût jamais la moindre part au gouvernement, *parce que* (disoit-il) *je n'aime pas le gouvernement de la canaille* [1]. Mais le peuple, qui savoit seulement que Voltaire avoit été bien impie et bien séditieux, se livroit pour lui au plus ardent enthousiasme. Tout à coup, au milieu de la marche triomphale, la tête ébranlée de l'effigie de Voltaire se détacha et alla rouler à ses pieds...... Les Muses épouvantées s'arrêtèrent; on recolla tant bien que mal la tête sur les épaules du squelette; ensuite la pluie survint tout à-fait. Les *Filles de Mémoire* ne s'envolèrent point, et, malgré leur dignité, les unes allèrent chercher des parapluies, les autres entrèrent dans des boutiques; toutes se dispersèrent: ainsi finit cette fameuse pompe, qui laissa toutes les Muses enrhumées et couvertes de boue, et les Parisiens fort peu satisfaits d'un spectacle qu'on avoit annoncé avec emphase comme la cérémonie la plus dramatique, la *plus grecque* et la plus belle qu'on eût jamais vue.

Un scandale du même genre s'est renouvelé depuis à la mort de Grétry. On conduisit la bière qui renfermoit sa dépouille mortelle à la porte de tous les spectacles pour y recevoir les *hommages* de toutes les actrices, qui déposèrent des *couronnes de fleurs* sur ce cercueil. Ce furent assurément les plus étranges *stations* que, depuis l'établissement du christianisme, on ait jamais fait faire à un corps mort. Dans aucun temps, l'oubli de toutes les convenances et le mauvais goût n'ont offert un spectacle aussi indécent et aussi ridicule.

SIÈCLE (DIX-SEPTIÈME). — J'ai esquissé dans plusieurs articles de cet ouvrage, et j'ai tâché de peindre dans

---

[1] Dictionnaire philosophique.

quelques autres [1], ce que les mœurs, la littérature offrirent de plus brillant dans ce beau siècle ; mais il manque à ce tableau un résultat et frappant et véritablement utile. Je l'ai trouvé en *trois pages* dans l'extrait d'un ouvrage de M. de Bausset, inséré dans le Mercure (1815) ; dans plusieurs choses il y a une certaine solidité de jugement à laquelle une femme (dont les connoissances sont toujours bornées) ne sauroit atteindre. L'admiration alors est pour nous d'un assez grand mérite ; l'émulation seroit une présomption.

Voici ce passage sur les dix-septièm et dix-huitième siècles :

« A l'époque où Bossuet et tous les grands hommes
» de son temps commencèrent leur carrière, il n'y
» avoit en France que des colléges dirigés par des reli-
» gieux. C'est cependant dans cette institution monas-
» tique, où l'on n'enseignoit que du grec, du latin et
» la religion, et encore en province, que se forma
» Bossuet. C'est là que se formèrent ses illustres con-
» temporains ; et ces véritables philosophes n'étudièrent
» d'autre philosophie que la philosophie scolastique,
» où notre moderne idéologie n'a vu que des inutilités
» et d'inintelligibles abstractions.
» Il n'y avoit alors d'autres modèles à offrir aux jeunes
» gens que les écrivains de l'antiquité profane ou sa-
» crée. Les ouvrages que vit éclore le règne de Louis XIV,
» ces ouvrages aussi classiques, et pour nous plus clas-
» siques peut-être que ceux des anciens, parce qu'ils
» sont écrits dans notre langue et avec nos pensées,

---

[1] La *Duchesse de La Vallière, Madame de Maintenon.*

» n'existoient encore que dans le génie de leurs au-
» teurs, et la jeunesse studieuse étoit réduite, pour les
» modernes, à quelques strophes de Malherbe ou aux
» écrits de Montaigne, dont les meilleurs esprits de ce
» siècle méprisoient le cynisme et la philosophie vani-
» teuse et sceptique. Et nous, avec tant de secours et
» d'établissemens littéraires inconnus alors, académies,
» athénées, cours publics et particuliers, prix acadé-
» miques, etc., que la vanité ou l'intérêt personnel,
» bien plus que l'intérêt des lettres, ont multipliés ;
» nous qui joignons à une connoissance plus appro-
» fondie peut-être de l'antiquité, ou du moins à une
» plus longue jouissance de ses chefs-d'œuvre, l'étude
» des ouvrages immortels du grand siècle, comment se
» peut-il que nous soyons restés si loin de leurs auteurs
» dans tous les genres qu'ils ont traités ? Les esprits
» sont-ils affoiblis ? La nature est-elle épuisée ? Non, sans
» doute ; mais la société est changée. La nature, si l'on
» me permet cette comparaison, est le père des esprits ;
» mais la société est la mère et la nourrice des talens ;
» et les germes qu'elle reçoit de la nature, elle les déve-
» loppe avec plus ou moins de succès ; elle leur donne
» une direction plus ou moins heureuse, suivant ses
» propres dispositions ; son tempérament, si j'ose le
» dire, est l'esprit qui y domine. Sous Louis XIV, la
» société, occupée de religion, de morale, de choses
» élevées et sérieuses, offroit aux bons esprits une nour-
» riture substantielle, et il lui suffisoit des livres sacrés
» des pères de l'église, et de quelques auteurs de l'an-
» tiquité, pour produire les écrivains, les orateurs, les
» philosophes, les moralistes, les poëtes, qui ont illus-
» tré cette belle époque de l'esprit humain ; et cette
» littérature si grave, même dans les genres les plus

» familiers et les sujets les plus plaisans. La société qui
» a succédé, dissipée, dédaigneuse, irréligieuse, fri-
» vole, occupée d'intrigues, de plaisirs et d'argent,
» avec tous les modèles de l'antiquité et tous les chefs-
» d'œuvre de l'âge précédent, n'a pu faire que des
» géomètres, des physiciens, des naturalistes ; car,
» quoique le siècle de Louis XIV ait eu des géomètres
» et des physiciens, et le dix-huitième siècle des écri-
» vains célèbres, c'est l'éloquence et la poésie qui dis-
» tinguent entre tous les autres le dix-septième siècle,
» et le progrès des sciences physiques, qui est le plus
» beau titre de gloire de l'âge suivant ; et l'on peut re-
» marquer qu'en rendant au siècle de Louis XIV les
» hommes ou les ouvrages du dix-huitième siècle qui
» lui appartiennent encore, et qui vont jusque
» vers 1740, ce qui nous reste des uns ou des autres
» est bien loin d'être sans reproche. Voltaire, dans la
» dernière moitié de sa vie littéraire, est un dangereux
» et coupable bel-esprit [1] ; J.-J. Rousseau, un sophiste
» qui combat tout le monde et se combat lui-même.
» Montesquieu eût été jugé dans le siècle de Louis XIV
» avec bien moins d'indulgence que dans le nôtre, et
» son style n'auroit pas obtenu grâce pour ses erreurs.
» Que l'on suppose ces mêmes hommes nés dans le
» siècle de Louis XIV, et élevés par cette forte société,
» ils auroient marché les égaux des plus beaux génies
» de cette époque ; mais leur malheur ou le nôtre a été
» qu'ils aient voulu se faire docteurs en morale et en
» politique dans une société qui ne pouvoit produire

---

[1] Et dans la première moitié aussi ; car ce fut dans sa première jeunesse qu'il fit l'*Épître à Uranie*, et plusieurs libelles qui le firent mettre à la Bastille, et enfin bannir de France.

» que des savans en physique. Qu'on nous rende le
» siècle de Louis XIV, ses mœurs, son esprit, et il
» s'élèvera des Bossuet et des Corneille. La nature
» inépuisable est toujours féconde ; mais, ou bien la
» société ne la seconde pas, et alors les esprits avor-
» tent, ou elle la contrarie, et il paroît des talens
» dangereux qui déchirent le sein qui les a portés. »

SINGULARISER (LA MANIE DE SE). — Quand on n'a
point de moyens de se distinguer, et qu'on a de la vanité, on occupe de soi comme on peut; c'est la gloire
des personnes dépourvues de talens et d'esprit. De là,
les évanouissemens à l'aspect d'une chauve-souris ou
d'une araignée. Les hommes prennent des moyens
moins puérils; les uns jouent la distraction; les autres
affectent les défauts qu'ils n'ont pas. Lorsqu'on est sot
et vain, on aime mieux importuner et déplaire que de
n'être pas remarqué.

SOMPTUAIRES (LOIS). — Les lois somptuaires ont
deux grands inconvéniens, celui d'attenter à la liberté
et celui d'être facilement éludées. Le respect pour les
lois est la véritable preuve d'un bon gouvernement et
le seul gage réel d'une liberté solide. Une loi est donc
mal conçue, et même essentiellement vicieuse, lorsqu'elle laisse des moyens faciles de se soustraire à ce
qu'elle prescrit, ou lorsqu'en obéissant aux termes du
décret, on peut agir impunément contre l'esprit de la
loi; alors la loi est inutile et ridicule, et cela seul est
à la fois un grand scandale et un grand malheur : presque toutes les lois somptuaires sont dans ce cas. Jules-
César fixa, par une loi, la somme qu'on pouvoit employer à la construction d'un tombeau; on éluda
bientôt cette loi ; on bâtissoit un tombeau où l'on ne

faisoit que la dépense permise par la loi; et, du reste
de l'argent qu'on y auroit consacré, on élevoit une colonne, un obélisque à la mémoire du défunt. A Gê-
nes, les femmes ne pouvoient porter des habits de
couleur et des diamans; mais elles en portoient à la
campagne, etc., etc. D'ailleurs, il ne s'agit pas d'anéantir le faste et la magnificence; ce seroit une entreprise
chimérique, à moins que toutes les nations policées ne
la formassent ensemble et de concert, et ne renonças-
sent unanimement au commerce, aux manufactures,
aux arts et aux sciences; car une seule nation qui exé-
cuteroit un semblable projet, deviendroit bientôt la
proie de ses voisins. On vante beaucoup la simplicité et
les mœurs agricoles des anciens peuples; c'est comme
si l'on s'émerveilloit qu'un homme indigent, qui ne
sauroit pas lire, ne fût ni pédant ni bel-esprit, et n'eût
pas des habits brodés d'or et de pierreries. Un peuple
naissant et pauvre doit nécessairement être frugal; et
il est impossible de bannir le luxe d'un état étendu,
riche et puissant, sans attaquer la liberté individuelle,
et sans anéantir l'émulation, l'industrie, le commerce
et les arts.

SOULIER. — Les femmes, avant la révolution,
portoient des souliers fort ridicules; les hauts talons
sont heureusement supprimés; mais autrefois on a eu
des chaussures beaucoup plus étranges encore. La
pointe des souliers *à la poulaine* se relevoit jusqu'à la
hauteur de la main, et formoit une espèce de petite
canne que l'on ornoit de petites chaînes d'or ou d'argent;
cette mode parut si charmante et si mondaine, que les
prédicateurs se crurent obligés de s'élever contre; leurs
sermons multipliés sur ce sujet la firent enfin tomber.

On ne conçoit pas trop cette vive indignation sur une bizarrerie aussi innocente. L'éloquence de la chaire avoit de quoi s'exercer beaucoup mieux sur les nudités et les draperies légères du commencement de ce siècle.

TALONS ROUGES. — Dans l'ancienne cour, tous les hommes présentés (c'est-à-dire, ceux qui montoient dans les carrosses du roi) avoient des souliers à *talons rouges*. Nul règlement, nulle ordonnance n'empêchoit les autres d'en avoir aussi ; et jamais on n'a vu d'hommes, même de gentilshommes n'étant point de la cour en porter. J'ai donné ailleurs les raisons de cette espèce de réserve.

TESTAMENS. — Nous avons vu, sur la fin du dix-huitième siècle, et au commencement de celui-ci, les *testamens* les plus scandaleux ; entre autres celui d'un *philosophe* qui avoit enlevé une femme à son mari, et qui frustra ses héritiers légitimes pour léguer à cette femme tout son bien ; et un grand seigneur laisser aussi son bien à sa vieille maîtresse (qui étoit la plus vile des courtisanes), et parler d'elle, dans son testament, avec le ton d'une profonde vénération !.... La voix qui s'élève du fond de la tombe ne doit proférer que des paroles nobles et pures...... Le vice est surtout hideux, quand il ose laisser de si honteuses traces après la vie.

Il y avoit jadis une délicatesse que beaucoup de personnes comprendroient à peine aujourd'hui. Quand on laissoit par testament, à un parent, à un ami, une somme peu considérable, par exemple, dix, ou douze, ou quinze mille francs, on disoit qu'on donnoit un *diamant* de l'un de ces prix. Cela signifioit, pour tout exécuteur testamentaire, la somme de ce diamant idéal, et on le donnoit toujours en argent.

En Angleterre, lorsqu'on ne laisse pas à un ami un legs particulier, on lui laisse un *anneau de deuil*, c'est un anneau d'or émaillé de noir, et communément avec une devise. Les héritiers font faire ces anneaux suivant le détail qu'ils trouvent dans le testament.

TOILETTE. — Il y avoit autrefois un bon goût général dans la société, et j'en ai rappelé les détails avec plaisir; mais il faut avouer qu'il y avoit aussi quelquefois des choses de très-mauvais goût, et qui aujourd'hui paroîtroient fort ridicules : par exemple, la coutume presque générale, parmi les femmes, de s'habiller devant des hommes, et celle de se faire peindre à sa toilette. C'est une idée bien fade que celle de se faire représenter devant une toilette et se contemplant dans un miroir; il ne l'est pas moins de se faire peindre en *Vénus*. Il nous reste beaucoup de vieux portraits de ce genre. Nous avons vu deux portraits représentant deux personnes qui n'existent plus, et qui étoient fort estimables à tous égards; c'étoient un mari et une femme; l'une s'etoit fait peindre en *Vénus*, et l'autre en *dieu Mars*. Quelques personnes se moquèrent de cette allégorie; mais en général ces portraits eurent tant de succès, qu'ils ont été gravés.

VERRIERS (Gentilshommes). — Il y avoit, avant la révolution, un état, ou pour mieux dire un métier, qui, loin de faire déroger, exigeoit en quelque sorte une espèce de noblesse ; c'étoit celui de faire (de souffler) des bouteilles pour mettre le vin. Les chefs de ces manufactures s'appeloient gentilshommes verriers. Tout ce qui avoit quelque rapport au vin étoit particulièrement respecté en France ; c'est pourquoi les vendanges étoient et sont encore le temps consacré aux vacances des tribunaux et des colléges, et non celui de la moisson, dont les travaux sont beaucoup plus importans.

FIN DU TOME DIXIÈME.

www.ingramcontent.com/pod-product-compliance
Lightning Source LLC
Chambersburg PA
CBHW071856230426
43671CB00010B/1369